Frank Richter

Kombination Künstlicher Neuronaler Netze

GABLER EDITION WISSENSCHAFT

Frank Richter

Kombination Künstlicher Neuronaler Netze

Zur Prognose von Wechselkursen

Mit einem Geleitwort von Prof. Dr. Heinz Schaefer

Deutscher Universitäts-Verlag

Bibliografische Information Der Deutschen Bibliothek
Die Deutsche Bibliothek verzeichnet diese Publikation in der Deutschen Nationalbibliografie; detaillierte bibliografische Daten sind im Internet über <http://dnb.ddb.de> abrufbar.

Dissertation Universität Bremen, 2002

1. Auflage September 2003

Lektorat: Brigitte Siegel / Sabine Schöller

Der Deutsche Universitäts-Verlag ist ein Unternehmen der Fachverlagsgruppe BertelsmannSpringer.
www.duv.de

Umschlaggestaltung: Regine Zimmer, Dipl.-Designerin, Frankfurt/Main

Gedruckt auf säurefreiem und chlorfrei gebleichtem Papier

ISBN-13:978-3-8244-7900-9 e-ISBN-13:978-3-322-81570-5
DOI: 10.1007/978-3-322-81570-5

Geleitwort

Das Interesse an Prognosen und damit auch der Bedarf an geeigneten Methoden wächst ständig. Die Wissenschaft begegnet diesem Interesse durch die Erweiterung des Methodenvorrats.

In der vorliegenden Arbeit von Frank Richter zeigt er die Vorteile von Kombinationsmodellen anhand des Problems der Wechselkursprognose. Die Wechselkursprognose gilt als schwierig und ist somit eine Herausforderung für jedes Prognoseverfahren. Die Arbeit behandelt das Verfahren der Künstlichen Neuronalen Netze und entwickelt einen Ansatz, mit dem einzelne Modelle sinnvoll zu einer Kombination zusammengefasst werden können. Erstmals verwendet der Autor in diesem Kontext eine für die Wechselkursprognose adäquate Nutzenfunktion zur Bildung der Kombinationsmodelle. Dies wird durch den Einsatz eines lokalen Optimierungsverfahrens ermöglicht, das von Frank Richter entsprechend angepasst wurde. Die Ergebnisse zeigen, dass dieser Ansatz anderen Prognoseverfahren überlegen ist. Schließlich entwickelt der Autor noch spezielle Operatoren, um Kombinationsmodelle mit Genetischen Algorithmen zu optimieren und stellt die Ergebnisse anhand eines Testbeispiels dar. Dieser Lösungsweg wird einleuchtend dargestellt und ist sorgfältig in das wissenschaftliche Umfeld eingeordnet.

Die Lektüre der Arbeit ist einem Leserkreis zu empfehlen, der sich einen Überblick über die Eignung und Möglichkeiten von Künstlichen Neuronalen Netzen für die Wechselkursprognose verschaffen möchte und der sich für die Verwendung moderner Konzepte der heuristischen Optimierung von Künstlichen Neuronalen Netzen interessiert.

Prof. Dr. Heinz Schaefer

Vorwort

Die vorliegende Dissertation entstand während meiner Tätigkeit als wissenschaftlicher Mitarbeiter im Fachbereich Wirtschaftswissenschaften der Universität Bremen.

Mein Dank gilt als erstes meinem Doktorvater Prof. Dr. Heinz Schaefer, der mein Interesse auf das Gebiet der Wechselkursprognose lenkte. Besonders danken möchte ich Prof. Dr. Herbert Kopfer, der mein Interesse für die heuristische Optimierung weckte.

Ohne die Unterstützung meiner Kollegen wäre die Arbeit so nicht zustande gekommen. Für Diskussionen, Anregungen und Verbesserungsvorschläge bedanke ich mich besonders bei PD Dr. Klaus B. Schebesch und Dr. Ralf Stecking.

Frank Richter

Inhaltsverzeichnis

Abbildungsverzeichnis

Tabellenverzeichnis

Kapitel 1

Einleitung

1.1 Problemstellung

Prognosemodelle können für Marktteilnehmer von großem Nutzen sein. Zutreffende Vorhersagen, z.B. für Devisenkurse, lassen sich ertragreich umsetzen. Die Kenntnis zukünftiger Absatzmengen schafft komparative Kostenvorteile. Deshalb wird intensiv an geeigneten Prognosemodellen geforscht. Es ist Aufgabe der Ökonometrie, Methoden zur Verfügung zu stellen, mit denen aus Daten geeignete Modelle zur Prognose gewonnen werden können. Dabei nimmt die Bedeutung datenorientierter Modellierung zu, weil mit der Verbreitung von Informationstechnologien immer mehr Prognoseziele und relevante Informationen verfügbar werden.

Die datenorientierte Modellierung verwendet Modelle, um aus Daten Informationen und Zusammenhänge zu extrahieren. Empirische Daten zeigen aber nur einen Ausschnitt und sind häufig verrauscht. Der zufällige Einfluss und der begrenzte Ausschnitt lassen ein erhebliches Spezifizierungsrisiko für Modelle entstehen, weil sich ein optimales Modell nicht sicher bestimmen lässt. Bei der datenorientierten Modellierung entstehen aus unterschiedlichen Beispieldaten, unabhängigen Variablen, verschiedenen Modellansätzen und Fehlerfunktionen oftmals suboptimale Prognosemodelle mit vergleichbarem Fehlerniveau. Die verschiedenen suboptimalen Modelle haben also den Nachteil, dass sie nur für einige Teilaspekte der Daten eine gute Abbildung erzeugen. Für die anderen Teilaspekte erzeugen sie keine gute Abbildung. Die Fehler, die ein suboptimales Modell erzeugt, gehen also teilweise über den Anteil an Rauschen in den Daten hinaus.

Werden suboptimale Modelle kombiniert, ergeben sich zwei Effekte. Gute Teilaspekte der Modelle ergänzen sich und Fehler gleichen sich aus. Zutreffende Abbildungen ergänzen sich, weil sie keinen Unterschied aufweisen. Die Fehler gleichen sich aus, weil sie unterschiedlich ausfallen. Doch diese Effekte stellen sich nicht zwangsläufig ein. Es wird vorausgesetzt, dass sich die fehlerhaften Abbildungen der einzelnen Modelle unterscheiden, so dass sie unabhängig voneinander sind.

Unterschiedliche Fehler kommen durch unterschiedliche Modelle zustande. Die datenorientierte Modellierung erstellt verschiedene Modelle, um Anhaltspunkte für weitere Verbesserungen abzuleiten. Die Modelle können sich in ihren Fehlern unterscheiden und dann auch sinnvoll kombiniert werden. Einzelne Modelle zu kombinieren, die alle dasselbe Prognoseziel verwenden, bezeichnet man als „Gruppen-Ansatz für Kombinationsmodelle". Viele eigenständige Modellansätze verwenden den Fehlerausgleich bereits implizt. Diese können dem "modularen Ansatz für Kombinationsmodelle" zugeordnet werden.[1] Die Module bei diesen Kombinationsmodellen werden nur für die Teilaspekte eingesetzt, die sie gut lösen. Die Teilaufgaben werden so gebildet, dass sich die Fehler ausgleichen oder keine Überlagerungen entstehen. Die Unabhängigkeit der kombinierten Module bzw. Modelle (in diesem Sinne sind es Experten) bewirkt, das gerade komplexe Probleme, wie die Prognose nichtstationärer Zeitreihen, mit Kombinationsmodellen oftmals besser oder mit weniger Aufwand bewältigt werden.

Künstliche Neuronale Netze (KNN) eignen sich als Module und als Einzelmodelle für Kombinationsmodelle. Aufgrund ihrer flexiblen Abbildungskapazität können KNN theoretisch jede stetige Funktion approximieren.[2] Deshalb eignen sich KNN zur nichtlinearen Zeitreihenprognose. Doch es gibt kein Verfahren, welches die Abbildungskapazität eines KNN automatisch optimal bestimmt[3], und so entstehen oft suboptimale Modelle. Bei der datenorientierten Modellierung mit KNN wird deshalb zunächst eine große Anzahl von KNN erstellt. Diese lassen sich anschließend zur Kombination nutzen. Darüber können KNN als Module in vielen Modellansätzen

[1] Kombinationsmodelle des modularen Ansatzes sind nicht einfach von Modellansätzen abzugrenzen, die als einzelne Modelle eingesetzt werden. Sowohl bei Einzelmodellen als auch bei Kombinationsmodellen des modularen Ansatzes entsteht nur ein Modelloutput, der zur Prognose oder Klassifikation verwendet wird. Der Unterschied besteht darin, dass sich im Kombinationsmodell Module befinden, die eine unterschiedliche funktionale Abbildungsfunktion verwenden bzw. erzeugen können.

[2] vgl. Hornik et al. 1989, [HSW89]

[3] vgl. Yao 1999, [Yao99], S.1428

verwendet werden, u.a. in „Mixture-Density-Networks“[4] (MDN).

MDN-Modelle bieten einen spezifischen Vorteil für die Prognose von Zeitreihen.[5] Der Output eines MDN-Modells gibt die bedingte Verteilung an. Während die meisten Modellansätze Punktprognosen erzeugen, die angeben, welchen Wert das Prognoseziel annehmen wird, stellen MDN-Modelle die ganze Verteilung des Prognoseziels zur Verfügung. Daraus ergibt sich beispielsweise die bedingte Varianz, die zur Einschätzung des Prognoserisikos dient. Daneben ergeben sich für die datenorientierte Modellierung Vorteile, weil keine Annahmen über die Verteilung des Prognoseziels notwendig sind, um den Fehler zu minimieren.[6]

Gegenstand der Arbeit ist die Bildung, Selektion und Gewichtung von KNN für Kombinationsmodelle. Sowohl bei einzelnen KNN, als auch bei Kombinationsmodellen wird der anwendungsorientierte Nutzen für die Prognose des Wechselkurses USD/DEM berücksichtigt.

1.2 Kapitelübersicht

Kapitel 2 führt in die Problematik der Wechselkursprognose ein. Die empirische Zeitreihe der täglichen USD/DEM-Relation dient in dieser Arbeit als Beispiel. Diese Zeitreihe beitet ein interessantes Prognoseziel, weil einerseits viele Daten für den Finanzmarkt verfügbar sind und sich andererseits gute Prognosen ertragreich umsetzen lassen. Außerdem gibt es nur wenig konstruktive Hinweise auf die funktionalen Eigenschaften dieses Prognoseziels. Die Modellbildung kann hier möglicherweise einen Beitrag leisten, mehr Verständnis darüber zu gewinnen.

Kapitel 3 behandelt Probleme der datenorientierten Modellierung. Da der Anteil an Rauschen und die Verteilung des zufälligen Einflusses in empirischen Daten unbekannt ist und auch über geeignete unabhängige Variablen und deren funktionalem Zusammenhang Unsicherheit besteht, existiert ein optimales Modell praktisch nur als Denkansatz. Das macht es unmöglich, bei der datenorientierten Modellierung das beste Modell sicher zu bestimmen. Die geeignete Balance zwischen genügend Abbildungskapazität des Modells und genügend Abbildungsgenauigkeit der Daten zu finden, ist für

[4] vgl. Bishop 1994, [Bis94]

[5] MDN-Modelle können auch für Klassifikationsprobleme eingesetzt werden, sie sind nicht auf die Prognose von Zeitreihen beschränkt.

[6] Die Verteilungsannahmen werden durch die Abbildungsfunktionen der Module gemacht, die aber so kombiniert werden können, dass jede beliebige Verteilung approximiert werden kann.

empirische Zeitreihen daher ein Problem, das durch Regularisierung zwar gemildert aber nicht gelöst werden kann.

Kapitel 4 behandelt die Robustheit von Fehlermaßen. Zur Minimierung des Prognosefehlers werden üblicherweise Verteilungsannahmen für den Fehler unterstellt, die bei empirischen Zeitreihen nur bedingt zutreffen. Der mittlere quadratische Fehler und die mittlere absolute Abweichung unterscheiden sich deshalb hinsichtlich ihrer Robustheit. Daneben hat das zur Optimierung verwendete Fehlermaß erheblichen Einfluss auf suboptimale Modelle. Die Lage lokaler Optima wird durch das Fehlermaß so beeinflusst, dass z.B. Ausreißer beim quadratischen Fehler viel mehr Gewicht haben als bei der mittleren absoluten Abweichung. Auch die spezifische Anwendung kann bei der Wahl des Fehlermaßes berücksichtigt werden. Zur Prognose von Finanzzeitreihen wird die Sharpe-Ratio als Fehlermaß vorgestellt.

Kapitel 5 beschreibt Kombinationsmodelle. Zwei Ansätze zur Bildung eines Kombinationsmodells lassen sich unterscheiden: der Gruppen-Ansatz und der modulare Ansatz. Im Gruppen-Ansatz werden einzelne Modelle kombiniert, die dasselbe Problem lösen. Im modularen Ansatz spezialisieren sich Module auf Teilprobleme. Zur Bildung eines Kombinationsmodells, müssen unterschiedliche Einzelmodelle erstellt, ausgewählt und gewichtet werden. Möglichkeiten für die gezielte Variation von Einzelmodellen werden diskutiert. Die Modellansätze des modularen Ansatzes werden von anderen Modellansätzen abgegrenzt. Eine Klassifizierung modularer Ansätze erfolgt nach Informationsverarbeitung und Aufgabenzerlegung. Funktionsweise und Vorteile sequentieller, koordinierender und kooperativer Informationsverarbeitung werden dargestellt. In einer abschließenden Betrachtung wird die Abgrenzung des Gruppen-Ansatzes vom modularen Ansatz diskutiert und die Einsatzmöglichkeiten für unterschiedliche Problemstellungen aufgezeigt.

Kapitel 6 behandelt die Funktionsweise und Theorie Künstlicher Neuronaler Netze (KNN). Die Abbildungskapazität mehrschichtiger vorwärtsgerichteter KNN wird dargestellt. Datenvorverarbeitung, Lernverfahren und Komplexitätskontrolle werden diskutiert.

Kapitel 7 zeigt die Erstellung unterschiedlicher KNN zur Prognose des Wechselkurses USD/DEM. Probleme bei der Auswahl eines einzelnen Prognosemodells werden anhand der Ergebnisse erörtert. Anschließend werden alternative Fehlermaße zur Optimierung der Modelle verwendet und Unterschiede bei der Performance gemessen. Kombinationsmodelle der einzelnen KNN werden mit verschiedenen Ansätzen gebildet: der an der Reduktion des mittleren quadratischen Fehlers orientierte Ansatz, bei dem die lineare

Unabhängigkeit der Einzelmodelle zur Auswahl verwendet wird, und eine eigene Entwicklung zur Berücksichtigung der anwendungsorientierten Prognoseleistung.

Kapitel 8 beschreibt den Aufbau von „Mixture-Density-Networks“ (MDN-Modelle). Hier werden KNN als Experten-Module in MDN-Modellen eingesetzt. Der Vorteil von MDN-Modellen besteht darin, dass sie keine Verteilungsannahme bezüglich des zufälligen Einflusses in den empirischen Daten zur Optimierung der Parameter verwenden. Deshalb sind sie auch zur Modellierung von inversen Problemen geeignet. Hierbei sind mehrdeutige Beispiele zulässig, die bei anderen Modellansätzen wegen der Verteilungsannahme als Rauschen behandelt werden. Ein Beispiel für ein inverses Problem illustriert diesen Zusammenhang. Modelle für den Wechselkurs USD/DEM zeigen, dass bei der datenorientierten Modellierung mit MDN-Modellen die Möglichkeit besteht, bedingte multimodale Verteilungen zu erkennen. Bei einer multimodalen Verteilung ist es wenig sinnvoll, eine Punktprognose mit dem bedingten Erwartungswert abzugeben. Die bedingte Verteilung als Output eines MDN-Modells ermöglicht es, geeignetere Punktprognosen abzuleiten. Darüber hinaus steht auch die bedingte Varianz zur Einschätzung des Prognoserisikos zur Verfügung.

Kapitel 9 zeigt einen evolutionären Ansatz zur Entwicklung von KNN und MDN-Modellen. Bei der datenorientierten Modellierung werden Modelle häufig nach dem Versuch-und-Irrtum-Prinzip erstellt. Hierbei wird im Lösungsraum meist nur lokal gesucht. Die globale Suche nach geeigneten Modellen eröffnet einerseits die Möglichkeit, bessere Einzelmodelle zu finden, deren Modellkomplexität besser genutzt wird. Andererseits werden bei der globalen Suche viele suboptimale Modelle in den verschiedensten Regionen des Lösungsraums gefunden, die für Kombinationsmodelle nützlich sein können. Für die globale Suche wird deshalb ein Genetischer Algorithmus (GA) eingesetzt, der speziell für die Optimierung der Modelle angepasst wird.

Kapitel 2

Prognose einer ökonomischen Zeitreihe

Wer für die Zukunft die richtigen Entscheidungen treffen will, braucht Prognosen. Um auf die konjunkturelle Entwicklung zu reagieren, müssen entsprechende Maßnahmen rechtzeitig eingeleitet werden. Die Kenntnis zukünftiger Absatzmengen ist die Grundlage für die Produktionsplanung. Kursentwicklungen bestimmen Anlageentscheidungen. Im Zeitablauf wird die Entwicklung vieler Einflussfaktoren regelmäßig beobachtet. In einer Zeitreihe sind diese Beobachtungen in gleichen Zeitabständen angeordnet.

Als empirisches Beispiel für eine Zeitreihe wird in dieser Arbeit der tägliche Wechselkurs US-Dollar/Deutsche-Mark (USD/DEM)[1] verwendet. Es gibt wohl kaum einen anderen Markt, der eine vergleichbare Transparenz, Größe und weltweite Ausdehnung aufweist wie der Devisenmarkt. Abbildung 2.1 skizziert den Aufbau des Devisenmarktes.

Käufer bzw. Verkäufer und Vermittler sind weltweit verteilt. Sie stehen in telefonischem Kontakt miteinander und der Handel ist ohne zeitliche Unterbrechung möglich. Die Vermittler taxieren den Kauf- und Verkaufskurs für die Devise. Zu diesen Kursen können die Käufer bzw. Verkäufer handeln. Die Kurse sind jeweils Ereignisse der USD/DEM-Relation. Vermittler oder Käufer/Verkäufer teilen diese Kurse Datenanbietern mit. Diese sammeln auch Kurse anderer Devisen, Aktien, Rohstoffe usw. und stellen ebenfalls

[1] Die Deutsche Mark wurde inzwischen vom Euro abgelöst. In dieser Arbeit werden jedoch Zeiträume modelliert, die vor Einführung des Euros 1999 liegen.

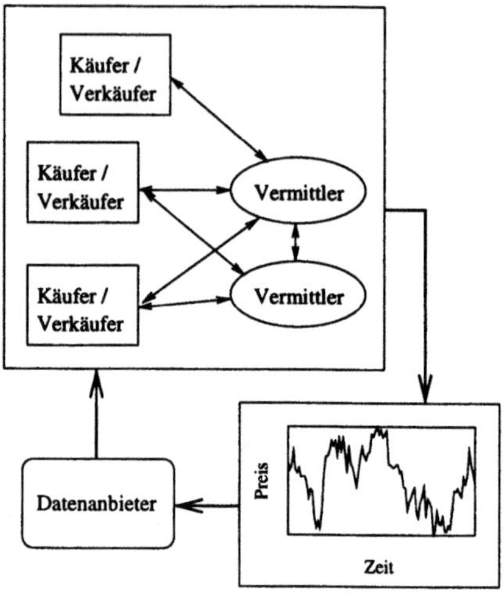

Abbildung 2.1: Der Devisenmarkt.

aktuelle Nachrichten zusammen. Viele Marktteilnehmer des Devisenmarktes beziehen von den Datenanbietern diese Informationen. Sie stellen einen Teil der Informationen dar, die für eine Kauf- bzw. Verkaufsentscheidung relevant sein können.

2.1 Prognosen und Modelle

Ziel einer Prognose ist es, aus den verfügbaren Informationen einen funktionalen Zusammenhang zwischen den Informationen und zukünftigen Ereignissen abzuleiten, so dass sie antizipiert werden können. Die Ereignisse, die vorhergesagt werden sollen, sind das Prognoseziel.

> „Eine Prognose ist eine Aussage über ein oder mehrere zukünftige Ereignisse, die auf
>
> - Beobachtungen und auf einer
> - Theorie beruht.
>
> Die erste Bedingung stellt sicher, daß jede Prognose auf der *Analyse* der *Vergangenheit* basiert, d.h. empirisch fundiert sein muß und kein bloßes „Tippen“ sein darf.

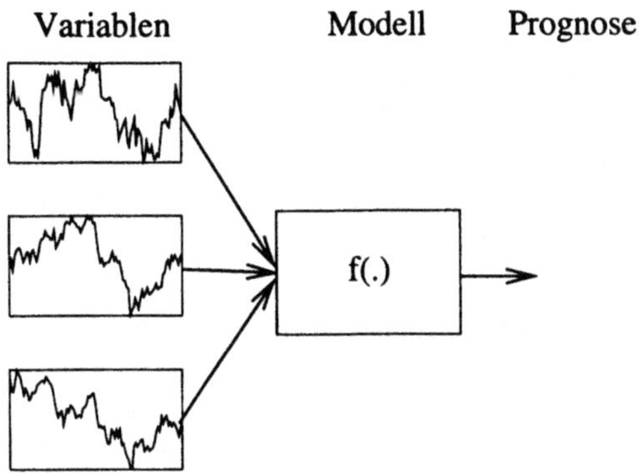

Abbildung 2.2: Prognosemodell für Zeitreihen.

Die zweite Bedingung erfordert eine *sachlogische Begründung* der Prognose und die Angabe von Prämissen, unter denen sie abgegeben wird. Dabei muß die zugrunde liegende Theorie nicht unbedingt umfangreich oder detailliert ausgearbeitet sein. Sie dient als Abgrenzungskriterium der wissenschaftlichen Prognose und der irrationalen Prophetie.“[2]

Grundlage für die Prognose von Wechselkursen ist meist ein Modell. Ein Prognosemodell enthält Variablen, die einen zeitlichen Vorlauf zum Prognoseziel haben, also vergangenheitsbezogen und empirisch fundiert sind. Abbildung 2.2 skizziert ein Prognosemodell. Die Prognosen basieren auf den Variablen und der Zuordnungsfunktion $f(.)$ des Modells. Die Zuordnungsfunktion wird von einem Modellansatz bestimmt. Prognosen sind die Ausgabe (Output) und die Variablen sind der Input eines Modells. Das Modell unterstellt einen funktionalen Zusammenhang zwischen den Variablen und den zukünftigen Ereignissen. Die zukünftigen Ereignisse werden deshalb auch als abhängige Variable und die Inputs als unabhängige Variable eines Modells bezeichnet.

Die Bedingung, dass eine Prognose sachlogisch begründet ist und damit Prämissen und einer Theorie unterliegt, wird aus pragmatischen Gründen zunehmend vernachlässigt.[3] Theoretisch fundierten Prognosemodellen stehen datenorientierten Modellen gegenüber. Während ein theoretisch

[2] Hansmann 1992, [Han92], S.735
[3] vgl. Weigend 1995, [Wei95]

fundiertes Modell die relevanten Variablen und die Zuordnungsfunktion allein aus einer sachlogischen Begründung erhält, ist bei einem datenorientierten Modell eine theoretische Begründung nicht allein ausschaggebend. Die weniger restriktiven Vorgaben eines datenorientierten Modells erlauben es, die begründeten Vorgaben als Wahlmöglichkeiten zu betrachten. Konkret bestimmen hier auch die empirischen Daten, welcher Modellansatz und welche Inputs ausgewählt werden.

Abbildung 2.3 zeigt die Modellbildung. Aus einer Menge von Inputs, Modellansätzen und entsprechenden Beispieldaten wird eine Auswahl getroffen. Beispieldaten sind die zu einem Zeitpunkt verfügbaren Inputs für ein Modell. Da singuläre Ereignisse den funktionalen Zusammenhang zwischen unabhängigen und abhängigen Variablen erheblich beeinträchtigen können, werden häufig nicht alle verfügbaren Daten als Beispiele ausgewählt.

Die Parameter der Zuordnungsfunktion des Modellansatzes werden optimiert. Die parametrisierbare Zuordnungsfunktion bildet die Inputs ab. Diese Abbildung ist der Modelloutput. Durch Abweichungen zwischen Modelloutputs und eingetretenen Ereignissen ergeben sich Abbildungsfehler. Diese Abbildungsfehler werden durch Optimierung der Modellparameter minimiert. Ein Modell ist erstellt, wenn die Modellparameter bestimmt sind.

Die Auswahl eines Modellansatzes, von Inputs und Beispielen beruht bei der theoretisch fundierten Modellierung auf Prämissen und auf einer Theorie. Bei der datenorientierten Modellierung kann die erste Auswahl auch darauf beruhen, stützt sich aber meist auch auf eine Analyse des Modells. Hierfür werden einerseits die verfügbaren Inputs und Modellansätze getestet, andererseits werden die Fehler eines Modells ausgewertet. Die Ergebnisse dieser Analysen während der Modellbildung kann dazu führen, dass unterschiedliche Inputs, Beispiele oder Modellansätze kombiniert werden. Die Modellbildung endet, wenn kein besseres Modell mehr gefunden wird. Die sachlogische Begründung für die ausgewählten Modellbestandteile beruht bei der datenorientierten Modellierung auch auf den Modelleigenschaften, die sich für bestimmte Beispiele messen lassen, z.B. einem geringen Fehler.

2.2 Wechselkursprognosen

Modelle zur Prognose von Wechselkursen werden in der Literatur regelmäßig vorgestellt. Das rege Interesse an Prognosemodellen für Wechselkurse begründet sich durch den potentiellen Nutzen, den zutreffende Vorhersagen

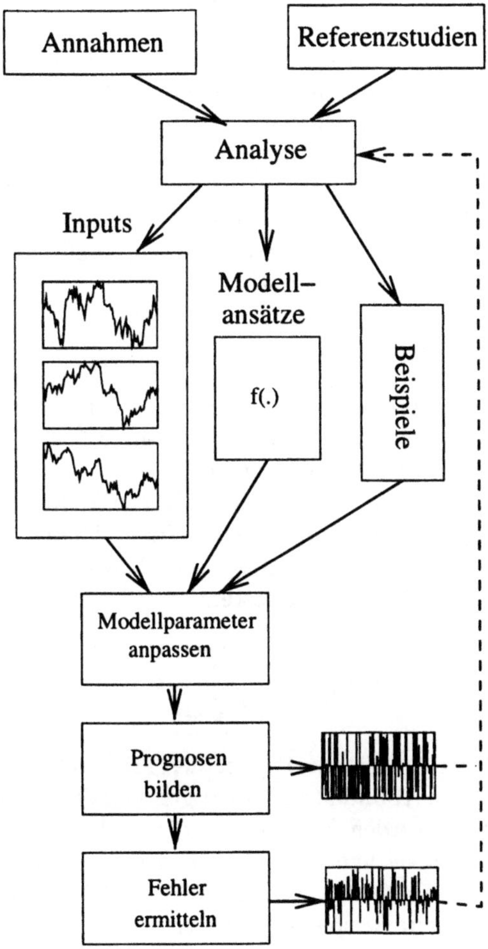

Abbildung 2.3: Modellbildung.

ermöglichen. Die Vorhersagbarkeit von Wechselkursen wird aber konträr diskutiert. Einige Untersuchungen gelangen zu dem Schluss, dass es nicht möglich ist, gute Prognosen abzugeben.[4] Die Informationseffizienzhypothese[5] belegt ebenfalls, dass (unter den Prämissen der Hypothese) keine Prognoseerfolge möglich sind. Sie geht davon aus, dass Kursveränderungen unmittelbar durch das Eintreten von Ereignissen ausgelöst werden. Stehen allen Marktteilnehmern alle Informationen[6] zur Verfügung, können sie unmittelbar darauf reagieren. Da diese Ereignisse zufällig und gleichverteilt auftreten, ist es sinnlos, diese Ereignisse oder die Kursveränderungen zu prognostizieren.[7] Andererseits geben einige Fallstudien an, dass Prognoseerfolge für Wechselkurse erzielt wurden (siehe unten). Prognosemodelle, die zu diesen Erfolgen geführt haben, basieren häufig auf der technischen Analyse oder Künstlichen Neuronalen Netzen.

2.2.1 Technische Analyse

Ein Ansatz zur Prognose von Wechselkursen und anderen Finanzzeitreihen ist die technische Analyse. Hier werden Regeln aufgestellt, aus denen sich Kauf- und Verkaufsempfehlungen ergeben.

Abbildung 2.4 zeigt den Verlauf der USD/DEM-Relation vom 04.01.93 bis 30.05.93. Dargestellt sind die täglichen Fixing Kurse t, die von der Bundesbank ermittelt und veröffentlicht werden. Außerdem sind zwei gleitende Durchschnitte des USD/DEM dargestellt.

$$MA_q(n) = \frac{1}{n} \sum_{i=q-n}^{q-1} t_i$$

Ein gleitender Durchschnitt $MA(.)$ ist das arithmetische Mittel aus den letzten n Kursen. Die Abbildung 2.4 zeigt gleitende Durchschnitte für $n = 5$ und $n = 50$. Daraus werden Empfehlungen zum Handeln abgeleitet. Diese Regeln besagen, dass zu dem Zeitpunkt q zu kaufen sei, zu dem $MA(5) > MA(50)$ wird. Zu verkaufen sei, wenn $MA(5) < MA(50)$ wird. Eine einfache Strategie, die in diesem Beispiel erfolgreich ist.

[4] vgl. Diebold und Nason 1990, [DN90]

[5] vgl. Fama 1970, [Fam70] und 1991, [Fam91]

[6] Die Informationseffizienzhypthese unterscheidet drei Formen von verfügbaren Informationen. In der *strengen Form* stehen allen Marktteilnehmern alle relevanten Informationen zur Verfügung, während in der *halbstrengen Form* nur alle öffentlichen und in der *schwachen Form* nur historische Informationen zur Verfügung stehen.

[7] Für eine Diskussion dieser Hypothese vgl. Kehrling 1998, [Keh98], S. 16ff.

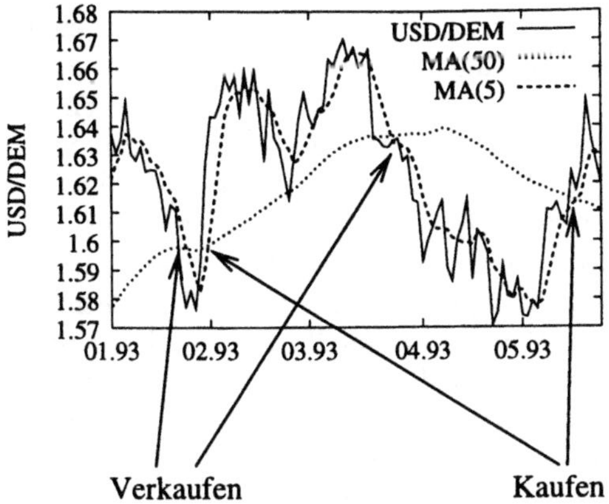

Abbildung 2.4: Kauf- und Verkaufsempfehlungen durch technische Analyse.

Diese und andere Regeln haben eine Tradition in der Prognose von Finanzmärkten.[8] Die optimalen Parameter dieser Regeln müssen allerdings gefunden werden, und es gibt keine Hinweise darauf, dass sie zu jeder Zeit Anlageerfolge generieren. Dennoch verzichten auch andere Prognosemodelle nicht darauf, Inputs aus technischen Regeln zu verwenden.[9] Sie können als eine Art der Transformation betrachtet werden, bei der aus dem Kursverlauf wesentliche Eigenschaften der Dynamik gefiltert werden.

2.2.2 Flexible Prognosemodelle

Zur Wechselkursprognose sind auch flexible Prognosemodelle einsetzbar, die sich an die empirischen Daten anpassen können. Künstliche Neuronale Netze (KNN) haben die Eigenschaft der universalen Funktionsapproximation.[10] Das bedeutet, dass sie theoretisch in der Lage sind, jede unbekannte Funktion hinreichend genau zu approximieren, wenn genügend viele Parameter verwendet werden. Diese Eigenschaft ist für die Modellierung von Wechselkursen sehr nützlich. Bei der Anwendung von KNN wird versucht, aus den empirischen Daten funktionale Zusammenhänge durch induktives Lernen aufzudecken.

Prognoseerfolge für Wechselkurse belegen u.a. Weigend et al. [WMS95].

[8] vgl. William 1988, [Wil88]
[9] vgl. LeBaron 1995, [LeB95], S.133f und die dort zitierte Literatur.
[10] vgl. Hornik et al. 1989, [HSW89]

Sie geben eine Anlagerendite von 30% p.a. für die täglichen USD/DEM-Wechselkurse an (216 Tage, ab dem 01.04.93).[11] Dass keine systematischen Prognoseerfolge mit KNN zu erzielen sind berichtet z.B. Brooks [Bro97]. Er vergleicht KNN mit anderen Modellansätzen und dem Random-Walk Ansatz. Der Random-Walk-Ansatz besagt, dass die letzte Kursveränderung die beste Prognose für die zukünftige Kursveränderung darstellt. Für Testbeispiele (314 Tage vor dem 01.07.94) stellt er fest, dass es keine signifikanten Unterschiede zwischen den Modellen und der naiven Prognose mittels Random-Walk gibt. Die unterschiedlichen Resultate beider Studien weisen auf das Problem der Modellierung mittels KNN hin: Ein optimales KNN lässt sich nicht automatisch erstellen.[12] Da verschiedene Inputs, Beispiele und bei KNN auch andere Parameter kombiniert werden können und diese Modellbestandteile teilweise voneinander abhängig sind, stellt die Modellierung mittels KNN ein kombinatorisches Problem dar. Daraus folgt, dass nach einem geeigneten KNN gesucht werden muss. Hierfür wird in dieser Arbeit ein evolutionärer Ansatz entwickelt. Da keine erschöpfende Suche stattfindet, ist auch nicht garantiert, dass ein optimales KNN gefunden wird. Kombinationsmodelle können aber Abbildungsfehler einzelner Modelle kompensieren und dadurch robustere Prognosen erzeugen. Deshalb sind sie Gegenstand dieser Arbeit.

[11] Ebenfalls gute Prognoseergebnisse geben Steurer und Hann 1996, [SH96], Refenes und Zaidi 1995, [RZ95a] sowie Green und Pearson 1994, [GP94] an. Die Studien unterscheiden sich unter anderem darin, welche Inputs, Beispiele (Zeiträume) und Zeitabstände der Daten verwendet und wie der Prognoseerfolg gemessen wird.

[12] vgl. Yao 1999, [Yao99], S.1428

Kapitel 3

Optimale Modelle

Der Idealfall, dass ein optimales Modell richtige Prognosen liefert, basiert auf der Annahme, dass der Prozess, der die Ereignisse generiert, vollkommen deterministisch ist. In einem solchen Fall enthält das optimale Modell die bestimmenden Inputs (optimale Informationsbasis) und bildet sie mittels einer adäquaten Zuordnungsfunktion fehlerfrei ab. Die Zuordnungsfunktion hat dabei frei wählbare Parameter, und ein geeigneter Algorithmus ermittelt die Werte dafür, indem ein Fehler minimiert wird. Im Idealfall werden unnötige Inputs oder auch überzählige Parameter dadurch ersichtlich, dass ihr Einfluss nach dem Anpassen der Parameter verschwindet bzw. sich gegenseitig aufhebt.

Die Modellierung empirischer ökonomischer Zeitreihen weicht von dieser Idealvorstellung ab, weil es neben einem deterministischen Prozess einen zufälligen Einfluss geben kann, der zu einem Rauschanteil in den Daten führt. Der Rauschanteil bewirkt, dass ein Modell neben der deterministischen Zuordnungsfunktion auch einen zufälligen Einfluss mittels Störterm berücksichtigen muss. Ein zufälliger Einfluss kann in unterschiedlicher Weise den deterministischen Prozess verändern. Ein additiver normalverteilter Störterm, führt zu einem stochastischen Prozess, dessen Ereignisse normalverteilt sind. Neben der additiven Beeinflussung sind andere Formen (z.B. multiplikative Störterme) denkbar. Über die Beeinflussung des deterministischen Prozesses ist meist wenig bekannt. Im Bereich ökonomischer Modellbildung mit empirischen Daten ist ein unbekannter Rauschanteil sehr häufig anzutreffen und in einigen Fällen ist dieser im Vergleich zum deterministischen Anteil auch sehr hoch.

Liegt ein stochastischer Prozesses vor, ist die Trennung des deterministischen vom stochastischen Teil nicht trivial, zumal von endlichen Datenmengen ausgegangen werden muss. Ein Modell ist dann optimal, wenn die Prognosefehler in der Summe *Null* ergeben und die Reihe der Fehler unabhängigen Zufallsziehungen entspricht.[1] Dann repräsentiert das Modell den deterministischen Anteil und der Fehler den zufälligen. Die Güte eines Modells lässt sich also durch die Eigenschaften der Reihe der Fehler beschreiben. Ein optimales Modell erzeugt einen möglichst kleinen Fehler, dessen Ziehungen unabhängig voneinander sind.[2]

Die minimale Höhe des Fehlers (optimaler Fehler) wird durch die Varianz des zufälligen Einflusses bestimmt. Dieser ist allerdings meist unbekannt, so dass der erreichte Fehler eines Modells für die Beispieldaten durchaus kleiner als der optimale Fehler werden kann. Je höher die Komplexität eines Modells ist, desto eher besteht die Möglichkeit, dass einzelne zufällige Einflüsse in den Beispieldaten durch das Modell abgebildet werden. Es ist daher üblich, auf einer unabhängigen Testmenge einen Prognosefehler für das Modell zu ermitteln.

Um die optimale Modellkomplexität zu bestimmen, ist die Eigenschaft der fehlenden Systematik der Reihe der Fehler nicht hinreichend. Die Unabhängigkeit der Fehlerreihe bleibt erhalten, wenn einzelne zufällige Einflüsse vom Modell adaptiert werden. Die fehlende Systematik der Fehler ist somit nur notwendig, um ausschließen zu können, dass erklärbare Systematik in den Daten vom Modell nicht abgebildet wird.

Aus diesem Grund werden solche Modelle bevorzugt, die mit einer möglichst kleinen Anzahl von Parametern auskommen. Dieses als Occam's razor bekannte Prinzip lässt sich verallgemeinert in einer erweiterten Fehlerfunktion zur Beurteilung der Güte eines Modells darstellen.

$$E(y) = f(t - y) + \lambda(C(y))$$

Der Fehler E des Modelloutputs y ergibt sich aus dem Unterschied zwischen Prognose y und Ereignis t sowie aus einem mit λ gewichteten Komplexitätsterm C des Modells. Die Komplexität eines Modells kann z.B. mit der Anzahl der freien Parameter angegeben werden. Es können aber auch

[1] Da in der Praxis endliche Datenmengen zur Verfügung stehen, bleibt eine Unsicherheit über das Erreichen des Optimums eines Modells, die darin besteht, nur unter Vorgabe einer Irrtumswahrscheinlichkeit die Unabhängigkeit der Realisationen des Fehlers angeben zu können (vgl. Diebold und Lopez 1996, [DL96], S.4)

[2] Bei Mehrschrittprognosen der Länge k folgt die Reihe der Fehler einem $MA(k-1)$ Prozess (vgl. Diebold und Lopez 1996, [DL96], S.4)

Kriterien für die Erklärungskraft einzelner Parameter oder des Modells einbezogen werden.[3] Für manche Modellansätze lässt sich der Einfluss einzelner Parameter aber nicht feststellen.

Das optimale Modell zu finden gestaltet sich häufig als große Herausforderung, zumal, wenn keine oder nur wenig Informationen über den zu modellierenden Prozess vorliegen. Theoretisch gibt es jedoch zu jedem deterministischen Anteil eines Prozesses mindestens ein optimales Modell, welches den Input-bedingten Erwartungswert als Prognose ausgibt und dabei minimale Modellkomplexität besitzt. Der Fehler dieses Modells entspricht der Verteilung des zufälligen Anteils des Prozesses. Da der Input-bedingte Erwartungswert nur für unimodale Verteilungen eine sinnvolle Prognose darstellt, wird zur Vereinfachung im Folgenden von deterministischen Prozessen mit eindeutiger Zuordnungsfunktion ausgegangen.

3.1 Der bedingte Erwartungswert

Der bedingte Erwartungswert ist eher ein Konzept als eine feste Größe. Dies ist schwerwiegend angesichts der Tatsache, dass der bedingte Erwartungswert die optimale Prognose in einem Prognoseproblem darstellt. Der bedingte Erwartungswert gibt bei einer gegebenen Merkmalsausprägung der Inputs denjenigen Wert als Prognose bzw. Output an, der in den Beispieldaten die höchste Wahrscheinlichkeit aufweist (und daher am ehesten erwartet werden kann). Der Output (in Form des Erwartungswertes) wird also durch die Inputs bedingt. Ist die Menge der Beispieldaten unendlich und die Zuordnungsfunktion völlig deterministisch, kann für jede Merkmalsausprägung der Inputs der dadurch bedingte Output exakt und eindeutig angegeben werden.

Diese Idealvorstellung des bedingten Erwartungswertes kann bei empirischen Problemen meist nicht aufrecht erhalten werden. Die Menge der Beispieldaten ist nicht unendlich und zufällige Einflüsse führen zu einer stochastischen Abbildung der Inputs auf die Outputs. Aus diesen Gründen wird der bedingte Erwartungswert mit Hilfe der Wahrscheinlichkeit ausgedrückt, die ein Output bei einer gegebenen Merkmalsausprägung der Inputs hat.

Veranschaulicht wird dieses Konzept in Abbildung 3.1 für ein Klassifizierungsproblem, bei dem metrische Variablen vorliegen und zur Klassifizierung von nominalen Gruppen bzw. Klassen dienen sollen. Bei einem

[3] vgl. Akaike 1973, [Aka73] für lineare Modelle.

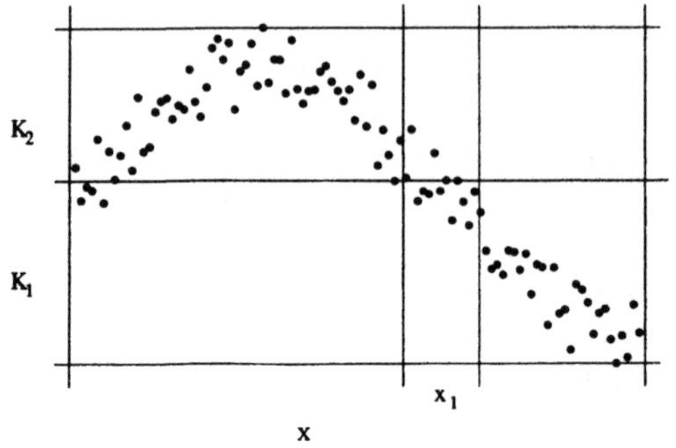

Abbildung 3.1: Der bedingte Erwartungswert für des Merkmal X und die zwei Klassen K_1 und K_2. Liegt die Merkmalsausprägung von X im Bereich x_1, soll die Klasse K_1 als Prognose ausgegeben werden. Durch Beispieldaten, die K_2 bei Vorliegen von x_1 angeben, beträgt die bedingte Wahrscheinlichkeit $P(K_1|x_1)$ weniger als 1. Für x_1 liegen dadurch widersprüchliche Beispiele vor.

Klassifizierungsproblem gibt der bedingte Erwartungswert diejenige Klasse an, für welche die höchste bedingte Wahrscheinlichkeit der vorliegenden Merkmalsausprägung besteht. Hat beispielsweise das Merkmal X die Ausprägung x_1, soll die Klassifizierung K in die Klasse K_1 erfolgen. Liegen nun zwei Klassen und n verschiedene Merkmalsausprägungen vor, so lässt sich die Wahrscheinlichkeit für jede Kombination aus Merkmalsausprägung und Klassifizierung als bedingte Wahrscheinlichkeit angeben. Das Bayes-Theorem[4] ermöglicht es, diese Wahrscheinlichkeit auszudrücken in

$$P(K_c|x_1) = \frac{P(x_1|K_c)P(K_c)}{P(x_1)}$$

Die bedingte Wahrscheinlichkeit für die Klasse K_c bei Vorliegen der Merkmalsausprägung x_1 ($P(K_c|x_1)$) lässt sich darstellen durch die unbedingte Wahrscheinlichkeit der Klasse K_c ($P(K_c)$) multipliziert mit der bedingten Wahrscheinlichkeit für die Merkmalsausprägung x_1 bei Vorliegen von Klasse K_c ($P(x_1|K_c)$). Die Division durch die unbedingte Wahrscheinlichkeit für $P(x_1)$ führt dazu, dass die Summe der bedingten Wahrscheinlichkeiten über alle Klassen bei der Merkmalsausprägung x_1 gleich 1 ergibt.

[4]vgl. Bishop 1995, [Bis95], S.18f

Für die Merkmalsausprägung x_1 ist die optimale Prognose gleich der Klasse, deren bedingte Wahrscheinlichkeit $P(K_c|x_1)$ den höchsten Wert im Vergleich zu allen anderen Klassen besitzt. Diese Klasse bildet also den bedingten Erwartungswert für das Merkmal x_1, wobei die bedingte Wahrscheinlichkeit aller übrigen Kombinationen von *Null* verschieden sein kann. Diese Irrtumswahrscheinlichkeit ist dann von *Null* verschieden, wenn die Beispieldaten nicht eindeutig sind. Das heißt, es gibt keine ausschließliche Zuordung der Klasse K_c bei Vorliegen der Merkmalsausprägung x_1. In einem solchen Fall führt der Rauschanteil zu widersprüchlichen Beispielen (x_1 wird sowohl K_1 als auch K_2 zugeordnet).

Dieses anschauliche Beispiel zeigt, dass bei Vorliegen der Anzahl von Klassen und Merkmalsausprägungen die optimale Prognose einen Fehler größer *Null* haben kann, der durch die widersprüchlichen Beispiele (Stochastizität des Prozesses) gegeben ist. Praktisch müssen in einem Klassifikationsproblem die Anzahl der verschiedenen Merkmalsausprägungen (Segmente) und oder die Anzahl zu unterscheidender Klassen aus den Beispieldaten ermittelt werden. Gleichzeitig mit der Ermittlung der Anzahl muss der Wertebereich festgelegt werden. Dabei beeinflussen sich Wertebereich und Anzahl unterschiedlicher Segmente bzw. Klassen, so dass ein nichttriviales Problem entsteht. Der bedingte Erwartungswert hängt unmittelbar von der Anzahl der Klassen und Segmente sowie deren Aufteilung im Wertebereich ab (Separierung).

3.2 Separierung des Inputraumes

Liegen für ein Klassifikations- oder Regressionsproblem keine Annahmen über die Anzahl der zu unterscheidenden Input-Segmente vor (was meist der Fall ist), so müssen diese implizit aus Beispieldaten erzeugt werden. Da der Output für ein Input-Output-Beispiel gegeben ist, stellt ein Input-Segment den Wertebereich der Inputs dar, der zum selben Output führt. Abbildung 3.1 zeigt, dass widersprüchliche Beispiele die eindeutige, fehlerfreie Segmentierung unmöglich machen. Die Darstellung der Input-Output-Beispiele als Wahrscheinlichkeitsfunktion kann dennoch die beste Separierung ermöglichen.

Es lassen sich zwei Arten der Separierung unterscheiden. Die lineare Trennung, mit der ein zwei-dimensionaler Raum durch eine Gerade in zwei Ebenen geteilt werden kann, und die nichtlineare Trennung, mit der ein zwei-dimensionaler Raum beliebig in zwei Ebenen unterteilt werden kann.

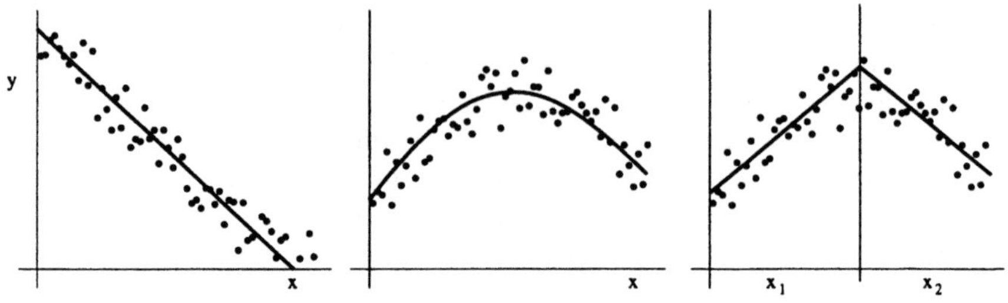

Abbildung 3.2: Die Punkte geben Beispiele für eine Trennlinie an, welche die Region oberhalb dieser Trennlinie von der unteren Region optimal separiert. Die Separierung des Inputraumes geschieht mit einer linearen Trennung (links), mit einer nichtlinearen Trennung (mitte) und kann mit einer zusätzlichen Inputdimension auch linear angenähert werden (rechts).

Die nichtlineare Trennung kann von einer linearen Trennung angenähert werden, wenn der zwei-dimensionale Raum in weitere Ebenen unterteilt wird (siehe Abbildung 3.2).

Die Klassifizierungsleistung eines Modells ist von der verwendeten Trennfunktion und der Inputdimension abhängig. Ist es zulässig, den Inputraum in beliebig viele Dimensionen aufzuspalten, lassen sich beliebig viele Segmente bilden, die von linearen Trennfunktionen repräsentiert werden können. Modelle mit nichtlinearer Trennfunktion kommen möglicherweise mit weniger Inputdimensionen aus. Die Wahl der Trennfunktion und der Inputdimension muss sich an den Beispieldaten orientieren. Je flexibler die Trennfunktion ist und je mehr Modellparameter eine Inputdimension repräsentieren können, desto höher wird die Modellkomplexität. Sie zu kontrollieren führt zu dem Bias-Varianz-Dilemma der datenorientierten Modellierung

3.3 Bias-Varianz-Dilemma

Ein optimales Modell gibt den Input-bedingten Erwartungswert als Prognose aus. Ziel der Modellbildung ist es, diesen Erwartungswert mit Hilfe von Beispieldaten anzunähern. Neben dem zufälligen Einfluss, der durch ein Modell nicht nachgebildet werden sollte, kann ein Modell zu wenig Informationen aus den Beispieldaten nutzen. Bei endlichen Datenmengen kann die Menge der Beispieldaten nur eingeschränkt repräsentativ sein. Eine zu genaue Nachbildung der Beispieldaten könnte dazu führen, dass

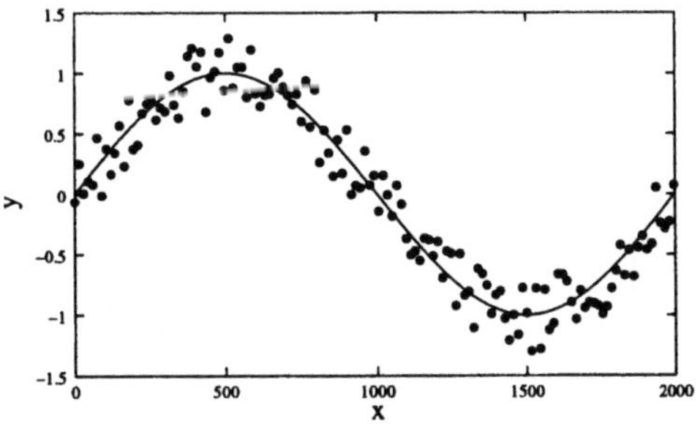

Abbildung 3.3: Deterministischer Prozess mit additivem Störterm. Dargestellt ist eine Sinusphase $y = \sin(x/2000)$ (durchgezogene Linie) und einzelne, mit additivem gleichverteiltem Rauschen versehene Beispiele (Punkte).

neue Daten nur unzureichend abgebildet werden können (Generalisierungsfehler). Maßgeblich für die Abbildungseigenschaften eines Modells ist dessen Abbildungskapazität. Sie muss für die Abbildung des bedingten Erwartungswertes so gestaltet werden, dass der Generalisierungsfehler möglichst minimal wird.

Die Abbildungskapazität eines Modells hängt davon ab, wie der Inputraum mit Hilfe der Parameter und deren Trennfunktion separiert werden kann (siehe voriger Abschnitt). Je flexibler ein Modell ist, desto besser können die Beispieldaten repräsentiert werden. Liegt ein rein deterministischer Prozess zugrunde, kann die Modellkomplexität so groß gewählt werden, dass kein Fehler mehr entsteht. Liegt den Beispieldaten ein stochastischer Prozess zugrunde, muss die Flexibilität eines Modells kontrolliert werden. Die perfekte Nachbildung (Fehler von *Null*) der Beispieldaten zeigt an, dass der zufällige Einfluss in den Beispieldaten vom Modell adaptiert wurde, was einen hohen Generalisierungsfehler erwarten lässt. Die Bestimmung der Modellkomplexität ist daher in der praktischen Anwendung eine Gratwanderung, weil meist nicht bekannt ist, wie hoch der zufällige Anteil ist und welcher Fehler daher für die Beispieldaten akzeptabel ist.

Abbildung 3.3 zeigt eine Zeitreihe eines nichtlinearen deterministischen Prozesses mit additivem Störterm. Abbildung 3.4 zeigt den Output von drei Modellen mit unterschiedlicher Modellkomplexität. Zuwenig Abbildungskapazität (Trendprognose) und zu viel (nichtlineares Modell mit exakter Nachbildung der Beispiele) führen zu einem hohen Generalisierungsfehler. Das optimale Modell liegt, was die Modellkomplexität betrifft, zwischen diesen

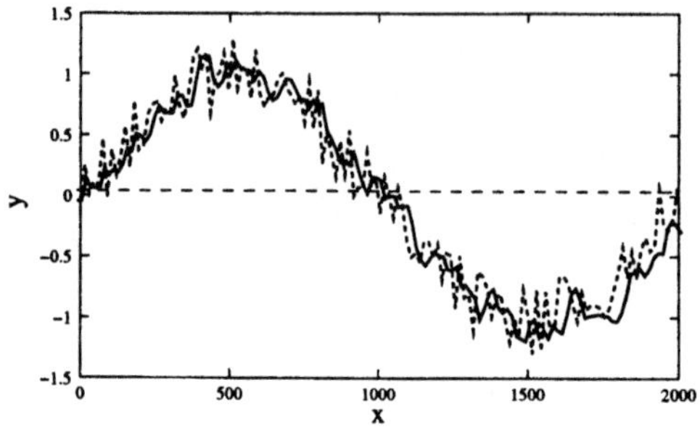

Abbildung 3.4: Approximation eines stochastischen Prozesses mit unterschiedlich vielen Parametern. Dargestellt sind die Prognosen für die Sinusphase aus Abbildung 3.3 von drei Modellen mit unterschiedlicher Modellkomplexität. Der unbedingte Erwartungswert (gerade gestrichelte Linie), ein lineares Modell (durchgezogene Linie) und ein nichtlineares Modell (gestrichelte Linie).

beiden extremen Modellen. Das lineare Modell mit einer mittleren Modellkomplexität bildet die Beispieldaten zwar noch gut ab, wird aufgrund des nichtlinearen deterministischen Anteils des Prozesses aber ebenfalls einen hohen Generalisierungsfehler erzeugen, wenn Mehrschrittprognosen abgeleitet werden.[5]

Aus diesem Beispiel wird ersichtlich, dass der Prognosefehler eines Modells zwei Ursachen haben kann. Zum einen kann ein Modell die Beispieldaten nur unwesentlich nutzen, um die Abbildung anzunähern (Bias) und zum anderen können die Beispieldaten zu genau abgebildet werden, so dass ein zufälliger Einfluss in den Beispieldaten die Abbildung zu stark beeinflusst (Varianz).

Das Bias-Varianz-Dilemma besteht darin, dass die Verringerung des einen Fehleranteils gleichzeitig zur Erhöhung des anderen führt[6], so dass das Auffinden der passenden Modellkomplexität zum Problem wird. Mit der Balance zwischen Fehler-Bias und der Fehler-Varianz gilt es, dem Rauschanteil in den Daten Rechnung zu tragen. In dieser Arbeit werden KNN als Modellansatz (siehe Abschnitt 6) verwendet. Die Aufteilung des Fehlers in den Bias- und Varianzanteil für diesen Modellansatz geht auf Geman et al. [GBD92] zurück. Die Aufteilung wird hier für ein univariates Problem

[5] Das lineare Modell (ein AR(1)-Modell) hat einen stationären Punkt als Grenzzyklus.
[6] vgl. Bishop 1995, [Bis95], S.333ff.

dargestellt, in dem es einen Input und einen Output gibt. Diese Einschränkungen dienen aber nur der vereinfachten Darstellung und können aufgehoben werden. Ist die Abbildung

$$t = h(x) + \epsilon$$

gegeben, mit t als Zielvariable, $h(x)$ als Funktion auf dem Input x und ϵ als additivem Störterm, so wird der kleinste Fehler eines Modells $y(x)$ erreicht, wenn $y(x) = \langle t \mid x \rangle$. Der Input-bedingte Erwartungswert $\langle t \mid x \rangle$ ergibt die optimale Prognose. Ein vollständig spezifiziertes Lernverfahren liefert den Schätzer $y(x)$. Liegen dem Lernverfahren verschiedene Teilmengen von Beispieldaten L über alle Daten D zugrunde, so kann für einen gegebenen Input x der Schätzer $y(x)$ über alle möglichen Beispieldaten L gebildet und dessen Erwartungswert $E_D[y(x)]$ angeben werden.

$$E_D[y(x)] = \lim_{s \to \infty} \frac{1}{s} \sum_{i=1}^{s} f(x, L, i)$$

Der Erwartungswert für alle Schätzer $E_D[y(x)]$ wird über s Schätzer approximiert. Die zu erwartende Abweichung der gegebenen Schätzung $y(x)$ vom optimalen Schätzer $\langle t \mid x \rangle$ ist dann

$$E_D[y(x) - \langle t \mid x \rangle^2] = E_b + E_v$$

mit dem Bias (quadriert)

$$E_b = E_D[y(x)] - \langle t \mid x \rangle^2$$

und der Varianz

$$E_v = E_D[y(x) - E_D[y(x)]^2]$$

Der zu erwartende Fehler (Generalisierungsfehler) lässt sich demnach in einen Bias und eine Varianz aufteilen. Der Bias gibt dabei den systematischen Fehler des Schätzers über alle Beispieldaten an. Die Varianz gibt die zu erwartende Abweichung eines Schätzers zum Erwartungswert aller Schätzer an. Damit ist die Varianz abhängig von den speziellen Beispieldaten. Der Bias als Erwartungswert über alle Beispieldaten hängt von den Eigenschaften des Schätzers ab.

Aus der Aufteilung in Bias und Varianz wird klar, dass mit einer Vergrößerung der Beispieldaten der Erwartungswert über alle Modelle mit höherer Sicherheit angegeben werden kann und dass die Varianz entsprechend abnimmt. Die Varianz des Fehlers kann also, ohne die Modellkomplexität zu verändern, verringert werden, in dem mehr Daten zur Anpassung verwendet werden.

Der Bias wird durch die potentielle Modellkomplexität bestimmt. Um den Bias zu beeinflussen wird daher meist die Anzahl der freien Parameter verändert oder es werden andere Trennfunktionen verwendet.

Für die Kontrolle der Modellkomplexität anhand des Bias und der Varianz des Fehlers ist es entscheidend, die effektive Anzahl der freien Parameter zu kennen, um gegebenenfalls mehr oder weniger Parameter oder entsprechend flexible Trennfunktionen zu verwenden. Die Anzahl der Parameter eines Modells ist dabei nicht der effektiven Anzahl freier Parameter gleichzusetzen, da durch Regularisierung unter Umständen nicht die volle Abbildungskapazität ausgenutzt wird. Problematisch ist die Bestimmung der Modellkomplexität ebenfalls, wenn von suboptimalen Modellen auszugehen ist. Der messbare Fehler für die Beispieldaten entspricht dann nicht dem für die Modellkomplexität möglichem Fehler. Die optimale Modellkomplexität zu finden wird also durch verschiedene Faktoren erschwert. Daher ist es für empirische Zwecke meist ratsam, mit unterschiedlichen Modellen (Modellkomplexitäten) zu experimentieren und neben dem Fehler-Bias und der Fehler-Varianz auch den Fehler für Testbeispiele heranzuziehen, die nicht zur Parameteranpassung verwendet wurden (Cross-Validation).

Kapitel 4

Fehlermaße

Für die Modellierung empirischer Daten ist es unerlässlich - mittels geeigneter Fehlermaße - ein Modell beurteilen zu können. Ein Fehlermaß hat dabei zwei Aufgaben. Es wird zur Optimierung der Modellparameter eingesetzt und dient zum Vergleich von Modellen. Beim Modellvergleich ist der anwendungsbezogene Nutzen eines Modells für dessen Eignung ausschlaggebend, deshalb wird ein Fehlermaß zur Bewertung des Nutzens auch als Performancekriterium bezeichnet. Bei der Anpassung der Parameter drückt das Fehlermaß die Abweichung zwischen Modelloutput und den empirischen Daten aus. Da der anwendungsbezogene Nutzen mit der korrekten Abbildung der Daten nicht immer gleichzusetzen ist, werden zur Parameteranpassung und zum Modellvergleich oftmals verschiedene Fehlermaße eingesetzt. Während zur Beruteilung des anwendungsbezogenen Nutzen auch mehrere Fehlermaße gleichzeitig in Betracht kommen können, gibt es zur Anpassung der Parameter jeweils nur ein Fehlermaß. Im Folgenden werden einige Fehlermaße zur Parameteranpassung vorgestellt.

Im Gegensatz zu vielen technischen Anwendungen, ist bei der Modellierung von Daten aus dem ökonomischen Bereich von einem zufälligen Anteil in den Daten auszugehen.[1] Dieser zufällige Anteil bewirkt, dass sie als Realisationen einer Zufallsvariablen aufzufassen sind. Die Verteilung einer Zufallsvariable gibt für alle Realisationen eine Eintrittswahrscheinlichkeit an.

Die gauß'sche Normalverteilung ist das am häufigsten verwendete Modell einer empirischen Verteilung. Diese Verteilung ist symmetrisch mit zwei

[1] vgl. Makridakis et al. 1983, [MWM83], S.19

Parametern: dem Erwartungswert μ und der Varianz σ^2. Der unbedingte Erwartungswert des Ereignisses t entspricht dabei dem arithmetischen Mittel μ_t aller Realisationen der Zufallsvariablen. So bildet das empirische arithmetische Mittel $\hat{\mu_t}$ den erwartungstreuen unbedingten Schätzer für die Realisation des Ereignisses t.

Auch wenn die Normalverteilung

> „...als Modell für direkt beobachtbare soziale und ökonomische Merkmalsverteilungen eher selten in Betracht.“[2]

kommt, so ist sie für die Ermittlung eines erwartungstreuen Schätzers aufgrund des zentralen Grenzwertsatzes sehr wichtig.[3] Da die Menge der empirischen Daten begrenzt ist, stellt sich allerdings die Frage, welche Auswirkungen nicht-normalverteilte Daten auf die Anpassung der Modellparameter haben. Verschiedene Fehlermaße können bei emprischen Daten zu unterschiedlichen Modellen führen.

4.1 Der quadratische Fehler

Der quadratische Fehler (MSE) wird aus der Abweichung zwischen dem Output des Modells y und dem Ereignis t gebildet.

$$MSE(y) = \frac{1}{n}\sum_{i=1}^{n}(y_i - t_i)^2$$

Das Quadrat der Differenz zwischen dem Output y und dem Ereignis t wird über die Beispiele summiert und durch die Division durch die Anzahl der Beispiele gemittelt. Die Quadrierung bewirkt eine stärkere Gewichtung großer Abweichungen.

Der quadratische Fehler führt dazu, dass das arithmetische Mittel aus den Beispielen (mit dem selben Input) den kleinsten Fehler ergibt. Diese Eigenschaft wirkt wie ein Filter für den Rauschanteil in den empirischen Daten, wenn dieser normalverteilt ist. Der minimale MSE gibt bei einer normalverteilten Zufallsvariable die Varianz des zufälligen Einflusses an.[4]

$$\min!MSE(y) = \sigma_\epsilon^2$$

[2] Bohley 2000, [Boh00], S.406

[3] Der zentrale Grenzwertsatz besagt unabhängig von der konkreten Merkmalsverteilung, dass wenn eine Zufallsvariable einen Erwartungswert μ und eine Varianz σ^2 hat, das empirische arithmetische Mittel $\hat{\mu}$ normalverteilt ist. Mit zunehmender Anzahl empirischer Beobachtungen nähert sich $\hat{\mu}$ dem Erwartungswert μ an.

[4] vgl. Bishop 1995, [Bis95], S.197

Für den Output eines Modells mit minimalem MSE ist daher die Varianz des Fehlers bzw. der Zufallsvariablen bekannt und die Irrtumswahrscheinlichkeit kann für Prognosen mit Hilfe der Normalverteilung angegeben werden. Wird der minimale MSE von einem Modell jedoch nicht erreicht oder kann die Normalverteilungsannahme nicht gerechtfertigt werden, kann dieses Fehlermaß zu Problemen führen.

Die quadratische Gewichtung des Fehlers führt dazu, dass besonders große Abweichungen (Ausreißer) zwischen den Prognosen y und den Ereignissen t besonders große Fehler ergeben. Dadurch erhalten Ausreißer ein hohes Gewicht bei der Optimierung eines Modells (siehe Abbildung 4.2). Wird ein Modell durch ein iteratives Verfahren optimiert, kann dadurch ein Problem entstehen. Bei linearen Modellen ist die Fehleroberfläche konvex und der Gradient des Fehlers führt immer in das globale Optimum. Hierbei stören Ausreißer, indem das globale Optimum in seiner Lage beeinflusst wird (weshalb Prognosen mit Irrtumswahrscheinlichkeiten behaftet sind). Bei nichtlinearen Modellen ist die Fehleroberfläche häufig nicht konvex, sondern sie hat viele lokale Minima. Die optimalen Parameter können deshalb nicht, wie bei linearen Modellen berechnet werden (z.B. mittels Singular-Value-Decomposition[5]), sondern sie werden, von einer Startlösung ausgehend, iterativ optimiert. Zu Beginn der Parameteranpassung führen Ausreißer in den Daten dazu, dass die Fehlerinformationen zu stark von diesen Ausreißern beeinflusst sind. Da die Optimierung meist in einem lokalen Minimum (suboptimales Minimum) endet, bestimmen die Ausreißer die Region auf der Fehleroberfläche mehr als die anderen Beispiele. Dies wird auch durch erneutes Starten der Parameteranpassung mit einer anderen Startlösung nicht umgangen.

Ist der zufällige Einfluss nicht normalverteilt, z.B. durch einen multiplikativen Störterm, so kann die Varianz des Fehlers nicht durch einen minimalen MSE angegeben werden. Solange jedoch die Verteilung des zufälligen Einflusses symmetrisch und unimodal ist, besitzt der minimale MSE die Minimumseigenschaft des arithmetischen Mittels, bildet also den Erwartungswert für die Realisationen der Ereignisse.

Der Zusammenhang zwischen arithmetischem Mittel und bedingtem Erwartungswert kann z.B. bei multimodalen Verteilungen (siehe Abschnitt 8.1) nicht aufrecht erhalten werden. In Abbildung 4.1 ist neben der unimodalen Normalverteilung auch eine bimodal-verteilte Zufallsvariable dargestellt. Das arithmetische Mittel ist für beide Verteilungen gleich. Der

[5]vgl. Press et al. 1992, [PTVF92], S.676ff

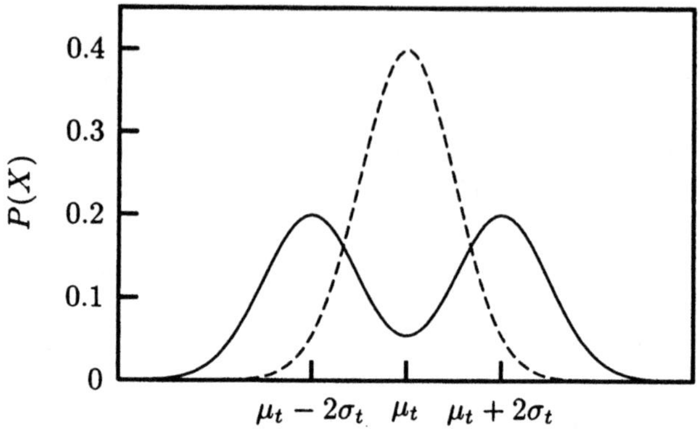

Abbildung 4.1: Die multimodale Verteilung (durchgezogene Linie) und die unimodale Verteilung (gestrichelte Linie) zeigen die Eignung des Mittelwertes als Erwartungswert einer Zufallsvariablen. Während die unimodale Verteilung die höchste Wahrscheinlichkeit $P(X)$ nahe dem Mittelwert hat, entspricht dieser bei der multimodalen Verteilung nicht einem geeigneten Schätzer.

bedingte Erwartungswert ist für die bimodale Verteilung jedoch nicht eindeutig und stimmt daher nicht mit dem arithmetischen Mittel überein.

4.2 Die mittlere absolute Abweichung

Die Abweichung zwischen Output y eines Modells und den Ereignissen t kann unterschiedlich verwendet werden, um den Fehler eines Modells zu ermitteln. Im vorigen Abschnitt wurde der quadratische Fehler diskutiert und dabei die zugrundeliegende Verteilungsannahme dargestellt. Die mittlere absolute Abweichung (MAE)

$$MAE(y) = \frac{1}{n} \sum_{i=1}^{n} |y_i - t_i|$$

ist dann im Minimum, wenn

$$\sum_{i=1}^{n} sign(y_i - t_i) = 0$$

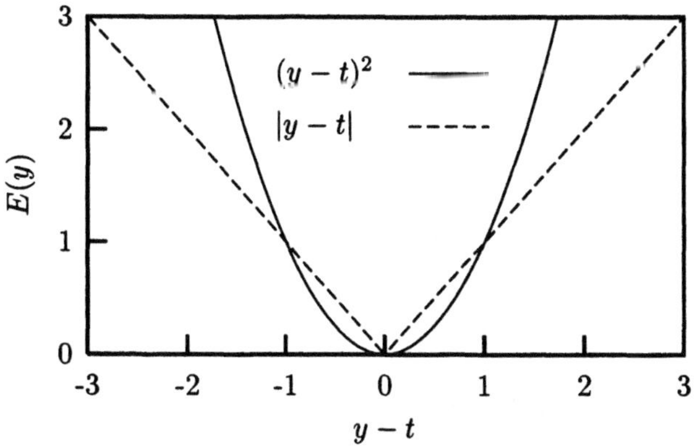

Abbildung 4.2: Die Differenz zwischen Modelloutput y und dem Ereignis t und seine Entsprechung als Fehler des Modells. Der mittlere quadratische Fehler (MSE) und die mittlere absolute Abweichung (MAE) gewichten Fehler unterschiedlich. Differenzen größer 1 haben beim MSE einen stärkeren Einfluss auf den Fehler als beim MAE. Für Differenzen kleiner 1 ist es umgekehrt. Neben dem verwendeten Fehlermaß ist auch die Skalierung der Daten für den Einfluss, den Ausreißer haben können, entscheidend.

also gleichviele Beispiele kleiner und größer sind, als der Output des Modells (für gleiche Inputs). Dies entspricht dem lagetypischen Mittelwertkonzept des Median.

Vom Median ist bekannt, dass er gegenüber Ausreißern ein robuster Schätzer ist. Im Gegensatz zum rechnerischen Mittel werden hier die Ausprägungen der Daten direkt verwendet, um „die Mitte“ einer Verteilung darzustellen. Dabei werden maximal zwei Werte der Beispiele verwendet, die (in einer Größensortierung genau in der Mitte liegend) echte Ausprägungen der Beispiele sind. Der Einfluss von Extremwerten für die Lage des Medians und damit für den minimalen MAE ist vergleichsweise gering.

Um mit dem Median den Erwartungswert für Prognosen abzuleiten ist eine geeignete Verteilung und Dichte der Beispiele erforderlich. Dem Median entspricht keine Verteilungsannahme einer Zufallsvariablen. Ist aber eine Zufallsvariable normalverteilt und die Anzahl der Beispiele ausreichend, nähert sich der Median dem arithmetischen Mittel an.

Das Konzept des MAE führt zu einer anderen Fehlergewichtung für iterative Optimierungsverfahren zur Parameteranpassung, als es der MSE bewirkt (siehe Abbildung 4.2). Dies wirkt sich auf die Parameteranpassung iterativer Optimierungsverfahren so aus, dass es gegenüber dem MSE zu einem anderen Konvergenzverhalten kommen kann. Ausreißer in den Beispielen erhalten bei der absoluten Differenz einen geringeren Einfluss als bei der quadrierten Differenz. Die mittlere absolute Abweichung kann deshalb zu robusteren Schätzern führen.

4.3 Sharpe-Ratio

Um Modelle und Prognosen für Finanzmärkte hinsichtlich des Risikos zu bewerten, das ein Investor eingeht, wurde von Sharpe [Sha66] die nach ihm benannte Sharpe-Ratio entwickelt. Die Sharpe-Ratio wurde schon seit längerem in der Literatur als Performancekriterium angegeben. In der Arbeit von Choey und Weigend [CW97] wurde darüber hinaus ein Verfahren entwickelt, um die Sharpe-Ratio für ein Gradienten-Verfahren zur Parameteranpassung zu nutzen. Ein finanztechnisches Performancekriterium kann damit direkt zur Optimierung von Prognosemodellen verwendet werden.

In Finanzzeitreihen sind Ausreißer häufiger als bei normalverteilten Zufallsvariablen. Diese Ausreißer erhöhen das Risiko einer Prognose, und ein Modell, welches bei gleichem Profit ein geringeres Risiko eingeht, wird von Investoren bevorzugt. Die Sharpe-Ratio bemisst dieses Risiko gegenüber dem Profit. Von zwei Modellen wird deshalb jenes bevorzugt, welches die höhere Sharpe-Ratio aufweist.

Die Sharpe-Ratio

$$SR = \frac{pe}{\sigma_{pe}}$$

drückt den durchschnittlichen Mehrgewinn pe im Verhältnis zu dessen Standardabweichung aus. Dem Profit p wird eine alternative, sichere Anlage k zum Zeitpunkt i gegenübergestellt.

$$pe = \frac{1}{n} \sum_{i=1}^{n} p_i - k_i$$

mit

$$p_i = y_i * t_i$$

Der Gewinn ergibt sich aus der Kursdifferenz t_i zwischen zwei Perioden und der Prognose y_i als Angabe der Kontraktart $sign(y_i * t_i)$ sowie der

Kontraktgröße $abs(y_i)$. Dieser Gewinn stellt, abzüglich des risikolosen Gewinns, den Mehrgewinn pe dar, der über alle Perioden gemittelt wird. Die Standardabweichung dieses Mehrgewinns

$$\sigma_{pe} = \left\{ \frac{1}{n} \sum_{i=1}^{n} (p_i - k_i - pe)^2 \right\}^{\frac{1}{2}}$$

drückt dabei das zu erwartende Risiko der Anlage aus.

Die Sharpe-Ratio als Fehlermaß bietet ein Konzept zur Optimierung von Modellparametern, welches von dem der mittelwert-basierenden Fehlermaße abweicht. Dies bedeutet nicht, dass die Sharpe-Ratio zwangsläufig Vorteile in der Anwendung für Finanzmarktprognosen mit sich bringt. Ob es Vorteile gibt, wird sich nur fallweise beurteilen lassen.

In dieser Arbeit dient die Sharpe-Ratio zur Berücksichtigung der Transaktionskosten bei der Parameteranpassung. Zusätzlich zum risikolosen Gewinn mindern die Transaktionkosten den Mehrgewinn. Werden diese bei der Gewinnermittlung eingerechnet, kann das zur Verringerung der Transaktionen führen. Der reale Nutzen in der Anwendung von Prognosemodellen zur Kursvorhersage von Finanzzeitreihen wird so besser berücksichtigt.

Kapitel 5

Kombinationsmodelle

Modelle werden benötigt, um bestimmte Aspekte eines Problems zu erfassen. Mit einem Modell über die Nachfrage eines Produktes können z.B. die Produktionsmengen besser geplant werden. Ein Modell über bestimmte Wechselkursrelationen kann dazu dienen, spekulative Geldgeschäfte abzuschließen. Ein Modell kann aber auch zur Simulation eingesetzt werden, wobei alternative Szenarien entwickelt werden können. Grundlage für solche Anwendungen sind Modelle, die das Problem möglichst gut abbilden. Zur Modellierung von Zeitreihen existieren in der Ökonomie zwei Paradigmen: die theoretisch fundierte Modellierung und die datenorientierte Modellierung. Die theoretisch fundierte Modellierung geht davon aus, dass, wenn ein Modell mit a priori Annahmen über ein Problem erstellt wird, sich damit auch gute Prognosen usw. ableiten lassen.[1] Die datenorientierte Modellierung geht davon aus, dass Modelle, die gute Prognosen liefern auch den Annahmen des Problems gerecht werden.[2] Das Problem der Modellierung besteht darin, dass die Erstellung und Bewertung eines Modells meist nicht zu eindeutigen Ergebnissen führt. So werden oft viele Modelle erstellt, bis schließlich eines zur Anwendung ausgewählt wird.

Eine Schwierigkeit bei der Modellierung stellt die Möglichkeit eines zufälligen Einflusses in den Daten dar. Da bei ökonomischen Zeitreihen ein

[1]Mit der Auffassung, anhand von Annahmen ein gutes Modell erstellen zu können, ist verbunden, dass mit einem Modell auch die zugrundeliegenden Annahmen validiert werden können.

[2]Mit einem guten Modell können aber nicht unbedingt Aussagen über die zugrundeliegenden Annahmen abgeleitet werden.

zufälliger Einfluss sehr häufig ist, muss der deterministische vom zufälligen Anteil getrennt werden. Wenn über den zufälligen Anteil wenig oder nichts bekannt ist, erhöht sich die Unsicherheit bei der Beurteilung von Modellen. Ziel ist es, mit einem Modell den Input-bedingten Erwartungswert als optimale Prognose angeben zu können. Mit den relevanten Inputinformationen und der geeigneten funktionalen Abbildung dieser Inputs sollte es möglich sein, dieses optimale Modell zu erstellen. Ohne (oder mit unzureichender) theoretischer Fundierung kann sich die Modellierung als aufwendiges Problem darstellen. Die vielen Versuche, das beste Modell zu erstellen, nehmen mitunter viel Zeit in Anspruch, und die Verbesserungen, die mit zunehmender Anzahl der Versuche erzielt werden, können marginal sein. Da scheint es ein Ausweg zu sein, die vielen Modelle, die aus den Versuchen resultieren, miteinander zu kombinieren.[3] Ein Kombinationsmodell führt die Ergebnisse der einzelnen Modelle zusammen und kann so evtl. die Defizite, die bei dem jeweiligen Einzelmodell zu finden sind, ausgleichen.

Der Kombination von Einzelmodellen stehen Modellansätze gegenüber, die aus einer Komposition verschiedener modularer Ansätze bestehen. Ein Beispiel ist die ARMA-Methode von Box und Jenkins [BJ76], bei der die Verwendung zweier konvertierbarer Ansätze[4] (dem Autoregressiven Ansatz (AR) und dem Moving-Average Ansatz (MA)), gegenüber den einzelnen Ansätzen zu Modellen mit einer geringeren Anzahl von Parametern führt. Die Module haben zwar die gleichen Abbildungsmöglichkeiten, jedoch können spezifische Vorteile bei der Kombination von Modulen entstehen. Ein Kombinationsmodell kann also aus einzelnen Modellen oder einzelnen Modulen bestehen.

Unterschieden werden bei der Modellierung von Kombinationsmodellen zum einen modulare Ansätze (siehe Abbildung 5.1) und zum anderen Gruppen-Ansätze, die einzelne Modelle kombinieren (siehe Abbildung 5.2). Auch wenn sich bei differenzierter Betrachtung diese Unterscheidung im Detail nicht immer zweifelsfrei beibehalten lässt, so sind doch modulare Ansätze solche, bei denen Modelle aus Modulen simultan erstellt, optimiert und validiert werden. Bei Gruppen-Ansätzen wird von einzelnen Modellen ausgegangen, die das Problem unabhängig voneinander lösen sollen und die anschließend ausgewählt, gewichtet und kombiniert werden (siehe auch weiter unten). Während bei modularen Ansätzen häufig eine spezielle

[3]Nach Clemen 1989 [Cle89] lässt sich die Kombination von einzelnen Modellen bereits im Jahr 1818 bei Laplace finden.

[4]Ein AR-Modell mit begrenzter Ordnung kann in ein MA-Modell mit unendlich vielen Parametern überführt werden und umgekehrt (vgl. Box et al. 1994, [BJm94], S.76).

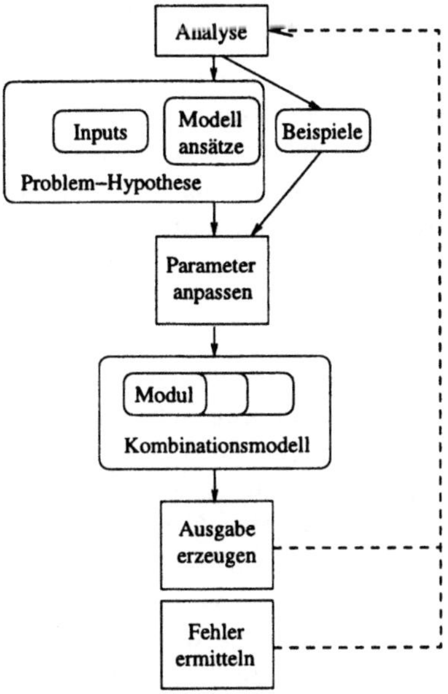

Abbildung 5.1: Modellierung eines modularen Kombinationsmodells.

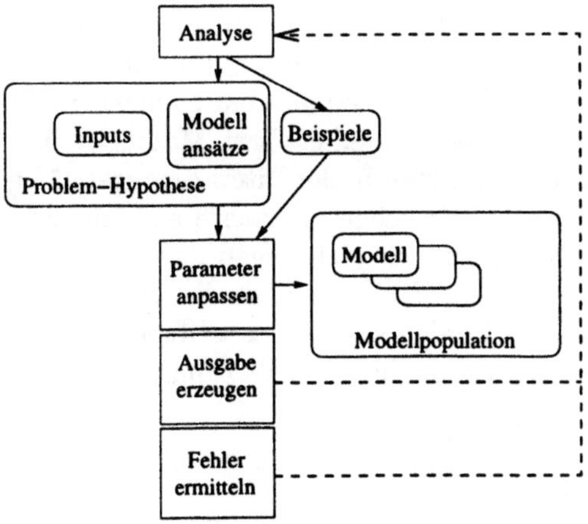

Abbildung 5.2: Modellierung von Einzelmodellen.

Problemstruktur vermutet wird, liegt dem Gruppen-Ansatz die Reduktion der Fehler-Varianz zugrunde. Diese beiden Motive sind es, die bei der Unterscheidung beider Ansätze ausschlaggebend sind. Dabei ist ein Kombinationsmodell nicht auf einen bestimmten Modellansatz begrenzt, sondern profitiert häufig von der Mischung verschiedener Modellansätze. Dies trifft sowohl für den Gruppen-Ansatz als auch auf den modularen Ansatz zu.

Die beiden Ansätze für Kombinationsmodelle lassen sich entsprechend ihrer Entstehung anordnen. Mit dem Gruppen-Ansatz wurde bereits sehr früh experimentiert (siehe oben). Im Verlauf der wissenschaftlichen Analyse von Kombinationsmodellen stellte sich bald heraus, dass ein Kombinationsmodell des Gruppen-Ansatzes besonders dann Vorteile erbringt, wenn die Einzelmodelle voneinander unabhängig sind (siehe weiter unten). Mit dieser Erkenntnis konnten Einzelmodelle für Kombinationsmodelle gezielt angegangen werden. Die Erstellung von unterschiedlichen Einzelmodellen mit möglichst geringer Kovarianz für den Gruppen-Ansatz begründete die Zuordnung einiger bis dahin bereits entwickelter Modellansätze zu den Kombinationsmodellen des modularen Ansatzes. Ausschlaggebend hierfür war die Aufteilung des ganzen Problems auf einzelne Bausteine des Modells, den Modulen. Diese Vorgehensweise findet sich in einer Reihe von Verfahren, u.a. bei Algorithmen für Entscheidungsbäume[5], bei Algorithmen für multivariate „splines“[6] und bei „Mixture of Experts“[7]. Die Modelle des modularen Ansatzes bilden meist eigenständige Modellansätze, eine Zuordnung zu den Kombinationsmodellen ist daher optional.

Den beiden Ansätzen für Kombinationsmodelle ist gemeinsam, dass es nur schwer gelingt, die Vorteile, die durch die Aufteilung des Problems entstehen, auch in einem Einzelmodell nutzbar zu machen. Die Erfahrung, dass die Mehrheit von einzelnen Modellen (bzw. Modulen) die Prognosegüte einzelner Modelle übersteigt, wird in der Literatur regelmäßig geschildert.[8] Die Vorgehensweise, sich bei Unsicherheit mehrere Meinungen einzuholen, zeigt schon dann Vorteile, wenn die Meinungen der verschiedenen Experten divergieren, da so ein erster Eindruck über die Zuverlässigkeit der einzelnen Meinungen gewonnen werden kann. Dies trifft auch auf die Prognosen von Modellen zu.[9] Die Zerlegung des Modellierungsproblems bzw. die Komposi-

[5]vgl. Breiman et al.1984, [BOS84]

[6]vgl. Friedman 1991, [Fri91] und Lewis und Stevens 1991, [LS91]

[7]vgl. Jacobs et al. 1991, [JJNH91]

[8]Es gibt eine Anzahl Ausgaben von Zeitschriften, die sich diesem Thema widmen: International Journal of Forecasting, 1989, Vol. 5; Connection Science, 1996, Vol.8, Nr. 3&4 und 1997 Vol. 9, Nr. 1; Machine Learning, 1999, Vol. 36 u.a.

[9]Von der Art der Prognosen und der Kombination hängt es ab, ob z.B. zusätzliche

tion modularer Ansätze hat gewisse Vorteile in der praktischen Anwendung.

- Die entstehenden Subprobleme können unter Einbeziehung von relevantem Wissen unter Umständen besser gelöst werden.
- Die Geschwindigkeit, mit der die Subprobleme gelöst werden können, skaliert unter Umständen besser mit der Größe der Probleme.
- Lösungen von Subproblemen können unter Umständen besser interpretiert werden als eine Lösung des ganzen Problems, und können daher einer analytischen Bewertung zugänglich sein.
- Die Informationen, die zur Lösung eines Problems verwendet werden, sind häufig unvollständig oder unzureichend. Es werden daher häufig suboptimale Lösungen produziert, von denen in einer Kombination keine außer Acht gelassen werden muss.
- Die Kombination von voneinander unabhängigen Einzelmodellen führt zu einer Reduktion der Fehler-Varianz gegenüber den Einzelmodellen.
- Eine Kombination kann teilweise ergänzt und ausgebaut werden.

Der Erfolg und die Wirkungsweise einer Kombination von Modellen oder Modulen basiert auf der begrenzten Informationsverarbeitung des einzelnen Modells bzw. Moduls. Auf diese Begrenzung kann im Kombinationsmodell Einfluss genommen werden, ohne das Modellierungsverfahren des Einzelmodells bzw. des Moduls zu verändern. Damit kann die Informationsverarbeitung des Kombinationsmodells in besonderer Weise bestimmt werden.

5.1 Kombination einzelner Modelle

Die Kombination einzelner Modelle (Gruppen-Ansatz) erfreut sich aus pragmatischen Gründen großer Beliebtheit.[10] Aufgrund der Unsicherheit bezüglich eines zufälligen Anteils in den Beispieldaten werden häufig mehrere Modelle erstellt und validiert. Da sich diese einzelnen Modelle meistens ohne erheblichen Mehraufwand zu einem Durchschnittsmodell kombinieren lassen, bildet das Kombinationsmodell eine Benchmark für jedes einzelne Modell.

Verteilungsaussagen abgeleitet werden können.

[10] vgl. Clemen 1989, [Cle89]

Dabei kann es vorkommen, dass keines der einzelnen Modelle die Generalisierungsleistung des Kombinationsmodells erreicht. Neben diesen pragmatischen lassen sich theoretische Gründe nennen, welche die Vorteilhaftigkeit von Kombinationen belegen, wenn bestimmte Voraussetzungen erfüllt sind. Die Steigerung der Generalisierungsleistung kann erreicht werden, wenn die Beispieldaten mit einem zufälligen Einfluss behaftet sind und es gelingt, voneinander unabhängige einzelne Modelle zu erzeugen.

Da die einzelnen Modelle für den Gruppen-Ansatz isoliert optimiert wurden, ist davon auszugehen, dass eine hohe Redundanz zwischen den Modellen existiert (hohe Kovarianz). Im Extremfall liefert jedes einzelne Modell den bedingten Erwartungswert als Output und damit die optimale Prognose. Eine Kombination solcher Modelle führt zu keiner Verbesserung der Generalisierungsleistung, aber auch zu keiner Verschlechterung. Ein anderes Extrem liegt vor, wenn jedes einzelne Modell nur den Trend der Zielvariablen als Output liefert. Auch hier führt die Kombination weder zu einer Verbesserung, noch zu einer Verschlechterung. Aus dieser pragmatischen Sicht können aus einer Kombination einzelner Modelle nur Vorteile erwachsen.

Die Situation, dass jedes Modell dasselbe Input-Output-Verhalten produziert, ist hypothetisch. Liegen mehrere Modelle vor, so unterscheiden sie sich meist im Input-Output-Verhalten, auch wenn diese Unterschiede oft nur marginal sind. Eine Kombination einzelner Modelle ist nur dann sinnvoll, wenn bei verrauschten Beispieldaten zumindest teilweise unterschiedliche Prognosen von den einzelnen Modellen produziert werden. Diese Unterschiede sind die Grundlage zur Verbesserung der Generalisierungsleistung, was mit der Möglichkeit zur Verringerung der Fehler-Varianz des Kombinationsmodells gegenüber dem Durchschnitt der einzelnen Modelle erklärt werden kann (siehe Abschnitt 5.1.1).

Aufgrund der Vielfältigkeit von Modellansätzen und deren Prognosen existieren viele Varianten des Gruppen-Ansatzes.[11] Die Vorgehensweise lässt sich im Sinne einer Vereinheitlichung in Stufen gliedern (siehe Abbildung 5.3). Die Basis stellen die einzelnen Modelle dar, die alle dasselbe Problem lösen (Modellierung Einzelmodelle). Daraus wird eine Population erstellt, wobei hier nur solche Modelle Eingang finden, die eine gewisse Generalisierungsleistung vermuten lassen (Population Einzelmodelle). Aus dieser Population können Modelle ausgewählt werden, deren Kombination vorteilhaft sein kann. Diese Auswahl von Modellen bildet die Grundlage für

[11] vgl. Clemen 1989, [Cle89]

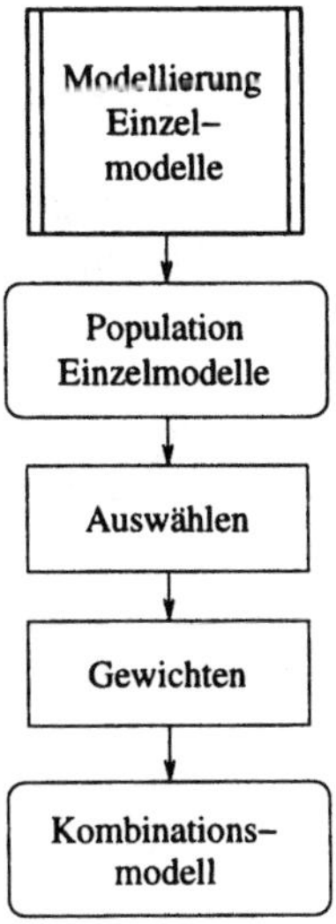

Abbildung 5.3: Kombination einzelner Modelle.

das Kombinationsmodell. Die einzelnen Modelle können unterschiedlich gewichtet werden, um die Kombination hinsichtlich der Prognose zu optimieren (Gewichtung). Anschließend kann die Prognose abgeleitet und bewertet werden.

Diese Stufen sind zum Teil optional. Die Kombination einzelner Modelle wird durch die Wahl alternativer Verfahren für die einzelnen Stufen bestimmt. Dabei exisiert kein Leitfaden, demzufolge eine optimale Kombination erreicht werden kann, da problemspezifische Eigenschaften für die Eignung der unterschiedlichen Verfahren ausschlaggebend sind. So stellt die Kombinationsbildung mittels Gruppen-Ansatz ein Modellierungsexperiment dar, dessen Ausgang offen ist.

5.1.1 Varianzreduktion

Wie in Abschnitt 3.3 bereits dargestellt, lässt sich der zu erwartende Fehler eines Schätzers in den zu erwartenden Bias und die zu erwartende Varianz aufteilen. Dabei hängt der Bias von den Eigenschaften des Schätzers ab, und die Varianz hängt von den Eigenschaften der Beispieldaten ab. Dass Kombinationsmodelle mit Gruppen-Ansätzen weit verbreitet sind, liegt daran, dass es unter bestimmten Voraussetzungen möglich ist, die zu erwartende Varianz des Generalisierungsfehlers zu verringern, indem mehrere einzelne Modelle kombiniert werden.

Bei gegebenem multidimensionalen Inputvektor[12] $\boldsymbol{x}$ für das Modell i ergibt sich die Prognose eines gewichteten Kombinationsmodells $y_{komb}(\boldsymbol{x}_i)$ aus n Einzelmodellen $y_i(\boldsymbol{x}_i)$.

$$y_{komb}(\boldsymbol{x}_i) = \sum_{i=1}^{n} \alpha_i y_i(\boldsymbol{x}_i)$$

Für eine einfache Darstellung des zu erwartenden Generalisierungsfehlers des Kombinationsmodells wird angenommen, dass alle Einzelmodelle gleichgewichtet werden, also

$$\alpha_i = \frac{1}{n}$$

Weiterhin wird davon ausgegangen, dass alle Einzelmodelle mit demselben Modellansatz und mit demselben Beispieldatensatz erstellt wurden. Für diesen Fall haben Ueda und Nakano [UN96] gezeigt, dass der zu erwartende Generalisierungsfehler[13] des Kombinationsmodells als

$$E_D[y_{komb}(\boldsymbol{x}_i) - \langle t \mid \boldsymbol{x}_i \rangle^2] = \hat{E}_{b_{komb}} + \frac{1}{n}\hat{E}_{v_{komb}} + \left(1 - \frac{1}{n}\right)\hat{E}_{c_{komb}}$$

mit dem durchschnittlichen Bias (zum Quadrat)

$$\hat{E}_{b_{komb}} = \frac{1}{n}\sum_{i=1}^{n} E_D[y_i(\boldsymbol{x}_i)] - \langle t \mid \boldsymbol{x}_i \rangle^2$$

der durchschnittlichen Varianz

$$\hat{E}_{v_{komb}} = \frac{1}{n}\sum_{i=1}^{n} E_D[y_i(\boldsymbol{x}_i) - E_D[y_i(\boldsymbol{x}_i)]^2]$$

und der durchschnittlichen Kovarianz

$$\hat{E}_{c_{komb}} = \frac{1}{n(n-1)} \sum_{i,k=1, i\neq k}^{n} \mathrm{Cov}_{i,k}$$

[12] Der Inputvektor $\boldsymbol{x}$ besteht aus den verschiedenen Variablen, zu den verschiedenen Zeitpunkten (Lags).

[13] Hier wird von dem Rauschanteil des Prozesses in der Darstellung abgesehen, da dieser immer als minimaler Fehler vorliegt.

dargestellt werden kann. Der Erwartungswert eines Schätzers ist hier mit $E_D[.]$ symbolisiert. Dieser Erwartungswert wird für alle D Beispielmengen aus den Beispieldaten gebildet. Der bedingte Erwartungswert der abhängigen Variable $\langle t \mid \boldsymbol{x} \rangle$ bei gegebenem Inputvektor $\boldsymbol{x}$, stellt die optimale Prognose dar. Bias, Varianz und Kovarianz werden aus den jeweiligen Einzelmodellen gebildet. Ohne den Bias und die Varianz der einzelnen Modelle zu tangieren, kann der Generalisierungsfehler des Kombinationsmodells verringert werden, indem der Erwartungswert der durchschnittlichen Kovarianz der Modelle verringert wird.[14] Dekorrelierte Einzelmodelle sind also geeignete Kandidaten für ein Kombinationsmodell. Der Fehler-Bias der Einzelmodelle kann im Kombinationsmodell nicht verändert werden. Daher ist es sinnvoll, Einzelmodelle mit einem geringen Fehler-Bias zu verwenden.

5.1.2 Erzeugung unterschiedlicher Modelle

Grundlage für Kombinationsmodelle des Gruppen-Ansatzes sind einzelne Modelle, die jeweils für dasselbe Problem erstellt werden. Alle diese einzelnen Modelle stellen eine Lösung des Problems dar. Die Vorteilhaftigkeit der Kombination von einzelnen Modellen beruht auf der Unabhängigkeit des Input-Output-Verhaltens der Modelle. Unterschiedliches Input-Output-Verhalten kann auf verschiedene Weise zustandekommen.

Ob einzelne Modelle unterschiedliches Input-Output-Verhalten zeigen, kann von der Lösungsgüte der Modelle abhängen. Ein optimales Modell (Prognose des bedingten Erwartungswertes) mit einem anderen optimalen Modell zu kombinieren, führt zu keiner anderen Prognose als der optimalen. Der Idealfall, dass ein optimales Modell gefunden wird, tritt in der praktischen Modellierung eher selten ein. Für dasselbe Problem werden daher meist mehrere Modelle erstellt. Diese Modelle lösen das Problem oft nur suboptimal und so kommt zu dem Problem der Modelloptimierung meist noch das der Modellselektion hinzu. Dabei kommt es vor, dass aufgrund der Unsicherheit mit der die Lösungsgüte eines Modells bestimmt werden kann (Varianz des Fehlers), mehrere Modelle mit der gleichen Lösungsgüte erzeugt werden, die sich in ihrem Input-Output-Verhalten unterscheiden.

Viele Entscheidungen, die bei der Modellierung getroffen werden müssen, lassen unterschiedliche Modelle entstehen.

- So besteht eine Wahlmöglichkeit bezüglich der **Problem-Hypothese**. Die Problem-Hypothese besteht aus einem **Modellansatz** (z.B. lineare

[14]vgl. Rosen 1996, [Ros96]

und nichtlineare Modelle mit einer unterschiedlichen Anzahl freier Parameter) und aus den verwendeten **Inputinformationen** (verschiedene unabhängige Variablen).

- Sehr häufig werden Modelle mit verschiedenen **Beispieldaten** gebildet. Da Beispieldaten in Bezug auf wiedersprüchliche Beispiele und Ausreißer unterschiedlich repräsentativ sein können, stellt die Verwendung unterschiedlicher Beispieldaten eine Möglichkeit dar, voneinander unabhängige Modelle zu erzeugen. Außerdem werden oft Sampling-Techniken verwendet, um z.B. Modellparameter auf ihre Varianz hin zu überprüfen bzw. diese mit einem robusten Schätzverfahren zu ermitteln.

- Kombinationsmodelle des Gruppen-Ansatzes können gegenüber den Einzelmodellen eine geringere Fehler-Varianz aufweisen. Es liegt daher nahe, Einzelmodelle mit einem Modellansatz zu bilden, dessen Fehler-Bias skalierbar ist. Die **Skalierung des Fehler-Bias** und der Fehler-Varianz führt zu Modellvariationen über die Anzahl der verschiedenen Problem-Hypothesen hinaus.

- Modellansätze, deren Fehleroberfläche nicht konvex ist, produzieren häufig suboptimale Lösungen, weil es auf der Fehleroberfläche lokale Optima geben kann. Die Lösungsgüte des Modells hängt vom erreichten Optimum ab. Es ist übliche Praxis, solche Modellansätze in den **Startbedingungen der Parameteranpassung** zu variieren, um die Möglichkeit auszuschöpfen, unterschiedliche Optima zu erreichen. Dabei entsteht jeweils ein einzelnes Modell, das zur Kombination genutzt werden kann.

Die Entstehung einzelner Modelle kann also verschiedene Ursachen haben. Die Variationsmöglichkeiten bei der Modellierung sind z.T. hierarchisch, so dass bei dem Versuch, mit vorhandenen Daten ein Modell zu erstellen, schnell eine Vielzahl einzelner Modelle erzeugt wird. Während für die Prognose mit einem einzelnen Modell alle anderen keine weitere Verwendung finden, können diese im Kombinationsmodell verwertet werden. Im Kombinationsmodell werden die unterschiedlichen Informationsgehalte der einzelnen Modelle genutzt, während sie bei der Auswahl eines Modells verlorengehen (siehe Abschnitt 5.1.5.1). Von einem Kombinationsansatz wird gesprochen, wenn Variationen bei der Modellierung vorgenommen werden, um Modelle zu erzeugen, die möglichst ein voneinander unabhängiges Input-Output-Verhalten aufweisen.

5.1.2.1 Problem-Hypothese

Die Problem-Hypothese beschreibt im wesentlichen den funktionalen Zusammenhang von abhängigen (zu prognostizierenden) Variablen und unabhängigen Variablen (Inputinformationen eines Modells). Hat man aus theoretischen Überlegungen eine genaue Vorstellung über das zu modellierende Problem, so kann mit der Wahl der Modellparameter das Modell erstellt werden. Häufig fehlt jedoch eine genaue Vorstellung über das zu modellierende Problem und damit die Problem-Hypothese. In diesem Fall wird die datenorientierte Modellierung verwendet, um den funktionalen Zusammenhang und die unabhängigen Variablen zu bestimmen. Hierbei wird die Analyse verschiedener Modelle notwendig, was die Grundlage für unterschiedliche Einzelmodelle bildet, die im Gruppen-Ansatz verwendet werden können.

Für die Verwendung einzelner Modelle im Gruppen-Ansatz ist es bedeutsam, wie unterschiedliche Modelle zustande kommen. Die Problem-Hypothese wird im Fall der datenorientierten Modellierung gezielt variiert, um Anhaltspunkte über das Problem und somit eine geeignete Problem-Hypothese zu erhalten. Wenn durch theoretische Vorgaben bereits unterschiedliche Problem-Hypothesen vorliegen, können diese validiert werden. Da es das Ziel der Modellierung mit Einzelmodellen ist, ein möglichst gutes Modell zu erhalten, werden datenorientierte Ansätze meist auch zur Verbesserung theoretisch vorgefasster Problem-Hypothesen angewendet. Die Überprüfung der Relevanz einzelner Inputvariablen bzw. einzelner Parameter des Modells ist auch hier ratsam, so dass häufig auch dann unterschiedliche Einzelmodelle gebildet werden, wenn eine theoretisch vorgefasste Problem-Hypothese vorliegt. Diese Einzelmodelle können in eine Population aufgenommen werden, aus der im Gruppen-Ansatz durch Selektion (siehe Abschnitt 5.1.4) Kombinationsmodelle entstehen.

Die Wahl der Problem-Hypothese wird dadurch erschwert, dass die Modellgüte nicht immer auf die Eignung einzelner Teile der Problem-Hypothese zurückgeführt werden kann. Für lineare Modelle exisiteren Verteilungstests, die einzelne Parameter gegen die Hypothese testen, dass sie zufällig von Null verschieden sind.[15] Und auch für flexible Modellansätze (z.B. KNN) gibt es annähernde Tests mit demselben Ziel.[16] Das Problem der Modellierung besteht darin, die Abhängigkeiten zwischen dem Modellansatz und den Inputinformationen zu berücksichtigen. Aus der linearen Modellierung

[15] vgl. Bohley 2000, [Boh00], S.709f

[16] vgl. Burgess und Refenes 1995, [BR95], S.277ff

mit dem Regressionsansatz sind Auswahlmechanismen bekannt, die entweder konstruktiv vergrößernd (Forward Regression), destruktiv verkleinernd (Backward Regression) oder mit einer Mischung (Stepwise Regression) beider Funktionsweisen arbeiten.[17] Bei nichtlinearen Modellen können neben den Inputvariablen meist auch Teile der Berechnungskapazitäten variiert werden, so dass hier mehr Entscheidungen getroffen werden müssen.

Aus der Analyse einer Problem-Hypothese können mit den verschiedenen Tests und Verfahren Änderungsvorschläge abgeleitet werden, die zu einer neuen Problem-Hypothese führen. Die Änderung einer Problem-Hypothese geschieht damit meist auf der Basis einer vorhandenen Problem-Hypothese. Der mögliche Suchraum (über alle Instanzen der Problem-Hypothesen) wird durch diese iterative Vorgehensweise eingeschränkt. Im Laufe der iterativen Veränderung der Problem-Hypothese werden alternative Verzweigungen befolgt. Diese alternativen Verzweigungen können alle evaluiert werden. So entstehen Problem-Hypothesen, die z.T. auf eine gemeinsame Informationsbasis aufbauen und zu einem anderen Teil aus exklusiven Anteilen der insgesamt möglichen Informationsbasis bestehen. Aufgrund der exklusiven Teile einzelner Modelle, die aus den Problem-Hypothesen gebildet wurden, wird sich deren Input-Output-Verhalten voneinander unterscheiden.

5.1.2.1.1 Variation der Inputvariablen

Die zur Bildung der Problem-Hypothese zur Verfügung stehenden Inputvariablen (unabhängige Variablen) bilden die Basis für ein Modell. Zusammen mit der funktionalen Abbildung (Modellansatz) kann aus der Problem-Hypothese ein Modell gebildet werden. Aus informationstheoretischer Sicht sind dabei zwei Arten von Inputvariablen zu unterscheiden. Zum einen gibt es Inputvariablen, die einen direkten Einfluss auf die abhängige Variable haben und zum anderen gibt es Inputvariablen, die informativen Charakter besitzen. Der informative Einfluss ist dabei so erklärt, dass eine Inputvariable dieses Typs keinen direkten Einfluss auf die unabhängige Variable hat, wohl aber in der Kombination mit anderen Variablen.[18] Die Auswahl geeigneter Inputvariablen kann sich daher nicht allein auf Erkenntnisse der Datenvorauswahl stützen, da hierbei meist nur einzelne Variablen auf ihren Einfluss untersucht werden. Vielmehr ist es sinnvoll, verschiedene Modelle zu erstellen und zu testen, sofern keine theoretisch fundierte

[17] vgl. Norušis 1990, [Nor90], S.44f
[18] vgl. Refenes 1995, [Ref95b], S.56

Problem-Hypothese vorliegt.

Bei einer theoretisch fundierten Problem-Hypothese stehen die notwendigen Inputvariablen bereits fest und die Analyse eines entsprechend spezifizierten Modells kann u.U. Aufschluss über den empirischen Einfluss einzelner Inputvariablen geben. Inputvariablen können sich als unbedeutend herausstellen und zu einer verkleinerten Problem-Hypothese führen.

Fehlt eine theoretisch fundierte Problem-Hypothese, werden in der datenorientierten Modellierung unabhängige Variablen und deren Transformationen gesammelt, von denen man vermuten kann, dass sie einen Einfluss auf die abhängige Variable haben. Dies geschieht meist schon bei der Datenvorverarbeitung (Preprocessing). Mit einer Auswahl von relevanten Inputvariablen können nun Problem-Hypothesen erstellt werden, die jeweils einen Teil der Inputvariablen verwenden. Da hierbei verschiedene Inputvariablen denselben Einfluss auf die unabhängige Variable haben können[19], ist es möglich, dass verschiedene Problem-Hypothesen nahezu dasselbe Input-Output-Verhalten produzieren, obwohl andere Inputvariablen verwendet wurden. Im Sinne des Bias-Varianz-Dilemmas wird versucht, mit so wenig Inputvariablen wie möglich und so vielen wie nötig auszukommen. Eine konkrete Problem-Hypothese wird deshalb meist nur eine Teilmenge der zulässigen Inputvariablen verwenden. Diese Teilmenge bildet dann die Startbedingung für die anschließende iterative Optimierung. Die Analyse eines entsprechend spezifizierten Modells soll möglichst zur Verringerung der Anzahl der Inputvariablen unter Ausschluss der Zunahme des Generalisierungsfehlers führen. Da die Startbedingungen für jede Problem-Hypothese durch die Vorauswahl der Inputvariablen jeweils andere sein können, ist zu erwarten, dass in den Modellen teilweise unterschiedliche Inputvariablen vorkommen, dass aber auch teilweise dieselben Inputvariablen in verschiedenen Einzelmodellen zu finden sind.

Werden in zwei Einzelmodellen dieselben Inputvariablen in den Problem-Hypothesen verwendet, bedeutet dies nicht, dass die beiden Modelle das gleiche oder nur ein ähnliches Input-Output-Verhalten aufweisen. Welche Abbildung während der Parameteranpassung zustande kommt, hängt neben dem Modellansatz auch von weiteren Bedingungen ab, so dass aufgrund der verwendeten Inputvariablen nur eingeschränkt auf eine evtl. Abhängigkeit zweier Einzelmodelle geschlossen werden kann. Wird kein linearer Modellansatz verwendet, so kann (im Falle von suboptimalen Lösungen) meist nicht von gleichen Inputvariablen in zwei Problem-Hypothesen auf

[19]Die lineare Abhängigkeit von unabhängigen Variablen (Kollinearität bzw. Multikollinearität) birgt die Gefahr der Fehlspezifikation einer Problem-Hypothese.

deren Input-Output-Verhalten geschlossen werden. In solchen Fällen müssen Versuche zeigen, ob es gelingt, mit der Variation von Inputvariablen in der Problem-Hypothese auch unterschiedliches Input-Output-Verhalten zu erhalten.

Die Multikollinearität zwischen unabhängigen Variablen stellt für die datenorientierte Modellierung ein großes Problem dar. Sie führt zu einer ungleichen Häufigkeit der unterschiedlichen Einflüsse, die zu der abhängigen Variablen bestehen. Ist n die Anzahl voneinander abhängiger Variablen und m die Anzahl aller Variablen, so ist die relative Häufigkeit der untereinander unabhängigen Variablen in der Menge der Inputvariablen $\frac{1}{m}$, die relative Häufigkeit der untereinander abhängigen Variablen ist dagegen $\frac{n}{m}$. Es ist deshalb zu erwarten, dass in den Modellen dieser Einfluss gehäuft vorkommt. Eine Kombination von Einzelmodellen, die durch Mittelung entsteht, behält die Ungleichgewichtung bei und verstärkt damit den Einfluss, der von den untereinander abhängigen Variablen ausgeht. In eine Modellpopulation von Einzelmodellen sollten idealerweise nur solche Modelle aufgenommen werden, die bei vergleichbarer Generalisierungsleistung möglichst voneinander unabhängige Variablen verwenden.[20]

Die Variation der Inputvariablen in der Problem-Hypothese kann, muss aber nicht zu unterschiedlichem Input-Output-Verhalten der Einzelmodelle führen. Aufgrund des möglichen informativen Charakters von Inputvariablen kann die lineare Korrelation einzelner unabhängiger Variablen mit abhängigen Variablen nicht ausreichen, um eine geeignete Auswahl zu treffen, ohne ein Modell zu erstellen. Vielmehr scheint die Variation der Inputvariablen ein notwendiges Mittel, um aus den Modellen den Informationsgehalt der Inputvariablen abzuleiten. Dies erfordert die Formulierung verschiedener Problem-Hypothesen und das Erstellen von Modellen. Diese können, wenn Multikollinearitäten berücksichtigt werden (siehe auch Abschnitt 5.1.5), die Grundlage für eine Modellpopulation bilden. Einzelne Inputvariablen, die keinen Beitrag zur funktionalen Abbildung leisten, können dabei mit Signifikanztests (bei linearen Modellen) oder ähnlichen Ansätzen (z.B. Sensitivitätsanalysen) erkannt und elemeniert werden.

[20]Beim Preprocessing ist es möglich, durch Faktorenanalyse voneinander unabhängige Variablen zu erzeugen. Dabei fallen allerdings nicht zwingend weniger Variablen in der Problem-Hypothese an, sie sind nur so umgeformt, dass sie linear unabhängig voneinander sind (vgl. Norušis 1994, [Nor94], S.52f).

5.1.2.1.2 Variation des Modellansatzes

Der Modellansatz in der Problem-Hypothese bestimmt den funktionalen Zusammenhang, der zwischen unabhängigen und abhängigen Variablen hergestellt werden kann. Der funktionale Zusammenhang des Problems muss vom Modellansatz darstellbar sein. Allgemein geht man von den Darstellungsmöglichkeiten eines Modellansatzes aus und beschreibt den funktional darstellbaren Zusammenhang des Modells mit seiner Abbildungskapazität.[21] Auf die Unterschiede einzelner Modellansätze soll in diesem Abschnitt nur insoweit eingegangen werden, als sie für die Bildung von Kombinationsmodellen mit dem Gruppen-Ansatz von Interesse sind.

Kombinationsmodelle des Gruppen-Ansatzes werden aus Einzelmodellen gebildet, die das jeweilige Problem lösen. Daher ist die Wahl des Modellansatzes primär von dem Problem abhängig. Aus einer stetig wachsenden Zahl von Ansätzen, gilt es den geeigneten auszuwählen. Ohne eine theoretische Fundierung der vorliegenden Zuordnungsfunktion kann die Wahl des Modellansatzes dadurch eingegrenzt werden, dass z.B. die abhängige Variable ein bestimmtes Skalenniveau hat, oder unschwer spezielle Charakteristiken wie z.B. Zyklen erkennbar sind. Führt eine Analyse der Daten zu keiner Eingrenzung des geeigneten Modellansatzes, müssen aus den grundsätzlich geeigneten Modellansätzen Einzelmodelle erstellt werden. Diese Modellierung liefert Aussagen über die Anpassungsgüte für die Beispieldaten und evtl. Abschätzungen für die Generalisierungsleistung der Einzelmodelle. Die Auswahl eines Einzelmodells wird aufgrund der erreichten (geschätzten) Generalisierungsleistung getroffen. Welcher Modellansatz den ausgewählten Modellen zugrundeliegt, hängt dann von der Lösungsgüte der Modelle ab und nicht von theoretischen Annahmen. Die Modellierung und Bewertung von Einzelmodellen kann so genutzt werden, um einen für das Problem geeigneten Modellansatz zu finden.

Die Unsicherheit bezüglich eines geeigneten Modellansatzes wird bei der datenorientierten Modellierung dadurch eingegrenzt, dass ein Modellansatz gewählt wird, der über eine hohe Abbildungskapazität verfügt. Diese wird durch eine flexible Zuordnungsfunktion und eine skalierbare Parametrisierbarkeit bestimmt. Die flexible Zuordnungsfunktion soll sicherstellen, dass die gesuchte funktionale Abbildung dargestellt werden kann. Die skalierbare Parametrisierung sorgt dafür, dass die Zuordnungsfunktion bestmöglich in seinen Parametern an die gesuchte (und durch die Beispieldaten gegebene)

---

[21] Die Abbildungskapazität eines Modells ergibt sich aus den Darstellungsmöglichkeiten des Modellansatzes und der Anzahl bzw. Anordnung der Parameter des Modells.

Zuordnungsfunktion des Problems angepasst werden kann. Die geforderte hohe Abbildungskapazität stellt zwar sicher, dass die Zuordnungsfunktion des Modellansatzes an die gesuchte angepasst werden kann, oftmals muss diese Flexibilität aber beschränkt werden, um neben einer guten Anpassung auch einen respektablen Generalisierungsfehler zu erhalten.

Das Bias-Varianz-Dilemma des Generalisierungsfehlers stellt auf die Möglichkeit ab, mit der skalierbaren Flexibilität eines Modellansatzes zwischen hohem Fehler-Bias oder hoher Fehler-Varianz wählen zu können. Dazu bedarf es eines Modellansatzes, der eine hohe Abbildungskapazität besitzt. Für die Reduktion der Fehler-Varianz (siehe Abschnitt 5.1.1) mittels Kombinationsmodell ist es nützlich, Modelle mit einer hohen Fehler-Varianz zu verwenden. Diese Modelle haben dann einen geringen Fehler-Bias, wobei nicht außer acht gelassen werden darf, dass der Fehler-Bias eines Modells zwar Null werden kann, empirisch allerdings zwischen Bias und Rauschen in den Beispieldaten nicht unterschieden werden kann. Um die zur Abbildung notwendige Flexibilität abzuschätzen, ist der Einsatz verschiedener Modellansätze, die unterschiedliche Bias-Varianz-Eigenschaften haben, sinnvoll.

Neben der Möglichkeit, verschiedene Modellansätze einzusetzen, können im Zusammenhang mit Zeitreihenmodellierung die meisten Modellansätze in ihrer Abbildungskapazität skaliert werden. Davon ist primär der Fehler für die Beispieldaten betroffen. Er sinkt meist, wenn die Abbildungskapazität erhöht wird und umgekehrt. Unterschiedliches Input-Output-Verhalten kann entstehen, wenn für einen Modellansatz unterschiedliche Kriterien für die Bestimmung der Abbildungskapazität verwendet werden. Dabei wird meist der entstehende Fehler in Bezug zur Anzahl freier Parameter eines Modellansatzes gesetzt, doch gibt es unterschiedliche Möglichkeiten hierfür[22], so dass sich hier Variationsmöglichkeiten für einen Modellansatz ergeben. Die aus diesem Grund erstellten Modelle haben dann dieselbe Problem-Hypothese, variieren jedoch in der Umsetzung des Modellansatzes in ein konkretes Modell.

Die Forderung nach einem möglichst geringen Fehler-Bias trägt dazu bei, dass Modelle im einzelnen die Beispieldaten annähernd wiedergeben. Das kann dazu führen, dass Singularitäten in den Beispieldaten ebenfalls

[22]Für lineare Modelle gibt es z.B. das Akaike Information Criterion (vgl. Akaike 1973, [Aka73]), das Schwarz Bayesian Criterion (vgl. Schwarz 1978 [Sch78]) und viele mehr (vgl. Tong 1990 [Ton90], S.281ff), die nicht immer zur gleichen Modellauswahl führen (vgl. Prokopenko 1995, [Pro95]). Für nichtlineare Modelle wie z.B. KNN existieren zwar Ansätze (vgl. Rissanen 1978, [Ris78]) allgemeiner Art, um die Modellkomplexität auf ein Minimum zu begrenzen, berechenbare Kriterien werden aber vielfach diskutiert und das Problem der suboptimalen Lösungen erschwert hier die praktische Anwendung.

abgebildet werden. Um die hohe Varianz, die solche Modelle haben können, im Gruppen-Ansatz zu kompensieren, sind möglicherweise sehr viele Modelle dieses Modellansatzes notwendig, wobei die Anzahl der Modelle mit der Flexibilität des Modellansatzes tendenziell steigt (siehe Abschnitt 5.1.2.2). Die Verwendung unterschiedlicher Modellansätze im Gruppen-Ansatz kann hier möglicherweise Rechenzeit sparen.

5.1.2.2 Variation der Startbedingungen

Die Verwendung von Modellansätzen mit flexibler Zuordnungsfunktion schafft die Voraussetzung für Modelle mit einem geringen Fehler-Bias. Diese Flexibilität geht einher mit einer hochdimensionalen Fehleroberfläche für ein entsprechendes Problem. Während z.B. lineare Regressionsmodelle eine konvexe Fehleroberfläche haben[23] und damit ein globales Optimum durch iterative Verfahren immer erreicht werden kann, nimmt die Anzahl lokaler Optima mit der Dimensionalität der Fehleroberfläche zu. Deshalb werden flexible Modellansätze häufig keine global optimale Lösung erreichen. Es ist daher gängige Praxis, zur Parameteranpassung die Startbedingungen zu variieren und damit verschiedene lokale Optima anzustreben oder innerhalb eines iterativen Ansatzes mit einer Wahrscheinlichkeit auch Lösungsverschlechterungen zu akzeptieren, in der Erwartung, schließlich ein besseres lokales Optimum zu erreichen. Während des Vorgangs der Parameteranpassung werden daher immer wieder verschiedene Lösungen abgespeichert, um anschließend weitere Iterationen vorzunehmen. Die Anpassung der Modellparameter stoppt nach einem vorgegebenen Kriterium. Die verschiedenen, meist suboptimalen Lösungen, die zwischenzeitlich erreicht und abgespeichert wurden, werden bei der Auswahl des besten Einzelmodells lediglich als Benchmark verwendet. Das beste Modell wird für die weitere Verwendung (z.B. Prognoseeinsatz) beibehalten, während alle anderen Lösungen meist verworfen werden.

Hierbei entstehen ohne jeden Mehraufwand Modelle, die im Gruppen-Ansatz weiter verwendet werden können. Zu beachten ist allerdings, dass die Lösungsgüte der einzelnen Modelle Mindestanforderungen genügen muss. So muss eine mit einer Zufallsziehung nicht zu unterscheidende Lösungsgüte mit hoher Wahrscheinlichkeit auszuschließen sein. Eine schlechtere Lösung als eine Zufallsziehung führt zu einer Reduktion der Generalisierungsfähigkeit des gesamten Kombinationsmodells.[24]

---

[23] vgl. Master 1995, [Mas95], S.215

[24] vgl. Dietterich 1997, [Die97], S.98

Hinsichtlich der gewünschten Unabhängigkeit der Modelle untereinander ist zu erwarten, dass die verschiedenen lokalen Optima zu verschiedenem Input-Output-Verhalten führen, da sie verschiedene Lösungsregionen der Fehleroberfläche repräsentieren. Die Anzahl der unterschiedlichen Startbedingungen, die zum selben lokalen Optimum führen, kann aber sehr groß sein, was auf die Größe der Einzugbereiche der lokalen Optima zurückzuführen ist.

Offen bleibt, wie hoch der erreichte Fehler-Bias bzw. die Fehler-Varianz der Modelle aufgrund einer Variation der Startbedingungen sein kann. Zu den Startbedingungen können nicht nur Initialisierungen der Modellparameter gezählt werden. Die unterschiedlichen Kriterien, die zur Analyse eines Modells verwendet werden, wie z.B. das Erreichen einer Balance zwischen Fehler-Bias und Fehler-Varianz, bzw. Anpassungsgüte an die Beispieldaten und Generalisierungsfähigkeit, werden vor der Parameteranpassung festgelegt und tragen auf ihre Weise zur Ausprägung der Modellparameter bei. Variationen solcher Kriterien können entscheidend dazu beitragen, unterschiedliche Modelle zu erreichen. Während für ein bestes Einzelmodell nach einer optimalen Einstellung dieser Kriterien gesucht wird, können hier gezielte Variationen die Unterschiedlichkeit der Einzelmodelle erhöhen.

5.1.2.3 Beispieldaten

Die zur Modellierung verwendeten Beispieldaten sind für die Bestimmung der Modellparameter maßgebend. Stehen keine repräsentativen Beispieldaten zur Verfügung, kann keine respektable Generalisierungsleistung erwartet werden. Die Beispieldaten werden häufig nicht nur zur Berechnung der Modellparameter verwendet, sondern dienen auch der Analyse. So entstehen Lern- und Validierungsdaten. Für beide Teilmengen muss gelten, dass die wahre Verteilung des Prozesses durch die Verteilung der empirischen Beispiele angenähert werden kann. Bei der Variation der Beispieldaten (Sampling) wird diese approximative Verteilungseigenschaft genutzt, um die einzelnen Modelle mit einer größeren Sicherheit spezifizieren zu können. Sampling-Techniken haben in der datenorientierten Modellierung daher eine lange Tradition.

Grundsätzlich gilt, je mehr Lerndaten einem Modell zugrundeliegen, desto genauer ist der Schätzer, weil vorausgesetzt wird, dass sich die Verteilung der Input-Output-Beispiele in der Menge der Lerndaten mit zunehmender Anzahl der Beispiele der wahren Verteilung der Daten annähert (Gesetz der großen Zahl). Die Dualität beschreibt das Verhältnis von der

Anzahl freier Parameter und der Anzahl von Lernbeispielen, die notwendig sind, um ein Modell sicher zu spezifizieren.[25] Daraus ergibt sich, dass eine Mindestmenge von Lerndaten einer Modellschätzung zugrundeliegen muss und dass die Verteilung dieser Daten repräsentativ (in ihrer Verteilung die Verteilung der Grundgesamtheit annähernd) sein muss. Aus dieser Sicht heraus ergibt sich die Forderung, soviele Lerndaten wie möglich zur Anpassung der Modellparameter zu verwenden. Sampling-Techniken können hierfür die Lernmenge vergrößern (siehe unten).

Ein Grundgedanke des Samplings ist die Abschätzung der Varianz eines Schätzers durch wiederholte Zufallsziehungen (mit Zurücklegen). Sowohl für lineare[26], als auch für nichtlineare Modelle[27] lassen sich diese empirischen Varianzen in vielfältiger Weise nutzen. Für die Kombination von Einzelmodellen ist Sampling u.a. verwendbar, um empirische Aussagen über den Fehler-Bias und die Fehler-Varianz eines Modells[28] zu erhalten[29]. Dabei kann es vorkommen, dass bereits geringe Variationen der zur Anpassung eines Modells verwendeten Daten erhebliche Variationen der Modelle zur Folge haben, was zu großen Unterschieden des Input-Output-Verhaltens einzelner Modelle führen kann. Daher ist die Variation der Beispieldaten für Kombinationsmodelle von entscheidender Bedeutung.

Neben der Abschätzung des Generalisierungsfehlers können Teilmengen der Beispieldaten auch genutzt werden, um Rechenzeit zu sparen und um die Parameteranpassung der Einzelmodelle auf die Kombination hin auszurichten.

Stehen genügend Daten zur Verfügung, können Teilmengen gebildet werden, die von einem Modell u.U. besser gelernt werden können. Dadurch verringert sich der Bias der Einzelmodelle (die Varianz erhöht sich).

Über adaptives Sampling kann die Häufigkeitsverteilung für die Ziehungen der Teilmengen so verändert werden, dass Beispiele, die durch ein bereits bestehendes Modell abgebildet werden können, weniger häufig

[25] vgl. Rojas 1993, [Roj93], S.60

[26] vgl. Efron und Tibshirani 1993, [ET93]

[27] vgl. Tumer und Gosh 1996, [TG96]

[28] vgl. Parmanto et al. 1996, [PMD96]

[29] In Abschnitt 3.3 wird der Erwartungswert für den Generalisierungsfehler eines Schätzers gebraucht. Dieser wird über alle möglichen Kombinationen der Lerndaten definiert. Der von den jeweiligen Lerndaten unabhängige Teil des Fehlers wird als Bias bezeichnet und durch die Abbildungsmöglichkeiten des Modellansatzes gegeben. Durch die Ausprägung der jeweiligen Lernmenge ist die Varianz des Fehlers gegeben. Die Möglichkeit, die empirische Varianz und den empirischen Bias des Erwartungswertes des Generalisierungsfehlers abzuschätzen, erleichtert es, zur Kombination solche Einzelmodelle auszuwählen, die eine hohe Fehler-Varianz aufweisen (siehe Abschnitt 5.1.1).

gezogen werden als Beispiele, die nicht korrekt abgebildet werden. So können sukkzessiv Modelle gebildet werden, die sich auf Teile der Beispieldaten konzentrieren, die bisher noch nicht gut abgebildet werden können.

5.1.2.3.1 Vergrößerung der Lernmenge

Durch Sampling kann die Vergrößerung der Lernmenge auf unterschiedlichem Wege erreicht werden. Sogenannte „Jackknife“ oder „Leave-k-out“ -Ansätze vergrößern die Lernmenge mit den ursprünglich zur Verfügung stehenden Beispieldaten. Die gezielte Veränderung der Beispieldaten kann in einem gewissen Umfang zu mehr Beispielen und besseren Generalisierungsleistungen führen. Beiden Ansätzen ist gemeinsam, dass die anschließende Zusammenführung der Einzelmodelle, die auf Teilmengen gebildet wurden, Teil des jeweiligen Verfahrens ist. Diese Sampling-Techniken greifen so gesehen Grundgedanken des Kombinationsansatzes auf.

Werden zur Anpassung der Modellparameter Lern- und Validierungsdaten verwendet, können die Daten, die zur Analyse (Validierung) eines Modells zurückgehalten werden, in die Lernmenge mit einfließen. Durch Ziehung werden aus der Lern- und Validierungsmenge Teilmengen gebildet, die als Lern- und Validierungsmenge zur Anpassung der Modellparameter dienen; dabei können Mehrfachziehungen vorkommen. Ein Modell wird dann jeweils auf einer Teilmenge der Daten angepasst und validiert. Da diese Ziehungen wiederholt werden können, entstehen mehrere Modelle, für die z.T. unterschiedliche Teile aus den Beispieldaten zur Anpassung und Analyse verwendet wurden. Einzelne Verfahren unterscheiden sich darin, ob mit oder ohne Zurücklegen gezogen wird und wieviele Beispiele in den Teilmengen sind. Über die Mittelung der Einzelmodelle werden die zufälligen Einflüsse der Einzelmodelle in ihrem Einfluss auf die Prognose abgemildert. Der Vorteil hierbei ist vor allem, dass keine Daten für die Anpassung der Parameter verlorengehen, weil es gesamt gesehen keine Validierungsmenge gibt. Werden lineare Modelle verwendet, kann die Mittelung in den Parametern des finalen Modells vorgenommen werden. Dann entsteht nur ein einziges Einzelmodell.

Eine andere Möglichkeit ist die gezielte Veränderung der Input- und Outputvariablen durch zufällige Einflüsse[30]. Dadurch entstehen aus den Lernbeispielen durch Zufallsziehung (mit Zurücklegen) neue Beispieldaten, die einen zufälligen Einfluss beinhalten und zur Anpassung der Parameter

[30] vgl. Breiman 2000, [Bre00], Raviv und Intrator 1996, [RI96], Parmanto et al. 1996, [PMD96] und Dietterich 1997, [Die97]

verwendet werden können. Das Input-Output-Verhalten des Systems wird gezielt verändert, um die Varianz der Schätzer erhöhen zu können. Durch die anschließende Mittelung der Einzelmodelle, bei der die Varianz z.T. verringert werden kann, besteht der Vorteil dieser Vorgehensweise darin, mehr Lerndaten zur Anpassung der Modelle verwenden zu können, um der Modellkomplexität Rechnung zu tragen. Ein Vorteil dieser Methode ist dann zu erwarten, wenn der Fehler-Bias des Schätzers verringert werden kann, da die Fehler-Varianz, wie bei anderen Gruppenansätzen durch Kombination der Modelle, verringert werden soll.

5.1.2.3.2 Adaptives Sampling

Adaptives Sampling dient dazu, Lern- und Validierungsmengen aus den Beispieldaten so zu ziehen bzw. zu verwenden, dass einzelne Modelle voneinander „lernen". Während Zufallsziehungen (u.U. mit Zurücklegen) die Anpassung der Einzelmodelle an die jeweilige Teilmenge verbessern sollen (geringer Bias, hohe Varianz), dient gezieltes Sampling darüber hinaus einer Koordination unter den Einzelmodellen. Da hierfür der Fehler der Einzelmodelle verwendet wird, um ein neues Modell gezielt auf diese fehlerhaften Beispiele anzupassen, lässt sich beim adaptiven Sampling eine geringe Kollinearität zwischen den einzelnen Modellen erwarten. Da die Einzelmodelle nur Teilmengen zur Anpassung der Parameter verwenden, kann gegenüber der Verwendung der gesamten Beispieldaten eine höhere Fehler-Varianz erwartet werden. Zwei Eigenschaften, die für Kombinationsmodelle besonders wichtig sind.

Beim adaptiven Sampling wird zunächst eine Zufallsziehung aus den Beispieldaten durchgeführt und daraus Lern- und (falls erforderlich) Validierungsdaten gebildet.[31] Nun kann ein Modell angepasst werden. Mit der Bewertung der zurückgehaltenen Beispiele wird ein Prognosefehler ermittelt. Adaptiv wird dieses Verfahren genannt, weil bei weiteren Ziehungen diese Bewertung verwendet wird, um die Anpassung der Parameter weiterer Modelle zu beeinflussen. Beispiele, die von vorherigen Modellen schlecht abgebildet bzw. prognostiziert wurden, können entweder ein stärkeres Gewicht bei der Anpassung erhalten, oder deren Häufigkeit in der Lernmenge wird erhöht. Damit wird erreicht, dass die einzelnen Modelle ein möglichst unterschiedliches Input-Output-Verhalten aufweisen. Wird ohne Zurücklegen gezogen, sinkt die Zahl der noch fehlerhaft abgebildeten Beispiele u.U. so

[31] Die Zufallsziehungen beim adaptiven Sampling können mit oder ohne Zurücklegen vorgenommen werden. Die Größe der Teilmengen ist wählbar.

weit ab, dass aufgrund der Dualität keine weiteren Modelle erstellt werden können.

Diese adaptiven Resampling Techniken konnten in empirischen Vergleichen den Generalisierungsfehler gegenüber zufälligem Sampling verbessern.[32] Dabei wurde aus den Einzelmodellen jeweils ein Kombinationsmodell (gewichtet und ungewichtet) gebildet, und deren Generalisierungsfehler verglichen. Überraschendes Ergebnis des adaptiven Resamplings war, dass während des iterativen Ablaufs des Verfahrens der Generalisierungsfehler des Kombinationsmodells noch verbessert werden konnte, nachdem der Fehler für die Beispieldaten bereits minimal war. In anschließenden Versuchen konnte gezeigt werden, dass gegenüber dem adaptiven Resampling komplexere Verfahren zur Anpassung der Einzelmodelle zu ähnlich guten Generalisierungsresultaten führten.[33]

Die Funktionsweise des adaptiven Resampling, nach der große Fehler zu einer stärkeren Parameterveränderung führen als kleinere Fehler, kommt dem iterativen Backpropagation sehr nahe. Der Unterschied liegt darin, dass beim adaptiven Sampling die Lösung des Problems hierarchisch vorgenommen wird, während mit Backpropagation meist angestrebt wird, den Fehler für alle Beispiele gleichzeitig zu minimieren. Diese, auf eine Teilmenge der Beispieldaten fokussierte Parameteranpassung führt zu guten Abbildungen gleicher Beispiele. Der Raum der Inputinformationen wird so in Bereiche aufgeteilt, in denen sich ähnliche Beispiele befinden. In der Modellhierachie können sich einzelne Modelle auf einen Bereich des Inputraumes spezialisieren. Diese (auf den Inputraum bezogene) lokale Parameteranpassung kann von Vorteil sein, wenn es verschiedene funktionale Zusammenhänge zwischen Inputs und Outputs für unterschiedliche Inputräume gibt.[34]

Beim adaptiven Resampling ist es leicht möglich, andere Fehler-Maße als den quadratischen Fehler zu verwenden[35] oder die Diversität der Modelle untereinander zu fördern, indem Korrelationsinformationen zur Anpassung der Modellparameter genutzt werden.[36] Da die Lerndaten bzw. die Fehlerbewertung für die Lerndaten jeweils aufgrund der bestehenden Modelle bestimmt werden, entstehen Modelle, die voneinander gelernt haben.

---

[32] vgl. Freund und Schapire 1996, [FS96], Breiman 1996, [Bre96] und Bauer und Kohavi 1999, [BK99]

[33] vgl. Freund und Schapire 1996, [FS96]

[34] Die Modellierung von lokalen Abbildungen kann auch schrittweise geschehen. Beispielsweise können mit der Clusterung des Inputraumes unterschiedliche Inputräume voneinander separiert und anschließend Einzelmodelle für jeden Inputraum erstellt werden.

[35] vgl. Freund und Schapire 1996, [FS96]

[36] vgl. Rosen 1996, [Ros96]

Dieser Grundgedanke liegt auch den modularen Ansätzen zur Bildung von Kombinationsmodellen zugrunde, so dass die strikte Trennung zwischen Gruppen-Ansätzen und modularen Ansätzen schwierig ist.

5.1.2.3.3 Vorteile von Sampling-Techniken

Die Vorteile bestehen nicht grundsätzlich in der Verbesserung der Generalisierungsleistung eines Kombinationsmodells gegenüber einem Einzelmodell. Jedoch kann das Verhältnis zwischen der Lernmenge und der Modellkomplexität beeinflusst werden, was bei vergrößernden Sampling-Techniken den Einsatz komplexer Modelle häufig erst ermöglicht.[37] Bei der Verwendung von Teilmengen kann die Anzahl der zur Anpassung einzelner Modelle verwendeten Beispiele z.T. drastisch reduziert werden; dies begrenzt die benötigte Rechenzeit.[38] Mit der aktiven Suche nach geeigneten Lernbeispielen durch Sampling oder andere Verfahren[39] werden spezifizierte Modelle genutzt, um die aktive Lernmenge zu bestimmen. Damit existiert eine Interaktion zwischen Modell und Beispielen bzw. dem Schüler und dem Lehrer, die es ermöglicht, den Anpassungsprozess auf solche Beispiele zu konzentrieren, die noch unzureichend abgebildet werden können.

Für die Anwendung eines Gruppenansatzes ist es entscheidend, dass durch Sampling-Techniken unterschiedliches Input-Output-Verhalten der Einzelmodelle erzeugt werden kann. Bezieht man diese Forderung auf Sampling-Techniken, so muss der Zusammenhang zwischen dem Modellansatz und den Lerndaten betrachtet werden. Finden sich in den Lerndaten z.B. widersprüchliche Beispiele, kann die Abbildungskapazität des Modellansatzes meist nicht voll ausgenutzt werden, da normalerweise die Generalisierungsfähigkeit des Modellansatzes hier eine Mittelung erzwingt. Dieses erhöht den Fehler-Bias, da nicht alle Lerndaten wirklich genutzt werden.

Bei der Bildung von Einzelmodellen liegt es meist an Einstellungsparametern, wie weit sich der Modellansatz einzelne Lerndaten aneignen kann. Im Experiment soll damit eine Balance zwischen Bias und Varianz des Fehlers erreicht werden. Für die Verwendung im Gruppenansatz ist ein möglichst geringer Fehler-Bias nützlich. Sampling kann dazu führen, dass

[37] Dies ist besonders bei Problemen von Vorteil, denen ein komplexer funktionaler Zusammenhang unterstellt werden muss, für dessen Abbildung entsprechend universale Methoden zum Einsatz kommen. Diese erfordern entsprechend viele Lernbeispiele.

[38] Die z.T. polynomial steigende Rechenzeit komplexer Verfahren kann selbst bei Bildung mehrerer Einzelmodelle durch adaptives Resampling verringert werden (vgl. Breiman 1996, [Bre96]).

[39] vgl. Zhang 1992, [Zha92] S.122ff

die einzelnen Modelle repräsentativere Daten verwenden, die zu einer genaueren Anpassung der Modellparameter an die Lerndaten führen (niedriger Bias). Die weitgehende Anpassung der Modellparameter an Teilmengen der Beispieldaten führt zwar zu einer hohen Varianz der Schätzer, diese ist aber eine Bedingung für die möglichst geringe Kollinearität zwischen den Schätzern, sofern diese im Gruppen-Ansatz verwendet werden sollen. Sampling-Techniken bieten daher die Möglichkeit, unabhängig von der Problem-Hypothese unterschiedliche Einzelmodelle zu erzeugen, die zudem noch die Forderung nach einem geringen Fehler-Bias erfüllen.

5.1.3 Modellpopulation

Ziel der Variation der Problem-Hypothesen, der Startbedingungen und der Beispieldaten ist der Aufbau einer Modellpopulation, aus der einzelne Modelle für die Kombination im Gruppen-Ansatz selektiert werden können. Diese Modelle sollen sich in ihrem Input-Output-Verhalten möglichst unterscheiden und eine möglichst hohe Prognosegüte aufweisen. Da sich ideale bzw. optimale Schätzer nicht voneinander unterscheiden, ist zu erwarten, dass ein Kombinationsmodell des Gruppen-Ansatzes nur dann gebraucht wird, wenn die Einzelmodelle nicht die Prognosegüte des optimalen Modells erreichen. Je weiter die Einzelmodelle von der optimalen Prognose entfernt sind, desto größer kann der Unterschied im Input-Output-Verhalten der Modelle sein. Nicht nur der unterschiedliche Informationsgehalt der einzelnen Modelle ist für die Zusammensetzung einer Population von Bedeutung, sondern auch die Prognosegüte jedes einzelnen Modells. Je höher die Prognosegüte der Einzelmodelle, desto höher ist die Wahrscheinlichkeit, mit einer geeigneten Kombination die Prognosegüte des Durchschnittes aus den Einzelmodellen zu übertreffen.[40] Die Modellpopulation muss unter Abwägung von Prognosegüte und unterschiedlichem Input-Output-Verhalten aufgebaut werden.

Die Größe der Modellpopulation hängt von dem Prognoseproblem und dem Modellselektionsmechanismus ab. Ist das Prognoseproblem durch die vorhandenen Beispieldaten gut und hinreichend vollständig gegeben, so kann ab einer gewissen Diversität[41] in der Modellpopulation die Eingangshürde für die Prognosegüte der Einzelmodelle erhöht werden. Liegt ein weniger gut formuliertes Prognoseproblem vor, kann es vorteilhaft sein, so

[40] vgl. Dietterich 1997, [Die97] S.98

[41] Die Diversität der Modellpopulation bezieht sich auf das unerschiedliche Input-Output-Verhalten der Einzelmodelle.

viele Einzelmodelle wie möglich in die Population aufzunehmen (z.B. lässt sich die Prognosegüte bei zunehmender Anzahl von Beispieldaten meist besser bestimmen). Die Abhängigkeit vom Selektionsmechanismus besteht insofern, als dass z.B. mit linearer Gewichtung der Outputs der Modelle die Anzahl der Einzelmodelle kleiner sein sollte, als die Anzahl der zur Gewichtung verwendeten Beispiele.

Die Aufnahme eines Einzelmodells in die Modellpopulation stellt eine Vorauswahl für den Selektionsprozess dar. Die Eigenschaften der Einzelmodelle können bezüglich ihrer Aufnahme in die Modellpopulation am besten evaluiert werden, indem die bereits aufgenommenen Modelle als Informationsbasis genutzt werden. Hierbei kann die durchschnittliche Prognosegüte als Benchmark dienen und die Kovarianz kann gegenüber den Einzelmodellen in der Modellpopulation ermittelt und berücksichtigt werden (wenn der Rechenaufwand hierfür ein einem vertretbarem Rahmen bleibt).

Durch die Aufnahme in die Modellpopulation werden Informationen der Einzelmodelle aus der Modellpopulation verwendet, um Modellkandidaten zu bewerten. Die Modellpopulation führt daher eine weitere Analyse des Einzelmodells herbei. Dies kann passiv geschehen, indem die Problem-Hypothese unabhängig von der Modellpopulation gebildet wird, oder aktiv, indem die Modellpopulation ausgewertet wird, um z.B. einzelne Lernbeispiele für die Parameteranpassung zu bewerten, wie es dem Adaboost-Algorithmus von Freund und Schapire zugrundeliegt.[42]

Eine aktive Analyse führt zu einer Spezialisierung der Einzelmodelle und kommt damit dem modularen Ansatz zur Kombination nahe. Sie kann dann nützlich sein, wenn das Problem relativ gut formuliert ist und damit die Unsicherheit bezüglich der Bewertung der Einzelmodelle hinsichtlich ihrer Prognosegüte relativ gering erscheint. Ist dies nicht der Fall, und das Problem ist durch die Beispieldaten unzureichend repräsentiert, kann eine zu starke Spezialisierung die Prognosegüte des Einzelmodells verschlechtern.

5.1.4 Modellselektion

Die Selektion einzelner Modelle bildet die Basis für die Modellgewichtung. Sie kann aber getrennt davon behandelt werden, weil die Modellselektion primär die Eignung jedes einzelnen Modells überprüft. Durch die anschließende Gewichtung können die Kovarianzen zwischen den Modellen

[42]vgl. Freund und Schapire 1996, [FS96]

berücksichtigt werden. Für die Prognosegüte gilt es eine Benchmark als Messlatte aufzustellen oder eine Rangfolge der Einzelmodelle zu bilden.

Die Modellselektion hat neben der Sicherstellung der Prognosegüte[43] die Sicherstellung einer Unter- und Obergrenze der Anzahl von Modellen zum Ziel. Die getroffene Vorauswahl soll die besten Modelle beinhalten, dabei aber auch genügend Modelle bereitstellen, so dass ein breites Spektrum an Input-Output-Verhalten erreicht wird. Dieses Problem besteht besonders dann, wenn wenig Daten für die Gewichtung gegeben sind, es aber viele Modelle in der Modellpopulation gibt, deren Prognosegüte sich nicht unterscheiden lässt.[44] Ansonsten kann die Selektion weitgehend entfallen und die Modellgewichtung z.B. mit einem Stepwise-Regression-Ansatz vorgenommen werden.

5.1.5 Modellgewichtung

Die Modellgewichtung dient zur Optimierung der Prognosegüte des Kombinationsmodells. Dabei werden die Einzelmodelle in einen funktionalen Zusammenhang gesetzt, um deren Einzelbeitrag optimal in die Kombination einzupassen. Die Wahl des funktionalen Zusammenhangs und die damit verbundene Anpassung der Parameter des Kombinationsmodells hängt vor allem von dem modellierten Problem ab.

Für Klassifikationsprobleme, bei denen Wahrscheinlichkeiten über eine Klassenzugehörigkeit den Output der Einzelmodelle bilden, gibt es spezielle Vorgehensweisen[45], bei denen Gewichte für die unterschiedlichen Klassen für jedes Einzelmodell berücksichtigt werden können. Eine Mehrheitsbildung ohne Gewichtsanpassung wird gebildet, indem die Summe der Wahrscheinlichkeiten für alle Klassen über die Einzelmodelle ermittelt wird.[46]

[43]Bei einigen Anwendungen für Kombinationsmodelle steht zu vermuten, dass es Nichtstationaritäten gibt. Hier dient die Modellselektion dazu, sich verändernden Bedingungen anzupassen vgl. Winkler 1989, [Win89].

[44]Insbesondere die Beurteilung der Prognosegüte stellt sich häufig als Problem dar, weil z.B. für nichtlineare Modelle und nicht normalverteilte Fehler der Modelle die Prognosegüte nicht sicher bestimmt werden kann. Daher kommen hierfür wiederum Sampling-Techniken zum Einsatz, die bei der Abschätzung der Prognosegüte hilfreich sein können (vgl. LeBaron 1998, [LeB98]).

[45]vgl. Kamstra Kennedy 1998, [KK98], Zhilkin und Somorjai 1996, [ZS96] und Jacobs 1995, [Jac95]

[46]Bei der Summe der Wahrscheinlichkeiten aller Einzelmodelle ist zwar die Klasse mit der höchsten Summe bekannt, die Verteilung der Wahrscheinlichkeiten über die anderen Klassen geht aber verloren und muss gegebenenfalls durch Normierung wiederhergestellt werden, um wiederum eine Verteilung als Output des Prognosemodells zu erhalten.

Über eine Softmax-Funktion[47] kann die Klasse mit den häufigsten, höchsten Wahrscheinlichkeiten bestimmt werden.[48]

Für Zeitreihenmodelle, bei denen die zu erwartende zukünftige Realisation einer reellwertigen Zeitreihe den Output der Einzelmodelle bildet, gibt es Vorgehensweisen, die der eigentlichen Modellierung des Zeitreihenmodells stark entsprechen. Hierbei werden die Einzelmodelle wie unabhängige Variablen behandelt, die zur Erklärung der abhängigen Variable dienen. Die theoretische Betrachtung der Informationsmengen eines Kombinationsmodells kann aufzeigen, was bei der Gewichtung der Einzelmodelle zu berücksichtigen ist.

5.1.5.1 Informationsmenge eines Kombinationsmodells

Einzelne Modelle können als Einheiten aufgefasst werden, die aus einer Basismenge von Informationen (originäre unabhängige Variablen) eine gewisse Informationsmenge abbilden. Da es das Ziel der Bildung von Einzelmodellen ist, das Problem vollständig zu lösen, und alle Einzelmodelle unabhängig voneinander erstellt werden, kann unterstellt werden, dass es eine Teilmenge an Informationen gibt, die in allen Einzelmodellen abgebildet wird.[49] Bezeichnet man diese durchschnittliche bzw. gemeinsame Informationsmenge mit I_0, so hat jedes Modell darüber hinaus eine Informationsmenge I_j, die nicht in I_0 repräsentiert wird. Nach Granger 1989 [Gra89] kann der Fehler eines Modells E_j mittels der Informationsmengen dargestellt werden als

$$E_j = I_0 + I_j$$

Unter der Bedingung, dass die Informationsmengen I_j der Einzelmodelle hinreichend verschieden sind, und die Einzelmodelle gleichgewichtet kombiniert werden, ergibt sich der Fehler E_0 für das Kombinationsmodell

$$E_0 = \frac{1}{n} \sum_{j=1}^{n} E_j$$

[47] Bei der Softmax Funktion erhält diejenige Klasse, deren Wahrscheinlichkeit am höchsten ist, den Wert 1 und alle anderen den Wert 0. Die Klasse, die am häufigsten den Wert 1 über die Einzelmodelle erhält, gibt den Output des Kombinationsmodells an. Auch hierbei geht die Verteilungsaussage als Prognose zunächst verloren.

[48] vgl. Bauer und Kohavi 1999, [BK99]

[49] Als einfaches Beispiel einer durchschnittlichen bzw. gemeinsamen Informationsmenge kann bei einer Zeitreihe, deren Erwartungswert von Null verschieden ist, z.B. mindestens dieser Erwartungswert von allen Einzelmodellen abgebildet werden.

$$= I_0 + \sum_{j=1}^{n} \frac{1}{n} I_j$$
$$= \lim_{n \to \infty} I_0$$

Das optimale Kombinationsmodell nutzt dagegen die unterschiedlichen Informationsmengen der Einzelmodelle

$$E_{opt} = \sum_{j=1}^{n} I_j + I_0$$

Das heißt, der optimale Fehler des Kombinationsmodells E_{opt} entsteht, wenn das Kombinationsmodell von den Informationsmengen der Einzelmodelle Gebrauch macht. In den Arbeiten von Bates und Granger [BG69] wird daher ein Varianz-Kovarianz-Ansatz zur linearen Gewichtung der Einzelmodelle vorgeschlagen, für den Granger und Ramanathan [GR84] eine Entsprechung im Regressionsansatz angeben. Dieser Ansatz soll die unterschiedlichen Informationsmengen der Einzelmodelle ausnutzen.

Praktisch lassen sich die Informationsmengen I_0 und I_j der Einzelmodelle nicht isoliert betrachten und zusätzlich können Kollinearitäten zwischen den Informationsmengen auftreten. Es erscheint daher sinnvoll, die Anzahl der kombinierten Einzelmodelle zu beschränken und eine Selektion der Einzelmodelle durchzuführen. Dies soll sowohl den expliziten Informationsgehalt der Einzelmodelle (I_j), als auch deren gemeinsamen Informationsgehalt (I_0) berücksichtigen.[50] Der erfolgreichen Kombination der Einzelmodelle liegt die Lösung dieser Aufgabe zugrunde.

5.1.5.2 Lineare Regression zur Modellgewichtung

Die lineare Regression stellt die optimalen Gewichte der Einzelmodelle im Kombinationsmodell des Gruppen-Ansatzes zur Verfügung, falls keine schädlichen Kollinearitäten zwischen den Einzelmodellen vorliegen.[51] Die lineare Regression macht dabei Gebrauch von den unterschiedlichen Informationsmengen der Einzelmodelle und berücksichtigt die Beispieldaten.

[50] Zum Ausgleich des gemeinsamen Informationsgehaltes werden sogar Einzelmodelle mit negativer Gewichtung zugelassen (vgl. Granger 1989, [Gra89], S.169).

[51] Als kollinear werden Variablen bezeichnet, die durch eine oder mehrere Variablen und deren linearer Kombination abgebildet werden. Schädliche Kollinearität bezeichnet den degenerativen Effekt, der bei der Parameterberechnung auftreten kann. Hierbei führen die Kollinearitäten dazu, dass die Parameter auf geringe Änderungen in den Beispieldaten mit großen Schwankungen reagieren (vgl. Belsley et al. 1980, [BKW80], S.85f).

Da der linearen Regression der quadratische Fehler zugrundeliegt, sind die Gewichte eines linearen Regressionsmodells dann optimal, wenn ein vorhandener zufälliger Einfluss in den Daten normalverteilt ist (siehe Abschnitt 4.1).

Ein lineares Regressionsmodell für die abhängige Variable y besteht aus einem konstanten Term α_0 und der Summe der gewichteten n Einzelmodelle x_i.

$$y = \alpha_0 + \sum_{i=1}^{n} \alpha_i x_i + \varepsilon$$

Ist der Fehler ε $N(0, \sigma^2)$-verteilt, so ist das Regressionsmodell bezüglich seiner Parameter linear optimal. Einzelne Arbeiten zur linearen Gewichtung von Einzelmodellen im Kombinationsmodell unterscheiden in der linearen Regression, ob ein konstanter Term verwendet wird ($\alpha_0 \neq 0$) und ob

$$1 = \sum_{i=1}^{n} \alpha_i$$

die Summe der n Gewichte 1 ergeben muss. Dazu findet man bei Granger [Gra89], dass ein konstanter Term eine Bias-Korrektur (im Sinne der linearen Regression ist der Bias ein Trend) herbeiführt. Im Allgemeinen dient der konstante Term zur Berücksichtigung eines Trends der abhängigen Variable, der nicht durch die unabhängigen Variablen erklärt wird. Die Einzelmodelle sollten jedoch bereits einen evtl. vorhandenen Trend berücksichtigen, so dass im Kombinationsmodell dieser Bias nicht notwendig sein sollte. Die Restriktion der Summe der Gewichte auf 1 dient dazu, die Robustheit der Prognose des Kombinationsmodells zu erhöhen. Eine unbeschränkte Gewichtung der Einzelmodelle führt zu einer weniger robusten Anpassung der Modellgewichte unter Berücksichtigung der Beispieldaten.[52] Da in den Beispieldaten Singularitäten auftreten können, kann die Anpassung der Gewichte dadurch beeinflusst werden. Die Restriktion der Gewichte beschränkt die Varianz der einzelnen Gewichte und kann so dazu beitragen, dass Singularitäten weniger berücksichtigt werden.

Neben dem Regressionsansatz für die lineare Kombination der Einzelmodelle wird sehr häufig die Gleichgewichtung der Einzelmodelle angeführt.[53] Gegenüber dem Regressionsansatz werden hierfür keine Annahmen über

[52] vgl. Bunn 1989, [Bun89]

[53] vgl. Menezes und Bunn 1998, [MB98] und Perrone und Cooper 1993, [PC93]

die Verteilung des Fehlers benötigt, sondern die Annahme zugrundegelegt, dass alle Einzelmodelle gleich gut sind. Das Durchschnittsmodell mit einer Gleichgewichtung wird häufig als Benchmark für komplexere Verfahren verwendet, und erweist sich dabei als robust.[54] Als Kritik an der Gleichgewichtung lässt sich vorbringen, dass von den Beispieldaten kein Gebrauch gemacht wird und somit ein Bias entstehen kann.

Die lineare Regression zur Modellgewichtung hat den Vorteil, die optimalen Gewichte für die lineare Kombination von Einzelmodellen, bezogen auf eine Menge von Beispieldaten, finden zu können. Die Restriktion, dass sich die Gewichte zu 1 summieren, kann mit Methoden der linearen Programmierung gelöst werden, ohne Restriktionen wird mittels Singular Value Decomposition der Gewichtevektor bestimmt.[55] Dabei tritt nicht selten das Problem der Kollinearität auf.

Die Kollinearität zwischen Einzelmodellen tritt zwangsläufig auf, wenn sich die Lösungsgüte der Einzelmodelle dem Optimum nähert. Da alle Einzelmodelle dasselbe Problem modellieren, ist die lineare Abhängigkeit zwischen den Einzelmodellen häufiger zu erwarten, als zwischen unabhängigen originären Variablen (die zur Bildung der Einzelmodelle verwendet werden). In der Literatur werden Tests zur Aufdeckung kollinearer oder stark kollinearer Variablen vorgeschlagen[56] und auf Kombinationsmodelle angewendet.[57] Dabei kann auch die schädliche Kollinearität festgestellt werden, die zum Ausschluss von Einzelmodellen (unabhängigen Variablen) führen kann. Dabei stellt sich die Frage, welche Verschlechterung der Anpassungsgüte des Kombinationsmodells noch hingenommen werden kann, wenn weniger Einzelmodelle in die Kombination eingehen.

Neben der Kollinearität zwischen den Einzelmodellen wird in Kombinationsmodellen auch der sogenannte Test auf Encompassing[58] vorgeschlagen, bei dem überprüft wird, ob der Fehler eines Einzelmodells mit einem Regressionsmodell eines anderen Einzelmodells erklärt werden kann. Dazu wird ein Einzelmodell mittels linearer Regression zur Erklärung der Fehlerzeitreihe eines anderen Modells benutzt. Mittels Signifikanztests wird dann überprüft, ob der Parameter des Regressionsmodells von einem zufälligen Einfluss unterschieden werden kann. Dabei kann festgestellt werden, ob ein Einzelmodell von einem anderen „eingeschlossen“ bzw. encompassed wird.

[54] vgl. Clemen 1989, [Cle89]
[55] vgl. Press et al. 1992, [PTVF92], S.59f
[56] vgl. Belsley et al. 1980, [BKW80], S.96ff
[57] vgl. Hashem 1996, [Has96]
[58] vgl. Donaldson und Kamstra 1996, [DK96]

Schließen sich beide Modelle ein (die Fehlerzeitreihen beider Modelle können signifikant durch das jeweils andere Modelle erklärt werden), kann eines von beiden für die Kombination außer acht gelassen werden. Gleiches gilt für ein Einzelmodell, das von einem anderen eingeschlossen wird. Wie bei Ausschluss kollinearer Einzelmodelle stellt sich die Frage, welche Verschlechterung der Anpassungsgüte des Kombinationsmodells noch hingenommen werden kann, wenn weniger Einzelmodelle in die Kombination eingehen.

Zur Überprüfung der Generalisierungsleistung eines Kombinationsmodells bietet sich Cross-Validierung an, sofern genügend Daten zur Verfügung stehen. Die Differenz zwischen dem Fehler für die Beispieldaten und die Validierungsdaten (die nicht zur Parameterberechnung verwendet wurden) kann eine Abschätzung für die Variabilität des Generalisierungsfehlers geben. Der Unterschied zwischen den beiden Fehlern zeigt an, wie sehr Singularitäten in den Beispieldaten die Parameter beeinflusst haben. Der Vergleich der Fehlerdifferenz für zwei Kombinationsmodelle, bei denen ein Einzelmodell vorhanden bzw. ausgeschlossen wurde, kann eine Abschätzung der Nützlichkeit dieses Einzelmodells ermöglichen.

Um dem Problem der Kollinearität und den damit verbundenen Spezifizierungsrisiken der Parameter eines Regressionsmodells auszuweichen, werden in der Literatur u.a. alternative Fehlerkriterien zur Optimierung der Parameter angeführt.[59] So gelten die mittlere absolute Abweichung (siehe Abschnitt 4.2) und die Gleichgewichtung der Einzelmodelle als robuste Schätzer. Außerdem wird in der Literatur die Möglichkeit erörtert, robuste Schätzverfahren, wie z.B. Bayesian Shrinkage[60] und restriktive Regressionsansätze[61] zu verwenden.

---

[59]vgl. Donaldson und Kamstra 1996, [DK96]

[60]Bei der Bayesian Shrinkage können mehrere Vorinformationen benutzt werden (z.B. eine Gleichgewichtung, Gewichte des linearen Regressionsansatzes, alternative Fehlerkriterien usw.), um die Gewichte der Einzelmodelle aus einer Mittelung zwischen den Vorinformationen zu bestimmen (vgl. Diebold und Pauly 1990, [DP90]).

[61]Restriktive Regressionsansätze verwenden z.B. die Principal Component Analysis (PCA) um die Multikollinearität der Einzelmodelle zu umgehen. Durch die Zerlegung der Outputs der Einzelmodelle in voneinander unabhängige Komponenten werden zunächst gleichviele Komponenten wie Einzelmodelle erzeugt. Iterativ können diese Hauptkomponenten nun nach dem Rang ihrer Bedeutung zur Erklärung der abhängigen Variable ausgeschlossen werden. Die verbleibenden Komponenten können verwendet werden, um die Koeffizienten eines linearen Regressionsansatzes zur Kombination zu bestimmen. So besteht die Möglichkeit zwischen der Gleichgewichtung (nur die erste Komponente bestimmt die Koeffizienten) und der vollen Regression (mit allen Komponenten bzw. Einzelmodellen) die Anzahl der Komponenten zu bestimmen, die den höchsten Beitrag zur Erklärung der abhängigen Variable leisten. Dabei wird kein Einzelmodell ausgeschlossen, lediglich das Gewicht, mit dem es in die lineare Kombination eingeht, ist bestimmt durch

Neben der linearen Gewichtung mit dem Regressionsansatz gibt es natürlich die Möglichkeit, andere Modellansätze zur Gewichtung der Einzelmodelle und zur funktionalen Abbildung zu verwenden. Als Erweiterung des Regressionsansatzes können auch Fehlerterme der abhängigen Variable in das Kombinationsmodell integriert werden. Diese „Moving Average-Terme“, wie sie von ARMA-Modellen bekannt sind, können zu einer effizienteren Parametrisierung des Modells führen.[62] Auch die Kointegration von Variablen im Kombinationsmodell wird diskutiert.[63] Sehr häufig werden im Zusammenhang mit der Modellierung ökonomischer Probleme Regressionsansätze verwendet, die es zulassen, die Gewichte der Einzelmodelle zeitabhängig zu verändern. Techniken wie „moving Windows“ und „fading Memory“ lassen es zu, einzelne Beispiele besonders zu gewichten, um die optimalen Gewichte des Kombinationsmodells zu erhalten.[64] Die damit verbundene Absicht ist, aktuellere Beispiele bei der Gewichtung verstärkt zu berücksichtigen.

Die lineare Gewichtung von Einzelmodellen für die Kombination kann auch als Portfolio-Problem aufgefasst werden.[65] Für die Optimierung mehrerer Kriterien hierbei wird eine Loss-Matrix vorgeschlagen.[66] Die Modellierung kann also außer der statistisch begründeten Minimierung des quadratischen Fehlers auch andere Kriterien berücksichtigen, bei denen die Kollinearität zwischen den Modellen nicht so gravierende Auswirkungen haben muss. Die davon unabhängige Frage, wieviele Einzelmodelle kombiniert werden sollen ist dann nicht allein durch die lineare Abhängigkeit der Einzelmodelle bedingt. Um die degenerativen Effekte der linearen Gewichtung mit einem Regressionsmodell zu vermeiden, ist auch ein starker Selektionsprozess denkbar, der ebenfalls eingesetzt werden kann, wenn andere Kriterien als der quadratische Fehler zur Kombination verwendet werden sollen. Diese Möglichkeit ist in der Literatur wenig untersucht und stellt einen Teil dieser Arbeit dar, der in Abschnitt (7.11.2.3) behandelt wird.

5.1.5.3 Nichtlineare Modellgewichtung

Die nichtlineare Modellgewichtung im Gruppen-Ansatz ist motiviert von den nichtlinearen Eigenschaften des modellierten Problems. Für ökonomi-

den Beitrag den es bei der PCA leistet (vgl. Merz und Pazzani 1999, [MP99]).

[62] vgl. Coulson und Robins 1993, [CR93]

[63] vgl. Hallman und Kamstra 1989, [HK89]

[64] vgl. Diebold und Pauly 1987, [DP87]

[65] vgl. Bischoff 1989, [Bis89]

[66] vgl. Hashem 1997, [Has97]

sche Probleme wird z.T. angenommen, dass es strukturelle Veränderungen in den Abhängigkeiten zwischen den Variablen gibt, die zu Nichtstationaritäten und Regimen führen.[67] Diese Veränderungen machen es notwendig, für bestimmte Bereiche des Inputraumes, für unterschiedliche Zeitabschnitte oder für (nicht beobachtbare) Zustände jeweils voneinander unabhängige funktionale Abbildungen bereitzustellen. Außerdem besteht die Notwendigkeit, für die Prognose die richtige funktionale Abbildung auszuwählen.

Ein Modell, das diesen Anforderungen gerecht werden will, benötigt Einzelmodelle, mit denen die unterschiedlichen Abbildungen modelliert werden können und es benötigt eine Funktion, mit der die unterschiedlichen Abbildungen für die Prognose ausgewählt und aktiviert werden können. Diese Funktionalität kann durch ein Gewichtungsschema erreicht werden, das unabhängig von den unterschiedlichen Abbildungen arbeitet, und über Input-, Zeit-, oder Zustandsinformationen die Aktivierung der unterschiedlichen Abbildungen steuert. Dafür stehen Gewichtungsschemata zum Ein- und Ausschalten von Einzelmodellen zur Verfügung.[68] Modelle, die solche lokalen (bezogen auf Input, Zeit- oder Zustandsräumen) Abhängigkeitsstrukturen der Variablen unterstützen, bilden zumeist einen eigenen Modellansatz und fallen daher nicht explizit unter die Kombinationsmodelle des Gruppen-Ansatzes. Einige dieser Modellansätze können dem modularen Ansatz der Kombinationsmodelle (siehe Abschnitt 5.2.3) zugerechnet werden.

Die Berücksichtigung von lokalen Inputinformationen im Gruppen-Ansatz wurde in Abschnitt 5.1.2.3.2 bereits eingeführt. Einzelmodelle, die sich auf bestimmte Beispieldaten spezialisieren (indem hierarchisch nachfolgende Modelle sich auf die Beispieldaten fokussieren, die von den vorhergehenden Modellen schlecht abgebildet wurden) eignen sich implizit eine lokale Abbildung an. Bei diesem Vorgehen findet die explizite Aktivierung einzelner Modelle aber nicht statt. Die Funktion der inputabhängigen Gewichtung des Kombinationsmodells wird über die Gewichtung aller Modelle über alle Beispiele erreicht. Dies kann nur dann zur Berücksichtigung der Nichtlinearitäten eines Problems führen, wenn die Einzelmodelle nur für den Teilbereich Prognosen abgeben, für den sie auch spezialisiert sind.

Eine Möglichkeit, dies zu erreichen ist, dass alle Einzelmodelle außerhalb des Teilbereiches auf den sie spezialisiert sind eine Prognose von Null abgeben. Dies würde aber vorraussetzen, dass dies gewünschte Resultat

[67] vgl. Fiordaliso 1998, [Fio98]
[68] Ibidem

bei der Anpassung der Parameter des Einzelmodells berücksichtigt wurde. Da aber im Gruppen-Ansatz jedes Einzelmodell eine Lösung des Problems (ohne Informationen über die anderen Einzelmodelle) erstellt, scheint es unwahrscheinlich, dass ohne besondere Maßnahmen (wie bei der adaptiven Gestaltung der Beispieldaten), ein solcher impliziter Ausgleich der Informationsmengen gelingt. Im modularen Ansatz für Kombinationsmodelle werden Mechanismen für den Ausgleich der Informationsmengen und zur Spezialisierung der Einzelmodelle (Module) bereitgestellt.

Im Gruppen-Ansatz findet keine explizite Spezialisierung der Einzelmodelle statt, so dass eine nichtlineare Gewichtung der Einzelmodelle nur dann sinnvoll erscheint, wenn der Ausgleich der gemeinsamen Informationsmenge dadurch besser gelingt. Ohne dies auszuschließen, muss beachtet werden, dass die Beispieldaten bei der nichtlinearen Gewichtung gegenüber der linearen Gewichtung besser berücksichtigt werden können. Die Fehler-Varianz des Kombinationsmodells kann deshalb bei nichtlinearer Gewichtung höher liegen als bei einer linearen Gewichtung. Da der Vorteil des Gruppen-Ansatzes gerade in einer möglichen Verringerung der durchschnittlichen Fehler-Varianz (über alle Einzelmodelle) im Kombinationsmodell liegt (siehe Abschnitt 5.1.1), könnte durch nichtlineare Kombination ein entgegenwirkender Effekt erzielt werden.

Die nichtlineare Gewichtung von linearen und nichtlinearen Einzelmodellen kann bei einem entsprechenden Problem (mit Regimen und Nichtstationaritäten) notwendig sein. Im Gruppen-Ansatz kann dies durch die lineare Gewichtung nichtlinearer Einzelmodelle gelingen. Auch die zeitabhängige lineare Gewichtung linearer Einzelmodelle kann den nichtlinearen Eigenschaften eines Problems nahekommen. Die nichtlineare Gewichtung im Gruppen-Ansatz unterliegt der Gefahr, dass der theoretische Vorteil (Reduktion der Fehler-Varianz) wegfallen kann. Somit erscheint die Formulierung nichtlinearer Veränderungen mit Hilfe des modularen Ansatzes für Kombinationsmodelle geeigneter, zumal, wenn Vorwissen über die Eigenschaften des Problems genutzt werden kann.

5.2 Kombination von Modulen

Module in einem Kombinationsmodell sind spezialisierte Modelle für ein lokales Teilproblem. Im Gegensatz zu den in Abschnitt 5.1 dargestellten Kombinationsmodellen des Gruppen-Ansatzes werden statt Einzelmodellen Module kombiniert. Während im Gruppen-Ansatz jedes Einzelmodell das gesamte Problem löst, ist es Ziel der modularen Kombination möglichst keine Redundanz zwischen den Modulen zu erzeugen.

Der Einsatz einer modularen Kombination scheint dann sinnvoll, wenn eine modulare Problemstruktur unterstellt und explizit vorhandenes Wissen darüber verwendet werden kann. Auch eine automatische Zerlegung und Lösung eines Problems kann Vorteile gegenüber einer „eingekapselten" Lösung[69] haben, wenn das Problem sinnvoll in Module unterteilt werden kann. So existieren viele Modellansätze, die eine modulare Problemstruktur zugrundelegen. Ein Modul bezeichnet dabei eine eigenständige Informationsverarbeitung, die entweder parallel mit den anderen Modulen oder explizit in einer Reihenfolge eine Aufgabe bei der Problemlösung übernimmt.

Die Kommunikation bzw. Informationsverarbeitung zwischen den Modulen kann sequentiell, kooperativ oder koordinierend organisiert sein. Neben der Kommunikation zwischen den Modulen, kann unterschieden werden, ob die Aufgabenzerlegung explizit oder automatisch vorgenommen wird.[70] Explizite Aufgabenzerlegung setzt voraus, dass vorhandenes Vorwissen sinnvoll eingesetzt werden kann (wenn z.B. Teilprobleme vorab definiert werden können), oder dass ein zu modellierendes System erkennbar modulare Eigenschaften hat, die simuliert werden sollen (z.B. bei neurobiologischen Simulationen). Automatische Zerlegung ist häufig Bestandteil von Modellansätzen, die lokale funktionale Abbildungen verwenden. Wie aus diesen Möglichkeiten ein modulares Kombinationsmodell erstellt werden soll, hängt maßgeblich vom Problem ab.

Die sequentielle und koordinierende Informationsverarbeitung zwischen Modulen kann beispielsweise verwendet werden, wenn unterschiedliche Teilaufgaben von unterschiedlichen Modellansätzen gelöst werden sollen, wie es von Hybrid-Modellen bekannt ist. Bei einem Hybrid-Modell wird versucht, die verschiedenen Stärken unterschiedlicher Modellansätze bei der Formulierung eines Problems zu nutzen. Der Übergang zu einem Kombinationsmodell ist dabei fließend. Flexible Modellansätze können unterschiedliche Abbildungen approximieren und damit auch unterschiedliche Funktionen wahrnehmen. Werden sie als Module für verschiedene Teilaufgaben verwendet, kann ein Kombinationsmodell daraus entstehen.[71] Die sequentielle und koordinierende Informationsverarbeitung zwischen Modulen des

[69] Die Bezeichnung der eingekapselten Lösung soll verdeutlichen, dass eine Zerlegung des Problems in lokale Teilprobleme nicht explizit vorgesehen wird. Vielmehr findet die Problemlösung ohne vorgegebene modulare Strukturen statt.

[70] vgl. Sharkey 1997, [Sha97]

[71] vgl. Catfolis und Meert 1997, [CM97]

gleichen Modellansatzes kann dann sinnvoll sein, wenn den einzelnen Modulen klar definierte Teilaufgaben zufallen.

Die kooperierende Informationsverarbeitung zwischen den Modulen findet sich meistens bei automatischer Aufgabenzerlegung, bei der ein Algorithmus die Zuordnung der Teilaufgaben auf die Module steuert. Da die Aufteilung automatisiert ist, können nur Module mit den potentiell gleichen Eigenschaften (gleicher Modellansatz) verwendet werden. Diese Form der modularisierten Problemlösung liegt eigenständigen Modellansätzen zugrunde, die anhand der Modularisierung den Kombinationsmodellen zugeordnet werden können.

Die Vorteile, die sich aus der Zerlegung in Teilprobleme ergeben, hängen von der Art der modularen Kombination ab (siehe die folgenden Abschnitte). Ein modulares Kombinationsmodell hat gegenüber einem Einzelmodell dann Vorteile, wenn die Problemstruktur so aufgeteilt werden kann, dass spezialisierte Teillösungen für spezialisierte Teilprobleme entstehen.

In Abschnitt 5.1.2.2 wurde bereits angeführt, dass hochdimensionale Fehleroberflächen gegenüber konvexen Fehleroberflächen schwieriger zu handhaben sind. Wenn es gelingt, den einzelnen Modulen eine weniger hochdimensionale Fehleroberfläche zuzuordnen, können evtl. bessere Lösungen schneller erreicht werden. Darüber hinaus weisen die gegenüber einem Einzelmodell kleineren Module weniger mögliche Symmetrien auf. Diesen möglichen Vorteilen steht die Notwendigkeit gegenüber, die Informationsverarbeitung zwischen den Modulen zu koordinieren. Die Vorteilhaftigkeit eines modularen Kombinationsmodells lässt sich daher nur hypothetisch diskutieren und muss durch empirische Modellierung belegt werden.

5.2.1 Sequentielle Informationsverarbeitung

Modulare Kombinationsmodelle mit sequentieller Informationsverarbeitung führen die zur Lösung des Problems notwendige Verarbeitung in hintereinander angeordneten Modulen aus. Der Informationsfluss geht dabei von einem Modul zum nächsten und der Output eines Moduls ist Input des nachfolgenden Moduls (siehe Abbildung 5.4). Für eine sequentielle Informationsverarbeitung kommt sowohl die explizite Aufgabenzerlegung, als auch eine automatische in betracht. Bei der expliziten Anordnung der Module können vor- und nachgelagerte Teilaufgaben einzelnen Modulen zugeordnet werden. Beispielsweise können Teile der Datenvor- und -nachverarbeitung ein Modul für die funktionale Abbildung einschließen.[72] Hierfür müssen die

[72]vgl. Catfolis und Meert 1997, [CM97]

Zielfunktionen der einzelnen Module formuliert werden. Die Abbildungska- pazität und der Modellansatz können den einzelnen Aufgaben entsprechend ausgewählt werden.

Ein Vorteil, der durch die sequentielle Kombination der Module entstehen kann, ist, dass den Teilproblemen unterschiedliche Zielfunktionen zugrunde liegen können. Bei der Aufteilung in vor- oder nachgelagerte Funktionalitäten können dem Modul, das den gewünschten Output erzeugt, Aufgaben abgenommen werden, die sich nur bedingt aus der Erzeugung des Outputs und einem daraus entstehenden Fehlersignal ableiten lassen.

Die automatische Aufgabenzerlegung kann beispielsweise unterschiedliche Abbildungskapazitäten verschiedener Modellansätze nutzen. Die von Wolpert [Wol92] beschriebene „Stacked Generalization“ beschreibt ein modulares Kombinationsmodell, das aus aufeinanderfolgenden Schichten von Modellen besteht. Die erste Schicht verwendet die originären Inputinformationen und erstellt eine Prognose für den Output. Jede weitere Schicht erhält die Prognosen der vorhergehenden Schicht als Input und erstellt ebenfalls eine Prognose für den Output. So kann ein eventuell vorhandener Bias (im Sinne des Fehler-Bias) der vorhergehenden Schicht aufgehoben werden. In den einzelnen Schichten können verschiedene Modellansätze verwendet werden, wobei keine konkrete Vorgehensweise vorgeschlagen wird.

Durch eine sequentielle Informationsverarbeitung der Module wird erreicht, dass die durch vorangegangene Module vorgenommene funktionale Abbildung bereits einen Teil der insgesamt notwendigen Abbildung darstellt, und nur noch hinsichtlich des Prognoseziels vervollständigt werden muss. Mit relativ einfachen Modulen kann so eine Flexibilität erreicht werden, die von einem Einzelmodell eine relativ hohe Flexibiliät bei der gleichzeitigen Anpassung aller Parameter erfordern würde.

5.2.2 Koordinierende Informationsverarbeitung

Bei der Lösung eines Problems kommt es vor, dass sich die Randbedingungen des Problems ändern, oder dass es umfangreicher Anpassungsprozesse bedarf, ein Modell zu erhalten, das dem Problem gerecht wird. Zur Automatisierung eines solchen Anpassungsprozesses kann ein Modul verwendet werden, das es ermöglicht, das Modell in seiner Parameteranpassung zu steuern. Werden beide Module miteinander gekoppelt, so entsteht ein modulares Kombinationsmodell mit koordinierender Informationsverarbeitung (siehe Abbildung 5.5). Diese Form der Informationsverarbeitung kann auch als Regelkreis bezeichnet werden, der mit hybriden Modellansätzen

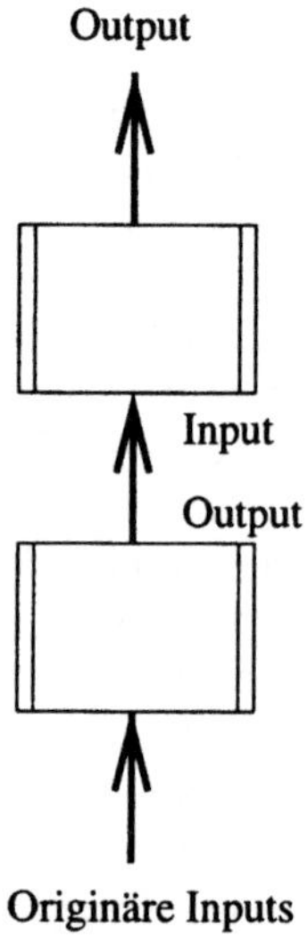

Abbildung 5.4: Sequentielle Informationsverarbeitung im modularen Kombinationsmodell. Die Module sind in Schichten angeordnet, so dass der Output der ersten Schicht als Input in die nächste Schicht eingeht. Nur die erste Schicht erhält die originären Inputinformationen. Die letzte Schicht liefert den Output des Kombinationsmodells. Anzahl der Schichten und Modellansatz der Module müssen dem Problem angepasst werden.

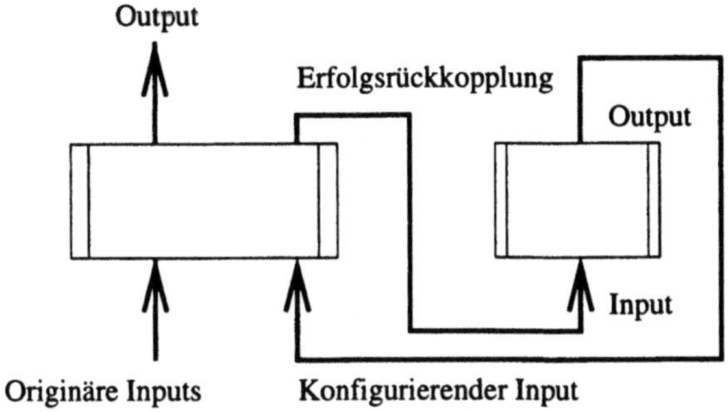

Abbildung 5.5: Koordinierende Informationsverarbeitung im modularen Kombinationsmodell. Ein Modul, das in den Startbedingungen für die Parametrisierung variiert werden kann, liefert das Prognoseziel als Output und erhält die originären Inputinformationen als Input. Ein weiteres Modul koordiniert die Startbedingungen für das andere Modul. Der Input des koordinierenden Moduls ist die Erfolgsrückkopplung des Prognosemoduls und der Output des koordinierenden Moduls ist die konfigurierende Information zur Variation der Startbedingungen.

realisiert werden kann. Die Zuordnung zu den Kombinationsmodellen geschieht aufgrund des modularen Aufbaus.[73]

Voneinander abhängige Probleme können durch dafür spezialisierte Module bearbeitet werden, mit dem Vorteil, dass nach der Verbindung der Module und deren Konfiguration eine automatische Lösungssuche stattfindet, die keinen Eingriff durch den Modellierer erfordert. Somit können vorhandene Ressourcen ausgenutzt und möglicherweise Echtzeitanforderungen erfüllt werden. Der Regelkreis ermöglicht es, das Model ständig anzupassen und so auf veränderte Bedingungen automatisch zu reagieren.

5.2.3 Kooperierende Informationsverarbeitung

Die kooperierende Informationsverarbeitung findet zwischen Modulen statt, die durch (meist automatische) Partitionierung entstandene Teilprobleme lösen. Jedes Modul ist zunächst geeignet, jedes Teilproblem zu lösen. Die Zuordnung der Teilprobleme zu den einzelnen Modulen geschieht durch einen übergeordneten Koordinationsmechanismus (siehe Abbildung 5.6).

[73] vgl. Sharkey 1997, [Sha97]

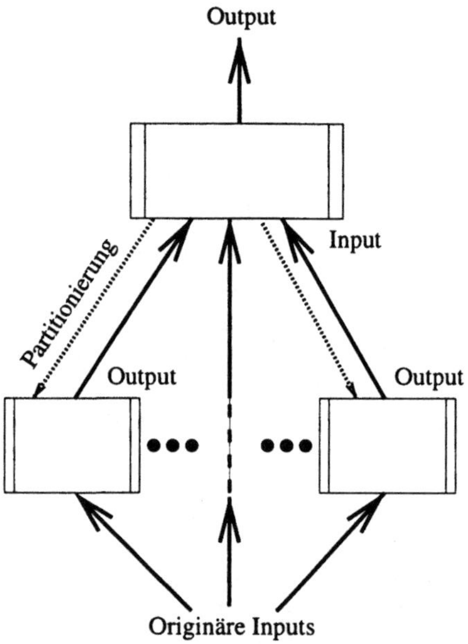

Abbildung 5.6: Kooperierende Informationsverarbeitung im modularen Kombinationsmodell. Die originären Inputinformationen können allen Modulen als Input dienen. Das oberste Modul liefert das Prognoseziel als Output. Die Module in den unteren Schichten kooperieren in der Form miteinander, dass jedes Modul für eine bestimmte Partition der originären Inputinformationen zuständig sein kann. Die Partitionierung wird vom obersten Modul festgelegt.

Die optimale Prognose stellt der Input-bedingte Erwartungswert des Outputs dar. Ein modulares Kombinationsmodell, das auf der Partitionierung des Problems beruht, unterstellt, dass die funktionale Abbildung, die zur optimalen Prognose führt, besser erreicht wird, wenn die funktionale Abbildung aufgrund von Input-, Zeit- oder Zustandsinformationen aufgeteilt wird. Da jedes Modul sich auf eine Partition spezialisieren kann und über eine autonome Abbildungskapazität verfügt, können sehr unterschiedliche funktionale Abbildungen für die einzelnen Partitionen erreicht werden. Input- und Zeitinformationen lassen sich direkt beobachten, so dass hier eine Partitionierung nach gewissen Ähnlichkeiten dieser Informationen vorgenommen werden kann. Demgegenüber steht die Annahme unterschiedlicher Zustände, die Auswirkungen auf das Problem haben. Diese Zustände sind nicht beobachtbar und müssen daher vom Modell geschätzt werden.

5.2.3.1 Lokale funktionale Abbildung

Die Annahme einer lokalen funktionalen Abbildung findet sich bei einigen Modellansätzen, die zunächst nicht zu den Kombinationsmodellen gezählt wurden. So wurde mit den sogenannten „Splines" ein Modellansatz bekannt, bei dem unterschiedliche lineare Regressionsmodelle für unterschiedliche Regionen des Inputraums definiert werden konnten. Mit dem Verfahren der Rekursiven Partitionierung[74] konnten Modelle mit multivariaten adaptiven Regressions-Splines („MARS"-Modelle) erstellt werden.[75] Die Familie der „lokalen" linearen Regressionsansätze zählt mittlerweile viele Mitglieder[76], die aber erst zu den Kombinationsmodellen gezählt werden konnten, als weitere Entwicklungen die Kombination in ihrem Namen aufnahmen („Mixtures-of-Experts"-Modelle, weiter unten im Text) und sich auf einen Ursprung in den lokal linearen Modellen bezogen.

Ein koordinierendes Modul findet sich in der Entwicklung der „Mixtures-of-Experts" (ME) bei Jacobs et al. [JJNH91], wobei die Experten Module aus linearen Regressionsmodellen bestehen und die Koordination durch ein „Gating-Network" (einem KNN) vorgenommen wird, das die Zusammenführung der Experten-Outputs und die Partitionierung des Inputraums übernimmt. Vorher entwickelte lokale lineare Modelle mussten für die Partitionierung auf andere Verfahren zurückgreifen, denen keine koordinierende Informationsverarbeitung in einem Modul zugrunde liegt.

---

[74] vgl. Breiman et al. 1984, [BOS84]
[75] vgl. Friedman 1991, [Fri91]
[76] vgl. Lewis et al. 1994, [LRJ94]

Aus dem ME-Ansatz wurde der „Hierachical Mixtures-of-Experts" (HME) von Jordan und Jacobs [JJ94] entwickelt, bei dem Hierarchien von linearen- und Gating-Modulen erstellt werden können. Eine weitere Entwicklung lässt für die Experten-Module auch nichtlineare Modellansätze zu.

Da die Partitionierung des Problems mit der Lösung der Teilprobleme eine wechselseitige Anpassung der Parameter der Module erfordert, müssen spezielle Lernalgorithmen zur Verfügung stehen. Der „Expectation-Maximization-Algorithm" (EM-Algorithmus)[77] kann hierfür verwendet werden. Die funktionale Abbildung und die Partitionierung wird in zwei getrennten Schritten vorgenommen. Für ME-Modelle[78] und HME-Modelle[79] konnten Lernverfahren angewendet werden, die den Einsatz des EM-Algorithmus ermöglichen.

Im Gegensatz zu den exklusiven Partitionen des „Mixture-of-Experts" Modellansatzes und deren Erweiterungen, findet sich in der Arbeit von Bishop [Bis94] ein Modellansatz, der eine überlappende Partitionierung zulässt. Die exklusive Partitionierung kann damit als Spezialfall realisiert werden. Der Vorteil dieses Modellansatzes ist es, nicht auf den zweistufigen EM-Algorithmus zurückzugreifen. Die „Mixture-Density-Models" (in Abschnitt 8 wird dieser Modellansatz detailliert dargestellt) können durch Fehlerrückleitung implizit eine Spezialisierung der Module herbeiführen. Das koordinierende Modul benötigt hierfür keinen direkten Zugriff auf die originären Inputinformationen, wie er im ME-Modellansatz vorgesehen ist.

Ebenfalls keinen direkten Zugriff auf die originären Inputinformationen haben Modelle, die mit einem Hidden-Markov-Ansatz gebildet werden.[80] Den Experten werden dabei Zustände in einem Zustandsraum zugeordnet. Jeder Experte übernimmt damit die funktionale Abbildung für einen Zustand, in dem sich das System befinden kann. Der Übergang von einem Zustand in den nächsten erfolgt über eine Zustandsmatrix mit entsprechenden Übergangswahrscheinlichkeiten. Diese können nicht direkt aus den Inputinformationen abgeleitet werden und müssen daher mit den Parametern der Experten zusammen ermittelt werden (hierfür kann der oben angeführte EM-Algorithmus verwendet werden). Mit den Experten und den Übergangswahrscheinlichkeiten lässt sich dann der Output des Modells ermitteln. Die Zuordnung der Experten zu den Zuständen ist für die

[77] vgl. Dempster et al. 1977, [DLR77]
[78] vgl. Jordan und Xu 1993, [JX95]
[79] vgl. Chen et al. 1999, [CXC99]
[80] vgl. Fraser Dimitriades 1994, [FD94] und Weigend und Shi 1998, [WS98]

Beispieldaten explizit. Außerhalb der Beispieldaten kann nur der bekannte Zustand festgestellt werden, so dass die Experten gemäß den Übergangswahrscheinlichkeiten anteilig an der Prognose des Modells beteiligt sind.

5.2.3.2 Lokalität der Expertenmodule

Die notwendige Anzahl von Expertenmodulen und die Lokalität, auf die sich die einzelnen Module beziehen, hängen zusammen. Je mehr Expertenmodule im Kombinationsmodell verwendet werden, desto kleiner kann der Bereich sein, für den ein Expertenmodul zuständig ist. Hinzu kommt die Wahlmöglichkeit des Modellansatzes für jedes einzelne Expertenmodul. Der Fehler-Bias und die Fehler-Varianz können so beliebig skaliert werden. Diese enorme Flexibilität erlaubt eine hohe Spezialisierung der Expertenmodule (viele Experten, flexibler Modellansatz der Experten), erfordert aber auch, dass von den Experten keine Singularitäten abgebildet werden. Entsprechende Variationen und Analysen der Modelle sind deshalb unumgänglich.

Unabhängig davon, ob die Aufteilung der Experten nach Zuständen oder nach Inputräumen erfolgt, ergibt sich die Frage, wieviele Experten benötigt werden und wie die Aufteilung auf die Experten erfolgt. Da von allen Expertenmodulen die gleiche Abbildungskapazität erwartet wird, den einzelnen Experten aber eine explizite bzw. anteilige funktionale Abbildung zukommt, stellt sich erst bei der Anpassung der Parameter heraus, welches Modul welchen Teil der funktionalen Abbildung übernimmt. Unterschiedliche originäre Inputinformationen der Experten oder Variationen der Startbedingungen (Gewichte) können zu unterschiedlichen Experten führen. Damit kann die simultane Partitionierung und Spezialisierung des Kombinationsmodells während der Parameteranpassung beeinflusst werden. Wie bei den Einzelmodellen des Gruppen-Ansatzes (vgl. Abschnitt 5.1.2) sind gezielte Variationen dazu geeignet, den Generalisierungserfolg zu optimieren. Hinderlich für eine Vorauswahl der notwendigen Einstellungen der Experten ist, dass es auf Basis einer Datenanalyse oft nicht gelingt, die Teilaufgaben der einzelnen Experten zu bestimmen. Es muss daher experimentell herausgefunden werden, wieviele Experten mit welchen Konfigurationen benötigt werden. Der evolutionäre Ansatz, der Teil dieser Arbeit ist, widmet sich dieser Problemstellung.

Im Gegensatz zu der sequentiellen und der koordinierenden Informationsverarbeitung, bei denen ohne entsprechendes Expertenwissen keine sinnvolle Modularisierung vorgenommen werden kann, ist die kooperierende Informationsverarbeitung für datenorientierte Modellierung geeignet.

Gegenüber linearen und nichtlinearen Einzelmodellen bieten die linearen und nichtlinearen lokalen Modellansätze eine noch flexiblere Möglichkeit zur Modellierung empirischer Daten. Diese Flexibilität muss der zur funktionalen Abbildung des Problems notwendigen Abbildungskapazität angepasst und damit die Lokalität der Expertenmodule einer Kontrolle unterzogen werden. Diese ist abhängig von dem verwendeten Modellansatz und wird in Abschnitt 8 für den in dieser Arbeit verwendeten Modellansatz (für modulare Kombinationsmodelle) behandelt.

5.3 Gruppen-Ansatz versus modularer Ansatz

Kombinationsmodelle können nach ihrem Modellansatz unterschieden werden. Die vorhergehenden Abschnitte lassen erkennen, dass es Ziel des Gruppen-Ansatzes ist, die gemeinsamen Informationsmengen der Einzelmodelle auszugleichen und gleichzeitig eine Ausweitung der Informationsmenge über die eines Einzelmodells hinaus herbeizuführen. Der Ausgleich der Singularitäten eines Einzelmodells durch die Kombination führt dabei oft zu Kombinationsmodellen mit einem geringeren Generalisierungsfehler. Ziel des modularen Ansatzes ist es, Teilprobleme durch spezialisierte Module zu lösen. Die Spezialisierung der Expertenmodule ist eine Anpassung an die speziellen Aufgaben eines Problems und kann daher sowohl zu einer besseren Generalisierungsleistung führen, als auch ein besseres Verständis der Problemstruktur ermöglichen.

Wie bereits in Abschnitt 5.1.5.3 dargestellt, ist der Übergang vom Gruppen-Ansatz mit sehr unterschiedlichen Einzelmodellen zum modularen Ansatz mit Experten, fließend. Die Entstehungsgeschichte der beiden Ansätze sind zwar unterschiedlich, aber die Wirkungsweisen lassen sich durchaus vergleichen. Kombinationsmodelle des Gruppen-Ansatzes sind besonders dann erfolgreich, wenn es gelingt, voneinander unabhängige Einzelmodelle zu erzeugen (implizite Partitionierung). Die Expertenmodule (bei kooperativer Informationsverarbeitung) können eine gute Generalisierungsleistung nur erbringen, wenn die Lokalität der Experten genügend groß ist um auch unbekannte Beispiele einem Experten zuordnen zu können (implizte Überlappung). Die Abwägung zwischen genügend Abbildungsgenauigkeit und Generalisierungsfähigkeit ist damit für beide Ansätze der Kombinationsmodelle gegeben. Im modularen Ansatz muss dazu festgelegt werden, wieviele Expertenmodule es gibt und wieweit sie sich überlappen dürfen. Im Gruppen-Ansatz führt die Art und Anzahl der Variationen, die durchgeführt werden, zu unterschiedlichen Einzelmodellen (impliziten Experten). Insofern stellen beide Ansätze eine Möglichkeit dar, die gewünschte Flexibilät zu erreichen und müssen daher in der möglichen Abbildungskapazität als adäquat angesehen werden. Vorteile für den einen oder den anderen Ansatz der Kombinationsmodelle können sich durch die Formulierung eines Problems mit einem bestimmten Modellansatz ergeben. Die Kombinationsmodelle bieten daher eine Alternative zu komplexen Einzelmodellen, die Vorteile erwarten lässt, wenn Vorwissen über das Problem und seine Struktur bei der Formulierung mit einem Modellansatz genutzt werden kann oder eine implizite Spezialisierung sinnvoll ist.

Trotz der Gemeinsamkeiten bei der grundsätzlichen Abbildungskapazität und den Funktionsweisen beider Ansätze für Kombinationsmodelle existieren Unterschiede, die sich auf die praktische Handhabung auswirken können. Ein modulares Kombinationsmodell wird einmal formuliert, in seinen Parametern angepasst und anschließend validiert. Dies entspricht der Vorgehensweise für Einzelmodelle. Die unterschiedlichen lokalen Abbildungen müssen in einem modularen Kombinationsmodell abrufbar gespeichert sein. Ein Kombinationsmodell des Gruppen-Ansatzes unterteilt die lokale Abbildung auf mehrere Stufen der Modellierung. In der Modellpopulation müssen alle Einzelmodelle enthalten sein, die zur Abdeckung der funktionalen Abbildung notwendig sind. Durch die Selektion und Gewichtung der Einzelmodelle ist es möglich, am aktuellen Rand der Prognosen den Inputraum bzw. Zustand zu identifizieren und daraufhin eine optimale Gewichtung zu erhalten. Dies kann besonders bei nichtstationären Problemen Vorteile gegenüber einem modularen Kombinationsmodell bringen. Allerdings bringt es eine flexible Selektion und Gewichtung der Einzelmodelle mit sich, dass dieses Vorgehen den Charakter einer „Black-Box“ hat, bei der kaum Einsichten über die Dynamik des Problems gewonnen werden können.

Kapitel 6

Künstliche Neuronale Netze

Der Begriff Künstliche Neuronale Netze (KNN) leitet sich aus der Analogie zur Informationsverarbeitung von Nervenzellen (Neuronen) ab. Die beeindruckende Leistung des Gehirns und die elementare Funktionsweise von Nervenzellen sollen durch KNN nachgebildet werden. Die Informationsverarbeitung von Nervenzellen basiert auf der Weiterleitung, Hemmung und Verstärkung von elektrischen Reizen. Es handelt sich um einfache Mechanismen, die durch Berechnungselemente und gewichtete Verbindungen in KNN nachgebildet werden.

Die Verwendung Künstlicher Neuronaler Netze basiert auf frühen Resultaten der Automatentheorie John von Neumanns [Neu56]. Die Konnektionistischen Automaten von McCulloch und Pitts [MP43] waren prinzipiell in der Lage, jede allgemein rekursive Funktion zu berechnen.[1] Das konnektionistische Modell von McCulloch und Pitts beruhte auf unabhängigen Berechnungselementen und der Biologe Hebb [Heb49] stellte dafür eine Lernregel vor, die aus der Konditionierung des menschlichen Lernens übernommen und adaptiert wurde. Als dann Minsky und Papert [MP69] die bis dahin entwickelten Perceptronen auf ihre Eigenschaften untersuchten, stellte sich heraus, dass deren Berechnungsfähigkeiten auf lineare Klassifikation beschränkt waren.[2] Erst mit den neuen mehrschichtigen

[1] vgl. Rojas 1993, [Roj93] S.5f

[2] vgl. Fausett 1994, [Fau94] S.24f

konnektionistischen Modellen, die in den 80er Jahren von Rumelhart und McCelland [RHR86] realisiert werden konnten, gelang es, stetige Funktionen durch ein KNN zu repräsentieren.[3] Seit geeignete nichtlineare Transferfunktionen in Verbindung mit mehrschichtigen Netzen prinzipiell die universelle Funktionsapproximation ermöglichen[4], können Künstliche Neuronale Netze zur Modellierung dynamischer Prozesse, wie sie auch in der Ökonomie vorkommen, verwendet werden.

Im Gegensatz zu den mathematisch-statistischen Verfahren der Ökonometrie wird durch KNN ein Modellbau ermöglicht, der im Prinzip ohne theoretische Fundierung ökonomischer Zusammenhänge auskommt. Künstliche Neuronale Netze sind universelle Instrumente, die sich zur datenorientierten Modellierung eignen. Bei der Verwendung von KNN kommt es zur Anpassung des Modells in seinen Parametern an die Daten. Diese Eigenschaft begründet die Universalität der KNN, ist aber gleichzeitig ein kritischer Punkt beim Modellbau. In der Ökonometrie sind die Prämissen der Theorie maßgebend für das verwendete Modell und damit auch für den auftretenden Generalisierungsfehler. Bei KNN kann der Generalisierungsfehler viele Ursachen haben.[5] Es ist daher hilfreich, wenn vorhandenes Wissen über den zu modellierenden Prozess verwendet werden kann.

In vielen Anwendungen fehlt es an Problemwissen bzw. an theoretisch fundierten Prämissen. Dann ist der Modellansatz von KNN geeignet, ohne dieses Wissen ein Modell zu erstellen, dass dazu dienen kann, die Modellierbarkeit des Problems zu analysieren. Da KNN Entscheidungsfunktionen mit Hilfe von Input-Output-Mapping modellieren (siehe unten), können die Ausgaben von KNN mit Hilfe von Testbeispielen evaluiert werden. Unter günstigen Voraussetzungen lassen sich damit Aussagen zu dem konkreten Modell und (über eine Population von KNN) auch über die Eigenschaften des Problems ableiten.

6.1 Struktur und Funktionsweise von KNN

Ein KNN ist gegeben durch eine Menge von Knoten und Kanten. Die Knoten dienen der Informationsverarbeitung (Berechnungselemente) und

[3] vgl. Hornik et.al. 1989, [HSW89]

[4] vgl. Hornik 1991, [Hor91]

[5] Die Inputdimension und die Trennfunktion des Modellansatzes sind wesentliche Ursachen für den Generalisierungsfehler. Zusammenhängend damit kann die Anpassung der Parameter und die Berechnungskapazität ungenügend sein. Eine weitere Quelle für den Generalisierungsfehler stellen unzureichende Beispieldaten dar.

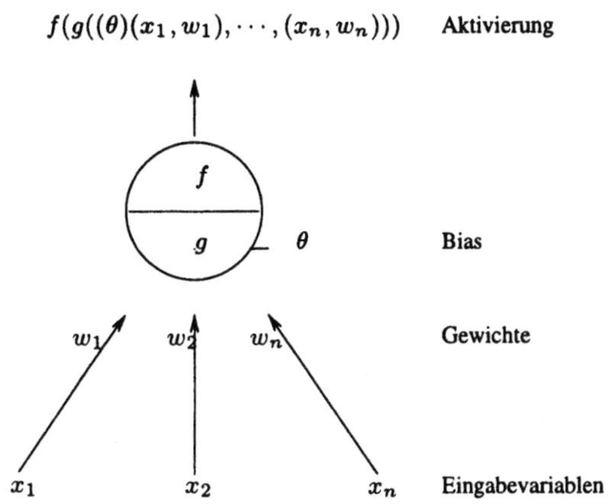

Abbildung 6.1: Die Eingabevariablen $x_1, x_2, ..., x_n$ werden mit $w_1, w_2, ..., w_n$ gewichtet und ergeben so die Eingabeinformation des Berechnungselementes. Diese wird der Integrationsfunktion g des Berechnungselementes zusammen mit dem Schwellenwert (Bias) θ zugeführt. Die Aktivierungsfunktion f ermittelt daraus den Ausgabewert für das Berechnungselement. Die Informationsverarbeitung wird bestimmt durch die Eingabewerte der Variablen, deren Gewichte, dem Schwellenwert, der Integrationsfunktion und der Aktivierungsfunktion.

die Kanten dienen der Informationsweiterleitung. Jede Kante hat ein Gewicht, das dazu dient, die Informationen von einem zum anderen Knoten zu verändern. Die Knoten werden unterteilt in Inputknoten, Knoten der verdeckten Schichten und Outputknoten. Jeder Knoten besitzt eine lokale Informationsverarbeitung. Die Inputknoten leiten die externen Informationen weiter an andere Knoten. Bei einem vorwärtsgerichteten Netz haben die Inputknoten keine Berechnungsfunktion. In diesem Fall werden nur die externen Informationen an andere Knoten weitergeführt, die als Berechnungselemente funktionieren. Ein Berechnungselement, dessen Ausgabewert zur Bestimmung der Netzausgabe dient, nennt man Outputknoten. Ein Netz kann grundsätzlich so viele Outputknoten haben, wie es Berechnungselemente enthält. In einem vorwärtsgerichteten Netz existieren grundsätzlich nur zwei Arten von Knoten, Inputknoten und Berechnungselemente.

In Abbildung 6.1 ist ein generisches Berechnungselement dargestellt. Die

Berechnungselemente eines KNN verarbeiten die eingehenden Informationen mit einer Integrationsfunktion. Die Ausgabe bzw. Aktivierung eines Berechnungselementes wird durch eine Aktivierungsfunktion bestimmt. Neben den variablen Eingabewerten eines Berechnungselementes gibt es jeweils ein konstantes Glied, welches als Bias oder auch Schwellenwert bezeichnet wird.[6] Die Integrationsfunktion besteht zumeist in der einfachen Addition der gewichteten Eingabewerte.[7] Die Aktivierungsfunktion variiert bei unterschiedlichen Netztypen.

Die Aktivierung eines Berechnungselementes mit einer sigmoidalen Aktivierungsfunktion wird beispielsweise durch die nicht-lineare Funktion Tangens Hyperbolicus (tanh) berechnet. Die Aktivierung eines Berechnungselementes o ist gegeben durch

$$o = \tanh(\sum_{i=1}^{n} w_i x_i - \theta)$$

mit $x_1, ..., x_n$ den jeweiligen Werten der Eingabevariablen und $w_1, ..., w_n$ deren Gewichten. Der Schwellenwert (Bias) θ ist konstant.

In Abbildung 6.2 ist ein vorwärtsgerichtetes Netz abgebildet, mit einer Schicht von Berechnungselementen, die weder Input- noch Outputknoten sind. Eine solche Schicht wird verdeckte Schicht (Hidden Layer) genannt. Die Netzausgabe *net* für ein solches Netz mit j Inputs und i Berechnungselementen in der verdeckten Schicht ist durch

$$net = \tanh(\sum_{i=1}^{n} w_i \tanh(\sum_{j=1}^{m^i} w_j^i x_j^i - \theta^i) - \theta)$$

gegeben. In der Zeitreihenprognose und für Klassifikationsprobleme werden Netze dieser Architektur am häufigsten verwendet[8], weil (mit einer sigmoidalen Aktivierungsfunktion) hierfür effiziente Algorithmen zur Anpassung der Gewichte zur Verfügung stehen.[9]

Die Topologie bzw. Architektur eines KNN ist gegeben durch die Anzahl der verdeckten Schichten, die Anzahl der Berechnungselemente und deren

[6] Für den Bias eines Berechnungselementes gibt es zwei alternative Schreibweisen. Mit θ wird die Funktion als Konstante (keine variierenden Inputs x_i) betont. Dagegen wird mit $w_i x_0$ die variable Gewichtung des Bias gegenüber den variablen Eingabewerten unterschieden.

[7] Andere Netztypen verwenden beispielsweise die Multiplikation der Eingabewerte oder andere Funktionen (Higher-Order-Netze).

[8] vgl. z.B. Azoff 1994, [Azo94] und Smith 1993, [Smi93]

[9] vgl. Bishop 1994, [Bis94] S.116

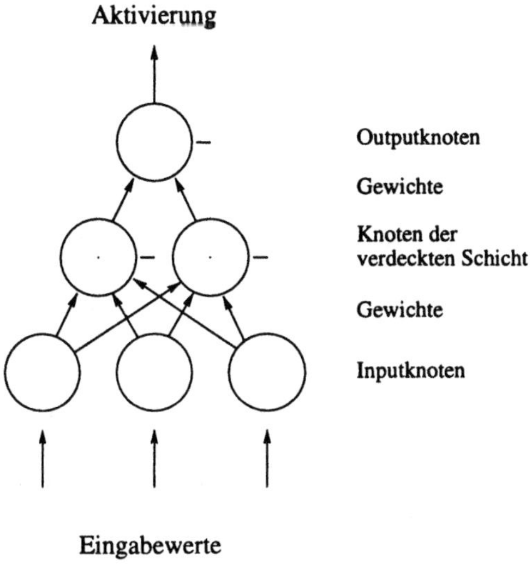

Abbildung 6.2: Schematische Darstellung eines einschichtigen (eine verdeckte Schicht) vorwärtsgerichteten Netzes. Die Inputknoten leiten die Werte der Eingabevariablen an die Berechnungselemente der verdeckten Schicht weiter. Die Aktivierung dieser Knoten wird ermittelt und dient dem Outputknoten als Eingabe. Die Aktivierung des Outputknotens ist gleichzeitig die Netzausgabe.

Integrations- und Aktivierungsfunktion, die Art der Vernetzung der Berechnungselemente und die Anzahl der Input und Outputknoten. Alternativ zu den in dieser Arbeit verwendeten vorwärtsgerichteten KNN mit variabler Anzahl Schichten und Inputknoten zum überwachten Lernen, gibt es diverse andere, auf die nicht weiter eingegangen wird.[10]

6.2 Abbildungskapazität

Für den funktionalen Zusammenhang, der mit einem KNN darstellbar ist, wird auch der Begriff der Abbildungskapazität verwendet. Diese gilt es so zu bestimmen, dass sie für die zu approximierende Funktion ausreicht. Für die erfolgreiche Abbildung einer nicht-trivialen Trennfunktion müssen

[10]vgl. hierzu z.B. Zell 1994, [Zel94] und Fausett 1994, [Fau94]

genügend Berechnungselemente und genügend Beispiele zur Verfügung stehen. Dann sollte es möglich sein, durch ausreichende Rechenkapazität ein entsprechend großes KNN in seinen Parametern anzupassen (trainieren).

Ein vorwärtsgerichtetes KNN mit einer verdeckten Schicht und einer Schicht für Outputknoten mit sigmoidaler Aktivierungsfunktion ist theoretisch für die Abbildung einer stetig differenzierbaren Funktion ausreichend.[11] Dies setzt eine vollständige Vernetzung zwischen den Schichten voraus. Die Anzahl der Berechnungselemente in der verdeckten Schicht bestimmt dann im Prinzip die Abbildungskapazität des KNN. Je mehr Berechnungselemente (und damit auch je mehr Gewichte) in einem KNN sind, desto höher ist dessen Abbildungskapazität.[12] Die Abbildungskapazität von Netzen mit einer verdeckten Schicht gleicht der mit mehreren verdeckten Schichten.[13] Mehrschichtige Netze haben aber andere Lerneigenschaften und sind daher in der Praxis eher dazu geeignet z.B. unstetige Funktionen zu approximieren.

Als Veranschaulichung der Funktionsweise eines KNN kann man sich vorstellen, dass ein Berechnungselement zur Klassifizierung eines bestimmten Bereichs im Eingaberaum dient. Es liefert eine Ausgabe in Funktion der Inputs, wenn die Werte der Inputs im „aktiven Bereich" des Berechnungselementes liegen. Wenn die Inputinformationen außerhalb dieses Bereichs liegen, kann dieses Berechnungselement eine Konstante ausgeben. Es ist dann inaktiv. So kann jedem Bereich des Eingaberaumes ein bestimmtes Berechnungselement zugeordnet werden. Sind genügend Berechnungselemente vorhanden, kann der Eingaberaum beliebig unterteilt werden. Der Möglichkeit, mit wachsender Anzahl der Berechnungselemente die Abbildungskapazität prinzipiell zu erhöhen, stehen aber praktische Einwände gegenüber. Nicht zuletzt die endlichen Rechenressourcen verlangen nach einer Beschränkung der Anzahl Berechnungselemente.

Die mögliche Abbildungskapazität eines KNN wird durch die Topologie vorgegeben. Die tatsächliche Abbildung eines KNN wird bei gegebener Topologie durch die Gewichte bestimmt. Neben der Bestimmung der Topologie ist daher die Bestimmung der Gewichte für die Anwendung von KNN wichtig. Topologie und Lernverfahren (zur Gewichteanpassung) sind interdependent.

---

[11] vgl. Hornik et al. 1989 [HSW89]

[12] vgl. Baum und Haussler 1989, [BH89]

[13] vgl. Masters 1993, [Mas93], S.174

6.3 KNN zur Funktionsapproximation

Grundsätzlich können Entscheidungsprobleme nur mit Regeln gelöst werden, die in der Form *Wenn Ist-Zustand, Dann Aktion und Soll-Zustand* formuliert werden können. Diese Formulierung entspricht einer Klassifikations-Bedingung (Wenn-Teil) und einer Lösung (Dann-Teil). Beide Teile können beliebig viele logische Verknüpfungen beinhalten.

Funktionale Zusammenhänge eines dynamischen Systems werden häufig in einer Form wie z.B. $z_t = f(z_{t-1})$ angegeben. Wird aus einer Menge von Beispielen ein solcher Zusammenhang approximiert, spricht man von Funktionsapproximation. Der Aktionsteil einer Regel ist dann zu approximieren. Ziel der Zeitreihenmodellierung von KNN ist die Funktionsapproximation. KNN verwenden dazu Entscheidungsfunktionen, mit denen sich auch andere Probleme z.B. Klassifikationsprobleme darstellen lassen. Der funktionale Zusammenhang des Problems ist in den Beispielen gegeben und muss von einem KNN mittels Entscheidungsfunktionen repräsentiert werden. Die gegebenen Beispiele befinden sich in der Form, z.B. *Wenn* $z_{t-1} = -1$, *Dann* $z_t = -0.25$. Mit einer unendlich großen Menge solcher Regeln lässt sich jede Funktion angeben. Ziel der Modellierung ist es, aus einer repräsentativen endlichen Menge von Beispielen die Regeln der Entscheidungsfunktion zu extrahieren und nicht einzelne Beispiele zu reproduzieren. Die Abbildung des funktionalen Zusammenhangs mit einem KNN ist äquivalent zur Abbildung der Entscheidungsregeln, die dem Prozess zugrundeliegen. Aus dem funktionalen Zusammenhang lassen sich die Regeln ableiten, umgekehrt geben die Regeln aber keinen funktionalen Zusammenhang wieder. Der funktionale Zusammenhang ist auf der gesamten Menge von Beispielen definiert. Die Regeln betreffen aber nur einzelne Beispiele. Um aus den Regeln eine Funktion zu bilden bedarf es eines Verfahrens zur Funktionsapproximation.

Für einige dynamische Systeme existieren Verfahren zur Funktionsapproximation, die sehr effektiv von einer kleinen Menge an Beispielen auf den funktionalen Zusammenhang schließen. Speziell für die Modellierung von Zeitreihen gibt es viele solcher Verfahren. Um sie erfolgreich auswählen und anwenden zu können sind Kenntnisse von grundsätzlichen Eigenschaften des Systems erforderlich. Lineare Modelle, z.B. lineare Regressionsmodelle, führen dann zu guten Resultaten, wenn das zugrundeliegende System ebenfalls linear ist. Sind solche Kenntnisse über das System nicht gegeben oder ist bekannt, dass es kein spezielles Verfahren gibt, welches die bekannten Eigenschaften ausnutzen kann, um die Funktionsapproximation zu vereinfachen, so wird ein Verfahren zur universellen Funktionsapproximation benötigt. KNN bieten diese Möglichkeit.

Grundsätzlich weisen KNN-Modelle die Eigenschaft einer 'Black-Box' in bezug auf den funktionalen Zusammenhang auf. Wird ein KNN gefunden, welches alle Regeln repräsentiert, so kann aus den Strukturen dieses KNN kein formaler funktionaler Zusammenhang interpretiert werden. Die Modellierung eines KNN führt im Idealfall nur dazu, dass aus einer kleinen Menge an Beispielen alle Regeln erschlossen werden können. Im Falle von Zeitreihen bedeutet dies, dass aus einer Menge von Input-Output-Beispielen mit einem KNN alle Input-Output-Relationen generiert werden können. Dies wird über eine 'Glättung' der Input-Output-Beispiele erreicht, so dass Inputs, die in der 'Nähe' von Inputs aus den Beispielen liegen auch Outputs zugeordnet werden, die in der 'Nähe' der Beispiele liegen. In der statistischen Modellierung wird dies mit dem Konzept des bedingten Erwartungswertes (siehe Abschnitt 3.1) dargestellt. Der Bergiff der 'Nähe' wird dabei durch eine Verteilungsannahme spezifiziert.

Mit Hilfe der Glättung zwischen den Beispielen ist es möglich, dass ein KNN für unbekannte Beispiele den korrekten Output ausgibt. Diese Generalisierungsleistung setzt voraus, dass die Abbildungskapazität des KNN in geeigneter Weise bestimmt wird. Dafür gibt es jedoch keinen Königsweg (siehe auch Abschnitt 3.3). Die bestimmenden Faktoren für die Abbildungskapazität müssen variiert werden um eine geeignete Wahl treffen zu können.

6.4 Lernen mit KNN

Das prinzipielle Potential der universellen Funktionsapproximation von KNN weckt das Interesse für viele Anwendungsbereiche. Doch der Erschließung dieses Potentials stehen einige Hürden im Weg, die darin bestehen, das korrekte KNN zu finden, welches die jeweils gewünschte Funktion abbildet. Da die einzelnen Komponenten eines KNN in einem komplexen Wirkungszusammenhang stehen, stellt sich die Suche nach einem geeigneten KNN als ein nicht triviales Problem dar. Die Topologie muss gefunden und für die Topologie müssen die Gewichte bestimmt werden. Ohne „lernende Systeme“ bzw. adaptive Verfahren wäre die Suche nach einem geeignetem KNN wohl aussichtslos.

Mit Hilfe von Heuristiken und stochastischen Verfahren ist es möglich, rechnergestützt die Suche nach einem geeigneten KNN teilweise zu automatisieren. Ausgehend von den Daten des Problems und einer Fehlerfunktion können zufällig gewählte KNN bewertet und eine regelbasierte Suche durchgeführt werden. Für eine gegebene Topologie gibt es z.T. effiziente Verfahren zur Bestimmung der Gewichte. Insbesondere für vorwärtsgerichtete KNN mit sigmoidaler Aktivierungsfunktion gibt es eine Vielzahl von Lernalgorithmen. Aus diesem Grund wird dieser Typ von KNN auch vorwiegend in dieser Arbeit behandelt, sofern nicht besondere Typen (siehe Abschnitt 8) extra angeführt werden.

Für die Suche nach einer geeigneten Topologie wird in dieser Arbeit ein Ansatz weiterentwickelt, der auf den Eigenschaften von Genetischen Algorithmen (GA) basiert. Mit Hilfe genetischer Operatoren werden dabei Gewichte bestimmt und unter günstigen Voraussetzungen nicht weiter verändert. Ansonsten wird zur Bestimmung der Gewichte ein gradientenbasiertes Lernverfahren eingesetzt. Mit diesem Ansatz sollte es möglich sein, mit wachsendem Rechenaufwand auch besser geeignete KNN für das jeweilige Problem zu finden. Bei theoretisch unendlichen Rechenressourcen besteht daher die Möglichkeit automatisch das (vermeintlich) beste KNN zu bestimmen.

Allerdings ist es problematisch, festzustellen, welches KNN als geeignet beurteilt werden kann. Zwar lässt sich mit genügend Aufwand der Suchraum für KNN theoretisch nach dem besten KNN durchsuchen, aber die Güte eines KNN lässt sich nicht in allen Fällen zweifelsfrei bestimmen. So wird die Suche nicht nur durch die Komplexität des Problems beeinflusst, sondern die Modellauswahl und Bewertung ist häufig mit Unsicherheit behaftet. Es ist daher nicht verwunderlich, dass die anfängliche Begeisterung für KNN im Bereich der ökonomischen Modellierung später der Erkenntnis wich, dass auch mit KNN kein einfaches Universalinstrument für Prognose- und Klassifikationsprobleme vorliegt.[14] Vielmehr handelt es sich bei KNN um einen Modellansatz, mit dem komplexe Zusammenhänge in komplexen Strukturen codiert werden können.

Die Abbildungskapazität eines KNN wird durch die Topologie und die Gewichte bestimmt. Für die Bestimmung der optimalen Abbildungskapazität liegen bei der datenorientierten Modellierung nur die Daten vor. Aus einer endlichen Menge von Beispieldaten, denen ein deterministischer und ein zufälliger Einfluss zugrundeliegt, lässt sich die notwendige Abbildungskapazität ohne Verteilungsannahmen nicht sicher bestimmen. Darüber hinaus müssen genügend Beispieldaten vorliegen, um die potentielle Abbildungskapazität eines KNN auch auszunutzen. Lernen mit KNN meint

[14]vgl. Zimmermann 1994,[Zim94] S.83

daher sowohl die Suche nach einem geeigneten KNN als auch die Suche nach der notwendigen Abbildungskapazität.

6.5 Datenvorverarbeitung

Ziel der Datenvorverarbeitung ist es, das eigentliche Lernproblem für ein KNN zur Verfügung zu stellen. Das Lernproblem im engeren Sinne (auch Ladungsproblem genannt) besteht in der Anpassung der Gewichte eines KNN mit einem Lernverfahren. Dafür müssen geeignete Beispieldaten zur Verfügung stehen. Diese Beispieldaten werden in der Datenvorverarbeitung erstellt.

Die Inputs eines KNN bilden den Eingaberaum bzw. die Inputdimension des Problems. Ziel der Modellierung mit KNN ist es, eine Abbildung von Inputs und Outputs herzustellen. Die Inputs bilden dabei die Bedingungen, unter denen die Outputs auftreten. Daher kommt der Wahl und Aufbereitung der Inputs für die Modellierung große Bedeutung zu.

Bei der datenorientierten Modellierung bestehen a priori keine Annahmen über die Beziehung zwischen Inputs und Outputs, so dass keine Beschränkungen bei der Auswahl der Inputs bestehen. Eine fundierte Einschränkung der möglichen Inputs ist aber unumgänglich. Ferner müssen die Inputs in der Datenvorverarbeitung für das Problem aufbereitet werden. Hierzu zählen Maßnahmen wie die Transformation von Inputs, Herstellung eines einheitlichen Skalenniveaus und die Behandlung von fehlenden Beispielen.

Im folgenden wird auf die Modellierung von Zeitreihen mit KNN Bezug genommen. Die Datenvorverarbeitung für Klassifikationsprobleme ist aber in Teilen ähnlich.[15]

6.5.1 Auswahl der Inputs und Abhängigkeitstest

Grundsätzlich ist es notwendig, alle Inputs, für die eine Abhängigkeit zum Output unterstellt werden kann, auch in einem Modell zu verwenden. Die Inputs liefern die Informationen, die zur Abbildung der Outputs notwendig sind. Das Motiv der datenorientierten Modellierung ist es, diejenigen Inputs zu finden, die der funktionalen Abbildung des Problems zugrundeliegen. Aus dieser Sicht können keine notwendigen Inputs ungenutzt bleiben, da sonst ein Teil des Problems nicht modelliert werden könnte. Die Auswahl

[15] vgl. Bishop 1994, [Bis94], S.295ff

der Inputs für ein Modell kommt der Festlegung der Informationsmenge gleich, mit dem ein Problem behandelt werden soll. Informationen in Inputs können aber teilweise redundant sein oder es besteht nur scheinbar eine Abhängigkeit zwischen Inputs (unabhängigen Variablen) und Outpus (abhängigen Variablen).

Bei der Auswahl der Inputs lassen sich zwei Formen von Informationen unterscheiden. Zum einen gibt es Inputs, die eine direkte Abhängigkeit zu den Outputs haben und zum anderen existieren informale Variablen.[16] Informale Variablen können im Zusammenhang mit anderen Variablen eine Abhängigkeit zu den Outputs bilden. Die direkte Abhängigkeit zwischen Variablen lässt sich mit Hilfe von Tests nachweisen (z.B. lineare Korrelation), die informale Abhängigkeit bedarf der Modellbildung und -validierung, um erkannt zu werden. Ein Weg, die notwendigen Inputs zu finden, kann daher die Modellierung mit KNN sein. Mit Hilfe von Sensitivitätsanalysen kann dann der Einfluss jedes Inputs bewertet werden. Auch lässt sich der anteilige Fehler für die Ausgabe eines KNN nicht nur für die Berechnungselemente ermitteln, sondern auch den Inputs zuordnen.[17]

6.5.1.1 Suche nach Inputkombination

Der Aufwand für die Suche nach den notwendigen Inputs für die datenorientierte Modellierung nimmt mit der Anzahl der potentiellen Inputs exponentiell zu. Ist d die Anzahl der potentiellen Inputs, so ist die Anzahl der möglichen Kombinationen 2^d. Mit einer geringen Anzahl Inputs kann daher eine vollständige Suche nach der besten Inputkombination durchgeführt werden. Aus 100 Inputs können aber ca. 10^{30} Kombinationen erstellt werden. Für die datenorientierte Modellierung werden daher häufig Suchverfahren zur Bestimmung der Inputkombination eingesetzt.

Für kombinatorische Probleme dieser Art existieren Heuristiken.[18] Damit kann der Aufwand für die Suche nach der besten Inputkombination zwar nicht begrenzt werden, aber es kann erwartet werden, dass gute Inputkombinationen gefunden werden. Die einzelnen Verfahren unterscheiden sich in der Vorgehensweise bei der Suche und es kann erwartet werden, dass aufgrund des „No-free-Lunch-Theorems“[19] einzelne Verfahren für unterschiedliche Probleme bei der Inputsuche gegenüber anderen Verfahren

---

[16] vgl. Refenes 1995, [Ref95b] S.56
[17] vgl. Masters 1993, [Mas93], S.198f
[18] vgl. z.B. Pearl 1984, [Pea84] und Reeves und Beasley 1993, [RE93]
[19] vgl. Wolpert und Macready 1997, [WG97]

überlegen sind. So kommt es darauf an, für eine spezifische Problemstellung ein gutes Verfahren zu finden; pauschale Empfehlungen sind nicht hilfreich.

Die Suche nach einer guten Inputkombination kann für die Modellierung mit KNN nicht vollkommen unabhängig von dem Problem der Bestimmung der Topologie und des Ladungsproblems (Anpassung der Parameter bzw. Gewichte) gesehen werden. Da die Fehleroberfläche des Ladungsproblems bei nichtlinearen Modellen nicht konvex ist, werden häufig suboptimale Modelle erstellt. Von einem suboptimalen Modell kann aber nicht uneingeschränkt auf die verwendeten Komponenten wie den Inputs geschlossen werden. Die Bewertung, die jeder Heuristik zugrundeliegt, ist dann nur bedingt geeignet, so dass es der fehlertoleranten Suche bedarf. Der Bewertungsfehler, der einem suboptimalen Modell zugrundeliegt, muss für eine erfolgreiche Suche nach einer guten Inputkombination (und für die Suche nach einem guten KNN) durch die Zusammenfassung mehrerer Modelle ausgeglichen werden. Hierzu bieten sich Verfahren an, die mit Populationen von Inputkombinationen bzw. KNN arbeiten. Dafür kommen sowohl Kombinationsmodelle[20] (siehe Abschnitt 5), als auch Genetische Algorithmen[21] (GA) in Betracht (siehe Abschnitt 9).

Verfahren, die schrittweise die Inputkombination für ein Modell erweitern oder verkleinern, wie z.B. die für lineare Regressionsmodelle sehr erfolgreiche „Stepwise-Regression“[22], sind für die Suche mit suboptimalen Modellen nur bedingt geeignet, weil zum einen auch sonst nicht garantiert die beste Inputkombination gefunden wird[23] und zum anderen eine nichtkonvexe Fehleroberfläche bzgl. der statistischen Testgrößen zu Fehlinterpretationen führen kann.

6.5.1.2 Scheinbare Abhängigkeiten

Auch wenn die notwendigen Inputs nicht allein durch Abhängigkeitstests erfasst werden können, so muss auch beachtet werden, dass KNN aufgrund

[20]Bei der Kombination einzelner Modelle steht als Motiv im Vordergrund, den auf die bestimmten Beispiele zurückzuführenden Fehler der Einzelmodelle auszugleichen. Verschiedene Inputkombinationen führen dabei zu unterschiedlichen Informationsmengen der einzelnen Modelle.

[21]Bei der Suche nach guten Inputkombinationen mit einer Population mit Genetischen Algorithmen gibt es die Annahme von „Blöcken“ in den Bausteinen der Individuen (vgl. Holland 1975, [Hol75]. Das bedeutet, dass einzelne Inputs zusammen einen Baustein ergeben (Building-Block), und dass diese Bausteine gefunden und in anderen Modellen mit anderen Bausteinen kombiniert werden müssen, um zu besseren Modellen zu gelangen.

[22]vgl. Norušis 1993, [Nor93], S.343f

[23]Ibidem, S.347

ihrer universellen Approximationseigenschaft in der Lage sind, Abhängigkeiten zu suggerieren, wo keine vorhanden sind. Scheinbare Abhängigkeiten können bei der Modellierung von KNN entstehen, wenn nicht genügend Beispiele zur Festlegung der Modellparameter vorliegen.

Inputkombinationen, die nur scheinbar zu einem guten KNN führen sind nur zu entdecken, wenn mit vielen Testbeispielen die Generalisierungsfähigkeit ermittelt werden kann. Eine geringe Generalisierungsfähigkeit eines KNN lässt aber nicht den Umkehrschluss zu, es handele sich um scheinbare Abhängigkeiten in der Inputkombination. Populationen von Modellen können dazu beitragen, Anhaltspunkte für scheinbare Abhängigkeiten und andere Ursachen zu gewinnen.

6.5.2 Skalierung und Transformation der Daten

Eine Aufgabe der Datenvorverarbeitung ist es, alle Daten auf ein einheitliches Skalenniveau zu bringen und wenn möglich, die Daten durch Transformation zu normieren. Diese Maßnahmen sollen den Prozess der Parameteranpassung und -validierung unterstützen.

Ein einheitliches Skalenniveau ermöglicht es, geeignete Modellansätze zum Einsatz zu bringen, da vergleichsweise wenig Modellansätze existieren, die mit Variablen unterschiedlicher Skalierung arbeiten. Für KNN und das Problem der Zeitreihenprognose eignet sich vornehmlich ein metrisches Skalenniveau und Variablen, die nicht metrisch skaliert vorliegen, müssen entsprechend transformiert werden. Dabei erhöht sich die Anzahl der Variablen und damit die Anzahl der Inputs für ein KNN. Nichtmetrische Variablen sollten daher nur ausgewählt werden, wenn durch entsprechendes Vorwissen ein Zusammenhang zur abhängigen Variable vermutet werden kann.

Die Transformation der Variablen soll eine einheitliche Varianz und möglichst auch einen einheitlichen Mittelwert ergeben. So kann das Verteilungsmodell des Fehlerkriteriums hergestellt werden (Normierung) und der Lernvorgang kann mit Gewichten gestartet werden, die im linearen Bereich der Aktivierungsfunktion liegen.[24] Zur Normierung der Variablen dient

$$x_t = \frac{x_t - \mu_x}{\sigma_x} \quad \text{mit} \quad \mu_x = \frac{1}{n}\sum_{i=1}^{n} x_t \quad \text{und} \quad \sigma_x = \frac{1}{n-1}\sum_{i=1}^{n} x_t - \mu_x$$

Für jedes Beispiel t wird die Variable x vom Mittelwert μ_x subtrahiert und

[24] vgl. Bishop 1995, [Bis95], S.261f

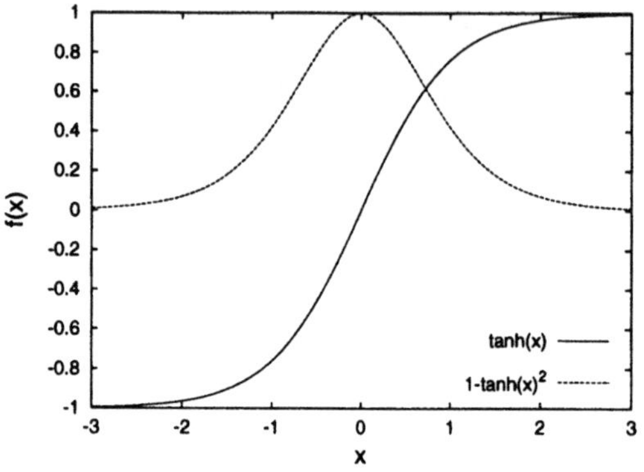

Abbildung 6.3: Aktivierungsfunktion $\tanh(x)$ für Berechnungselemente und dessen Ableitung. Für Gewichte, die zur Aktivierung im Sättigungsbereich $x \approx 3$ führen, ist der Gradient nahe Null.

durch die Standardabweichung σ_x dividiert. So entsteht eine Variable mit dem Mittelwert von 0 und der Standardabweichung von 1.

Eine einheitliche Varianz (meist mit der Standardabweichung von 1) der Variablen hat dann Vorteile, wenn die Aktivierungsfunktion der Berechnungselemente symmetrisch ist. Die häufig verwendete Aktivierungsfunktion $tanh(.)$ (siehe Abbildung 6.3) gibt für Ordinaten größer $|1|$ Funktionswerte nahe dem Sättigungsbereich an.[25] Ein gradientenbasiertes Lernverfahren für KNN kann innerhalb dieses Sättigungsbereiches nur geringe Gewichteveränderungen pro Lernschritt vornehmen. Die Lerngeschwindigkeit kann daher durch eine entsprechende Transformation der Variablen erhöht werden.

Die Normierung des Mittelwertes auf 0 hat Vorteile bei der Konvergenz eines gradientenbasierten Lernverfahrens. Es entfällt die Aufgabe des KNN, den Mittelwert der Outputs in Funktion der Inputs darzustellen. Problematisch ist dieses Vorgehen, wenn die Variablen bezüglich des Mittelwertes

[25] Grundsätzlich ist es sinnvoll, den Wertebereich und damit auch die Varianz und den Mittelwert der Inputs in Bezug zur verwendeten Aktivierungsfunktion des Outputknotens zu wählen. Neben der Aktivierungsfunktion $tanh(.)$ sind andere logistische Funktionen populär, deren Aktivierung beispielsweise im Intervall $]0;1[$ liegen (vgl. Zell 1994, [Zel94], S.91f). Damit lassen sich beispielsweise Wahrscheinlichkeiten besser berücksichtigen. Entsprechend der Aktivierungsfunktion muss dann auch die Normierung der Daten vorgenommen werden.

nicht strikt stationär sind. Da alle Variablen bei diesem Vorgehen den Mittelwert von 0 aufweisen, kann dieser auch nicht in Abhängigkeit zu den Inputs vom KNN dargestellt und prognostiziert werden.

Wird die Einteilung in Beispiel-, Validierungs- und Testdaten bei der Normierung nicht beachtet, können daraus erhebliche Beurteilungsdefizite für die Generalisierungsfähigkeit einzelner Modelle erwachsen. Ausgehend von der strikten Annahme stationärer Variablen ist die Normierung für alle Beispiele unproblematisch. Jedoch kann die strikte Stationaritätsannahme für Variablen aus dem ökonomischen Bereich meist nicht aufrecht erhalten werden. Deshalb muss der empirische Mittelwert und die empirische Standardabweichung sich nur auf die Beispieldaten beziehen. Eventuelle Abweichungen zwischen der Verteilung der Beispieldaten und der Testdaten sollten dazu führen, dass die Aufteilung der beiden Mengen geändert wird bzw. die Daten durch entsprechende Transformation (siehe unten) der Stationaritätsannahme mehr entsprechen.

6.5.3 Stationäre Daten

Die Eigenschaft der Stationarität von Daten ist Voraussetzung für viele Modellansätze. Von einem stationären Prozess geht man aus, wenn sich die Verteilung der Daten dieses Prozesses zeitlich invariant verhalten. Werden also verschiedene Datenmengen eines stationären Prozesses verglichen, sollten die Momente der Verteilung dieser Daten für alle Teilmengen identisch sein.

Bei der Modellierung empirischer Daten liegen nur endliche Mengen von Beispielen vor, so dass die Stationarität des Prozesses nur annähernd geprüft werden kann. Häufig sind empirische Daten aus dem ökonomischen Bereich offensichtlich nicht-stationär. So schwankt beispielsweise das Bruttosozialprodukt in seiner Entwicklung, längerfristig kann von einem steigenden Niveau für die meisten Staaten ausgegangen werden. Ziel der Modellierung solcher Prozesse ist meist, zeitlich kurz- und mittelfristige Prognosen zu erhalten, da der Prognosefehler mit dem Prognosehorizont wächst. Die kurzfristige Dynamik nicht-stationärer Zeitreihen lässt sich besser modellieren, wenn die Ausgangsdaten stationarisiert werden.

Die Stationarisierung von Daten kann auf vielfältige Weise geschehen. In der statistischen Datenanalyse ergeben sich verschiedene Komponenten einer Zeitreihe (Trend, Saison, deterministische Schwankung und Zufallsanteil), die durch vielfältige Verfahren isoliert betrachtet werden. Die Bildung von Differenzen zur Stationarisierung hat dabei eine herausragende Rolle.[26] Die Differenz einer Zeitreihe mit den Realisationen x zum Zeitpunkt t

$$z_t = x_t - x_{t-1}$$

führt dazu, dass die Zeitreihe z einen geringeren Integrationsgrad $I(.)$, als die Zeitreihe x hat (so dass $I(z) = I(x) - 1$). Für die meisten ökonomischen Zeitreihen reicht ein Integrationsgrad $I(.) - 2$ aus, um eine nicht-stationäre Zeitreihe zu stationarisieren.[27]

6.5.4 Ausreißer und fehlende Beispiele

Die Behandlung von Ausreißern und fehlenden Beispielen bei der Datenvorverarbeitung ist dann besonders wichtig, wenn wenig Beispiele zur Verfügung stehen. Als Ausreißer werden Beispiele bezeichnet, die stark von dem Erwartungswert der Zeitreihe abweichen. Die Kennzeichnung einer Abweichung als Ausreißer kann sich auf dessen geringe Häufigkeit, oder auf das Ausmaß dieser Abweichung beziehen. Anhaltspunkte für Extremwerte kann eine Abweichung der 2.5-fachen Standardabweichung oder entsprechend eine relative Häufigkeit kleiner 0.01 sein. Als fehlend bezeichnet man ein Beispiel, wenn ein Input oder Output zu einem Erhebungszeitpunkt keinen oder keinen gültigen Wert aufweist. Fehlende Beispiele können bei der Zeitreihenmodellierung z.B. durch Feiertage auftreten. Werden Ausreißer aus den Beispielen herausgenommen, entstehen so fehlende Beispiele.

Ausreißer und fehlende Beispiele aus der Menge der Beispieldaten zu eliminieren kann oftmals vermieden werden. Das Ausmaß der Elemination wird erst dann deutlich, wenn beispielsweise eine Inputkombination mit 10 unterschiedlichen Inputs zu ebenfalls 10 unterschiedlichen Erhebungszeitpunkten (Lags) betrachtet wird. Fehlt ein Erhebungszeitpunkt, können maximal 10 Beispiele nicht verwendet werden. Besser ist es, mit einfachen Extrapolationsmethoden fehlende Beispiele zu ergänzen, oder spezielle Variablen für fehlende Werte einzuführen.[28]

Damit aus Ausreißern keine fehlenden Beispiele werden, wird bei der Datenvorverarbeitung eine einheitliche Skalierung und Verteilung angestrebt, wobei die Standardabweichung für alle Inputs und Outputs möglichst egalisiert wird. Dies gelingt dann umso besser, je mehr die empirischen Verteilungen der Normalverteilung entsprechen. Ist diese Entsprechung weniger

[26] vgl. Masters 1995, [Mas95], S.251ff
[27] vgl. Box et al. 1994, [BJm94], S.98
[28] vgl. Masters 1993, [Mas93], S.276f

zutreffend, kann es durch die Transformation (Division durch die Standardabweichung) dazu kommen, dass einzelne Ausreißer diese empirische Standardabweichung zu stark beeinflussen und die Varianz der Mehrheit der Beispiele dieser Zeitreihe dadurch weniger berücksichtigt wird. Es kann daher sinnvoll sein, einzelne Ausreißer näher an den Erwartungswert der Zeitreihe zu bringen, um die mehrheitliche Varianz der Beispiele zu betonen.

Bei der Modellierung von Finanzzeitreihen in dieser Arbeit wird jede Zeitreihe x transformiert mit

$$x_t = \tanh(x_t * \frac{1}{\sigma_x}) \quad \text{mit} \quad \sigma_x = \frac{1}{n-1}\sum_{t=1}^{n} x_t - \mu_x \quad \text{und} \quad \mu_x = \frac{1}{n}\sum_{t=1}^{n} x_t$$

Für diese Normierung werden die empirischen Mittelwerte und Standardabweichungen nur für die Erhebungszeitpunkte t aus den Beispieldaten berechnet. Mit der sigmoidalen Funktion tanh(.) wird erreicht, dass hohe Abweichungen vom Erwartungswert egalisiert werden.

6.6 Lernverfahren für KNN

Das Lernverfahren für KNN hat die Aufgabe, die Parameter des KNN optimal an das Problem anzupassen. Das Anpassen der Parameter eines KNN wird auch als Ladungsproblem bezeichnet. Aufgrund der verteilten Repräsentation des Problems und den verwendeten Nichtlinearitäten handelt es sich dabei häufig um ein schweres Problem. Für die nichtlineare Modellierung von Zeitreihen mit vorwärtsgerichteten KNN wird das Ladungsproblem meist nur suboptimal gelöst, da der Lösungsaufwand exponentiell mit der Anzahl der Parameter wächst.

Der Vorgang des Lernens ist notwendig, da aufgrund der nichtlinearen Interdependenzen zwischen den Parametern eines KNN kein Verfahren angewendet werden kann, das auf der Lösung von Gleichungssystemen basiert, wie z.B. die dynamische Programmierung. Beim Lernen werden die Gewichte schrittweise verändert, so dass es möglich wird, bei jedem Schritt zumindest keine Verschlechterung des Fehlers zu erreichen. Problematisch bei der schrittweisen Verbesserung des Fehlers ist es, wenn die Fehleroberfläche, die durch die Gewichte und den Output des KNN gegeben ist, nicht konvex ist. Es ist davon auszugehen, dass die Fehleroberfläche eine beliebige Form hat und dass daher viele Punkte existieren, von denen aus keine Verbesserung der Lösung mit einem schrittweisen Verfahren möglich ist, da der

Gradient solcher Punkte (in Abhängigkeit von der Darstellungsgenauigkeit des Rechners) gegen Null geht. Diese Stationären Punkte haben oftmals eine suboptimale Lösungsgüte bezüglich der Zielfunktion, weshalb sie auch als suboptimale Lösungen bezeichnet werden.

Das Lernverfahren für KNN besteht aus zwei Teilen. Es muss zwischen der Art der Fehlerermittlung für jeden Parameter und der Art der Parameteroptimierung unterschieden werden. Für die Fehlerermittlung ist das 'Backpropagation' (siehe unten) bei vielen Lernverfahren anzutreffen. Die Parameteroptimierung variiert jedoch bei den unterschiedlichen Lernverfahren. Für die Optimierung werden zwei Parameter des Lernverfahrens für alle Parameter des KNN verwendet. Die Richtung und die Größe der Gewichtsveränderung. Zur Bestimmung dieser Parameter gibt es bei den unterschiedlichen Lernverfahren jeweils andere Vorgehensweisen.

Neben überwachten Lernverfahren, bei denen eine Konditionierung der Gewichte durch ein Fehlersignal erfolgt, gibt es unüberwachtes Lernen z.B. bei Kohonenkarten.[29] Für das überwachte Lernen ist es möglich, die Gewichte für jedes einzelne Beispiel (online-learning) oder für alle Beispiele simultan (batch-learning) zu optimieren. Für viele Lernverfahren kann zwischen diesen beiden Möglichkeiten gewählt werden.

Weiterhin lassen sich deterministische und stochastische Lernalgorithmen unterscheiden. Ein deterministischer Lernalgorithmus endet immer in derselben Lösung, bei vorgegebenen Startgewichten. Bei stochastischen Lernalgorithmen ist die erreichte Lösung des Lernverfahrens auch von dem zufälligen Einfluss auf die Parameter des Algorithmus abhängig. Um verschiedene Lösungen mit einem Lernverfahren zu realisieren, ist es notwendig, einen deterministischen Lernalgorithmus mit verschiedenen Startgewichten oder einen stochastischen Lernalgorithmus einzusetzen. Bei beiden Varianten der Lernverfahren ist es ungewiss, welche Lösungsgüte in einer gegebenen Rechenzeit erreicht wird.

Ein determisitisches Lernverfahren kommt aus einem stationären Punkt nicht mehr heraus, weshalb der Lernvorgang auch abgebrochen wird, wenn der Gradient des Fehlers gegen Null geht. Deshalb ist ein Neustart des Lernverfahrens mit anderen Startgewichten unumgänglich, wenn neue, evtl. bessere Lösungen gefunden werden sollen.

Stochastische Lernverfahren zeichnen sich dadurch aus, dass bezüglich der Zielfunktion auch Verschlechterungen zugelassen werden. Da diese Verschlechterungen Rechenzeit in Anspruch nehmen und es ungewiss ist, wann

[29]vgl. z.B. die Darstellung in Rojas 1993, [Roj93], S.340ff zu Kohonenkarten und S.97ff zu unüberwachtem Lernen.

eine bessere Lösung erreicht wird, werden stochastische Lernverfahren meist dann abgebrochen, wenn eine vorgegebene Rechenzeit verbraucht ist.

Übergreifend lassen sich Gradienten, konjugierte Gradienten und Verfahren zweiter Ordnung unterscheiden, die alle auf die Fehlerermittlung durch Backpropagation zurückgreifen. Auch wenn die zugrundeliegenden Algorithmen durch Hinzunahme zufälliger Elemente zu den stochastischen Lernverfahren zugeordnet werden können, werden sie unter den deterministischen Lernverfahren beschrieben.

Einzelne Lernverfahren unterscheiden sich also hinsichtlich einiger Kriterien (überwachtes versus unüberwachtes Lernen, online- versus batch-learning, deterministischer versus stochastischer Lernalgorithmus, gradientenbasierte versus fehlerorientierte Verfahren). Innerhalb bestimmter Kategorien gibt es weitere Unterschiede, auf die hier nicht weiter eingegangen wird.

6.6.1 Backpropagation

Das Verfahren, dass unter der Bezeichnung Backpropagation bekannt wurde, basiert in der Anwendung für KNN auf der Dissertation von Werbos [Wer74], wurde aber unabhängig davon auch von anderen Autoren entwickelt.[30] Mit Hilfe des Backpropagation wird jedem Gewicht und jedem Berechnungselement in einem KNN ein Fehler zugeordnet, der sich anteilig aus dem Fehler der Netzausgabe ergibt. Dieser kann dann von Optimierungsverfahren genutzt werden, um die Fehlerfunktion zu minimieren. Gegenüber der Hebb'schen Lernregel[31] lassen sich damit auch mehrschichtige Netze optimieren. Deshalb ist das Verfahren des Backpropagation ein wichtiger Baustein in der Entwicklung von KNN.

Beim Backpropagation wird zunächst ein KNN mit differenzierbaren Aktivierungsfunktionen der Berechnungselemente vorausgesetzt. Ferner muss die Fehlerfunktion differenzierbar sein. Ziel des Backpropagation ist es, für jedes Gewicht w den Gradienten Δw des Fehlers E anzugeben.[32]

$$\Delta_w = \frac{\partial E}{\partial w}$$

Damit ist die Richtung vorgegeben, in der eine Veränderung des Gewichts zur Minimierung des Fehlers führt.

[30] vgl. Quellenangaben in Hertz et al. 1991, [HKP91], S.115

[31] vgl. Hebb 1949, [Heb49]

[32] Die Darstellung des Backpropagation wird im Folgenden entlehnt aus Bishop 1995, [Bis95], S.142f

In Abbildung 6.2 auf Seite 83 ist der Informationsfluss in einem KNN schematisch dargestellt. Zur Erzeugung des Outputs werden die Inputs gewichtet an ein Berechnungselement weitergeleitet. Ein weiteres Berechnungselement erhält nun dessen Output als Input und erzeugt daraus den Output des Netzes.

$$z_j = f(a_j)$$

Der Output eines Berechnungselementes z_j ergibt sich aus der Aktivierungsfunktion des Berechnungselementes $f(.)$ und der gewichteten Summe der Inputs dieses Berechnungselementes a_j (siehe auch Abbildung 6.1 auf Seite 81).

$$a_j = \sum_{i=1}^{n} w_i z_i$$

Im Falle von originären Daten-Inputs verweist z_i auf diese.

Der Informationsfluss des Fehlers wird beim Backpropagation vom Fehler des Netz-Outputs über den eines Berechnungselementes zum einzelnen Gewicht weitergeleitet. Ein Gewicht w_{ji} verbindet das Berechnungselement i mit dem Berechnungselement j im vorwärts gerichteten Informationsfluss. Um dies zu verdeutlichen wird nun jedes Gewicht mit zwei statt bisher einem Index gekennzeichnet. Der Informationsfluss des Fehlers zu einem Gewicht kann mit Hilfe der Kettenregel als

$$\frac{\partial E}{\partial w_{ji}} = \frac{\partial E}{\partial a_j} \frac{\partial a_j}{\partial w_{ji}}$$

geschrieben werden. Setzt man

$$\frac{\partial E}{\partial a_j} = \delta_j$$

und

$$\frac{\partial a_j}{\partial w_{ji}} = z_i$$

ergibt sich

$$\frac{\partial E}{\partial w_{ji}} = \delta_j z_i$$

Da der Input eines Berechnungselementes z bekannt ist, muss lediglich der Fehlerterm δ für jedes Berechnungselement ermittelt werden. Der Fehler des Outputknotens ist durch die Fehlerfunktion gegeben und die Ableitung ist entsprechend

$$\delta_k = f'(a_k)\frac{\partial E}{\partial y_k}$$

Der Fehler E und der Output des Netzes y sind bekannt, entsprechend auch die Ableitung der Aktivierungsfunktion $f'(.)$. Der Fehlerterm für Berechnungselemente der verborgenen Schichten stellt den Kern des Backpropagation dar. Mit Hilfe der Kettenregel lässt sich dieser durch den Fehlerterm der m vorhergehenden Berechnungselemente im Sinne der Fehlerrückleitung angeben.

$$\delta_j = f'(a_j)\sum_{k=1}^{m} w_{kj}\delta_k$$

Die Fehlerrückleitung kann damit bis zu den Gewichten eines originären Inputs erfolgen.

Bei der Verwendung verschiedener Fehlerfunktionen für die Netzausgabe ist beim Backpropagation jeweils nur die Berechnung des Fehlerterms für den Outputknoten δ_k anzupassen.

6.6.1.1 Mittlerer quadratischer Fehler

Der mittlere quadratische Fehler (MSE) wurde bereits in Abschnitt 4.1 diskutiert. Für ein Netz mit dem Output y und dem Zielwert t lautet der MSE für n Beispiele:

$$MSE = \frac{1}{n}\sum_{l=1}^{n}(y_l - t_l)^2$$

Daraus ergibt sich die Summe der quadrierten Fehler (SSE), die zur Fehlerermittlung beim Backpropagation verwendet wird.

$$SSE = \frac{1}{2}\sum_{l=1}^{n}(y_l - t_l)^2$$

Wird die sigmoidale Funktion tanh(.) mit der Ableitung $1 - y_l^2$ als Aktivierungsfunktion verwendet, ergibt sich der Fehlerterm des Outputknotens für ein Beispiel

$$\delta_k = y - t$$

und die Fehlerterme der Berechnungselemente in den verdeckten Schichten

$$\delta_j = (1 - z_j^2) \sum_{i=1}^{n} w_{kj}\delta_k$$

6.6.1.2 Mittlere absolute Abweichung

Der Fehler für ein Netz mit der mittleren absoluten Abweichung (MAE) (siehe Abschnitt 4.2) lautet:

$$MAE = \frac{1}{l} \sum_{l=1}^{n} |y_l - t_l|$$

Für Backpropagation wird der summierte absolute Fehler (SAE) verwendet

$$SAE = \sum_{l=1}^{n} |y_l - t_l|$$

Da es für die Fehlerrückleitung unerheblich ist, ob das Quadrat des euklidischen Abstandes (wie beim SSE) oder der euklidische Abstand selbst[33] verwendet wird, sind die beiden Fehlerterme für einige Lernverfahren äquivalent. In dieser Arbeit wird allerdings ein Quasi-Newton Lernalgorithmus (siehe unten) verwendet, der zur Bestimmung der Schrittweite eines Lernschrittes die Summe des Fehlers (den SSE) verwendet. Der MSE und der MAE unterscheiden sich daher im Lernverhalten, weil dieser Lernalgorithmus im Lernverfahren eingesetzt wird.

6.6.1.3 Sharpe-Ratio

In der Finanzwirtschaft wird die Sharpe-Ratio als Maß für die Relation zwischen Anlagerisiko und Anlageertrag verwendet. Der Output eines KNN kann zur direkten Optimimierung der Sharpe-Ratio verwendet werden (siehe Abschnitt 4.3).

Wird der Output eines KNN für eine Anlage t als Position y interpretiert, so ergeben sich Anlageanteil bzw. -höhe durch den Betrag von y

[33] vgl. Zell 1994, [Zel94], S.106

und Kontraktart (Long-/Short-Kontrakt)[34] durch dessen Vorzeichen. Für diesen Output muss eine Fehlerfunktion und die Ableitung nach dem Fehler entsprechend formuliert werden.[35] Der Ertag p einer Anlage ergibt sich aus der Anlagehöhe $abs(y)$ und der Anlagerendite t zwischen zwei Zeitpunkten l und $l-1$.

$$p_l = y_l t_l$$

mit

$$t_l = \frac{u_l - u_{l-1}}{u_l}$$

Die Differenz zwischen den Preisen u einer Anlage zu unterschiedlichen Zeitpunkten, dividiert durch den aktuellen Preis bildet den Wertzuwachs bzw. die Anlagerendite. Die Sharpe-Ratio betrachtet die durchschnittliche Rendite μ_p und eine risikolose Anlage k.

$$\mu_{pe} = \mu_p - k \quad \text{mit} \quad \mu_p = \frac{1}{n}\sum_{l=1}^{n} p_l$$

Die Mehr-Rendite μ_{pe} dividiert durch dessen Standardabweichung σ_{pe} (als Maß des Risikos) für n Beispiele ergibt die Sharpe-Ratio SR.

$$SR = \frac{\mu_{pe}}{\sigma_{pe}}$$

und

$$\sigma_{pe} = \left(\frac{1}{n}\sum_{l=1}^{n}(p_l - \mu_{pe})^2\right)^{\frac{1}{2}}$$

Da die Sharpe-Ratio maximiert werden soll, die verwendeten Optimierungsalgorithmen aber den Fehler minimieren, wird der Fehler $SR_{err} \equiv -SR$ definiert.

[34] Die Interpretation des Vorzeichens entspricht hier der Zeitreihenprognose, bei der z.B. eine Devise gekauft (Long-Kontrakt) und später zurückgetauscht werden kann. Oder eine Devise kann (leihweise bzw. 'leer') verkauft und später nachgekauft werden (Short-Kontrakt). Dies entspricht der Spekulation auf steigende bzw. fallende Kurse der Devise. Bei Aktien kann das Vorzeichen für den Kauf einer Call- oder Put-Option ausschlaggebend sein.

[35] vgl. Choey und Weigend 1997, [CW97], S.5f

Die Berechnung des Fehlerterms für den Outputknoten δ_k mit der Aktivierungsfunktion tanh(.) setzt voraus, dass für alle Lernbeispiele die Mehr-Rendite μ_e und dessen Standardabweichung σ_e vorliegt.[36] Die Berechnung der Ableitung nach den Gewichten und nach den Knoten in den verborgenen Schichten erfolgt mit dem Standardverfahren des Backpropagation.

$$\delta_k = \kappa t(1 - y^2)\gamma$$

mit

$$\gamma = \sum_{j=1}^{m} w_{kj} z_j$$

und

$$\kappa = \frac{\sqrt{n}}{\sigma_{pe}} \left(1 - \frac{\mu_{pe}}{\sigma_{pe}} \frac{(p - (\mu_{pe} + k))}{\sigma_{pe}} \right)$$

Die Ableitung nach der Sharpe-Ratio wird mit κ angegeben. Sie enthält die partielle Ableitung nach μ_{pe} und σ_{pe}. Die Ableitung nach der Aktivierungsfunktion ist $(1 - y^2)$ und γ bezeichnet die Inputs des Outputknotens. Aus der Berechnung werden alle Beispiele ausgeschlossen, deren Ertrag oder prognostizierte Anlagehöhe 0 sind.

Die Autoren Choey und Weigend [CW97] schlagen vor, den Fehlerterm für einzelne Beispiele zu berechnen und danach die Gewichte mit einem Lernalgorithmus zu optimieren (Block-Learning). Dies führt zu einer Vielzahl von Neuberechnungen der Sharpe-Ratio. Für jeden Block werden die Gewichte verändert. Dadurch ändert sich der Output und die Fehlerinformation für alle Beispiele. Um eine Konvergenz des Lernverfahrens zu erreichen ist es notwendig, eine Lernrate festzulegen. In dieser Arbeit wurde daher für alle Lernbeispiele der Fehlerterm berechnet und dann der Lernalgorithmus eingesetzt. So werden weniger Iterationen und damit Neuberechnungen der Sharpe-Ratio benötigt.

6.6.2 Deterministische Lernalgorithmen

Lernalgorithmen für KNN dienen zur Optimierung der Gewichte. Für vorwärtsgerichtete KNN mit sigmoidalen Aktivierungsfunktionen werden für

[36] Für die Herleitung des Fehlerterms und dessen Ableitung siehe Choey und Weigend 1997,[CW97], S.6f

die Modellierung von Zeitreihen überwiegend Lernalgorithmen eingesetzt, die die Gradienteninformation des Backpropagation nutzen. Da hierbei der Fehler des KNN-Outputs zur Anpassung der Parameter genutzt wird, ist diese Art des Lernens als überwachtes Lernen bekannt.

Die zur Verbesserung der Lösung benötigte Rechenzeit und der dazu nötige Speicherbedarf kennzeichnen die verschiedenen Lernalgorithmen für KNN. Im Folgenden werden drei Varianten des deterministischen Lernens kurz vorgestellt, von denen es bereits zahlreiche Erweiterungen gibt. Sie unterscheiden sich neben der Rechenzeit und dem Speicherbedarf insbesondere in der Gewinnung der Information zur Veränderung der Gewichte bei gegebenem Gradienten.

6.6.2.1 Gradientenabstieg

Beim Gradientenabstieg handelt es sich um einen Lernalgorithmus, der von Rumelhart et al. [RHR86] im Zusammenhang mit Backpropagation entwickelt wurde und der die Verbreitung und Anwendung von KNN stark beschleunigte. Dabei wird der Gradient, der beim Backpropagation ermittelt wird, vom entsprechenden Gewicht abgezogen.

$$w^{p+1} = w^p - \eta \Delta w$$

Bei jedem Lernschritt p wird das Gewicht w in Richtung des Gradienten Δw mit der sog. Lernrate η verändert. Ist die Lernrate richtig gewählt, so führt dieser Gradientenabstieg dazu, dass sich der Fehler bei aufeinanderfolgenden Lernschritten zumindest nicht verschlechtert. Nach einer ausreichenden Anzahl von Lernschritten befinden sich die Gewichte des KNN in einem stationären Punkt und das Verfahren kann neu gestartet werden.

Dieser Algorithmus braucht zwar wenig Speicherplatz, dafür muss aber die Lernrate eingestellt werden, um mit möglichst wenig Lernschritten einen stationären Punkt zu erreichen. Die Lernrate darf allerdings nicht zu groß eingestellt werden, da sonst die Konvergenz des Algorithmus in einen stationären Punkt nicht gewährleistet ist. Ist die Lernrate zu klein eingestellt, werden unnötig viele Lernschritte benötigt. Die Einstellung der Schrittweite ist ein Problem, dass in den unterschiedlichen Lernalgorithmen für KNN unterschiedlich gelöst wird. Bei einfachem Gradientenabstieg ist die Lernrate und damit auch die Schrittweite fest vorgegeben.

Ein Momentum-Term beim Gradientenabstieg soll dazu dienen, die Schrittweite an die Form der Fehleroberfläche anzupassen. Da der Gradient aufgrund der Fehleroberfläche in seinem Wert oszillieren kann, hat es sich als praktische Erweiterung herausgestellt, außer dem Gradienten im Lernschritt p auch den vorhergehenden Gradienten zu berücksichtigen.

$$w^{p+1} = w^p - \eta \Delta w^p + \lambda \Delta w^{p-1}$$

Der Parameter λ muss hierbei kleiner als η eingestellt werden, da sich der Gradient im vorhergehenden Lernschritt auch auf die Gewichte im vorhergehenden Schritt bezieht. Mit diesem Momentum-Term führen Tendenzen in der Fehleroberfläche ($\Delta w^p \approx \Delta w^{p-1}$) zur Vergößerung der Schrittweite und Oszillationen ($\Delta w^p \approx -\Delta w^{p-1}$) zur Verringerung der Schrittweite.[37] Der Momentum-Term ist daher geeignet, die effektive Konvergenzgeschwindigkeit zu erhöhen. Um eine optimale Konvergenz zu erreichen, ist aber eine adaptive Einstellung der Lernrate η erforderlich. Hierin liegt auch der wesentliche Unterschied zu den folgenden Lernalgorithmen.

6.6.2.2 Konjugierter Gradientenabstieg

Beim Verfahren des konjugierten Gradientenabstiegs wird die optimale Schrittweite für eine durch den Gradienten gegebene Richtung ermittelt. Steht die Richtung fest, in der die Gewichte verändert werden müssen, wird mit einem Verfahren, das als 'Line-Search' bezeichnet wird, die Schrittweite ermittelt.[38] Dabei werden mehrere Schrittweiten getestet und mittels der verschiedenen Fehlerveränderungen die optimale Schrittweite gesucht. Das Line-Search Verfahren unterstellt eine quadratische Fehleroberfläche und kann unter günstigen Voraussetzungen mit drei Versuchen die optimale Schrittweite finden.[39]

Gegenüber dem einfachen Gradientenabstieg ist das Verfahren der Schrittweitenoptimierung durch Line-Search häufig überlegen in der benötigten Rechenzeit. Der zusätzliche Speicherbedarf für die Ermittlung der Schrittweite wächst linear und ist deshalb in den meisten Anwendungen nicht kritisch. Die Anwendung von Line-Search führt allerdings dazu, dass die Gradienten für einige Gewichte im nächsten Lernschritt nahezu Null sind, weil ja die optimale Schrittweite gefunden wurde. Um Oszillationen auf der Fehleroberfläche vorzubeugen, verwendet das Verfahren des

[37] vgl. Braun 1997, [Bra97] S. 28f

[38] vgl. Press et al. 1992, [PTVF92], S.418f

[39] Da eine quadratische Fehleroberfläche vorausgesetzt wird, kommt Line-Search nur dann mit drei verschiedenen Schrittweiten aus, wenn die Fehleroberfläche auch annähernd quadratisch ist. Ist dies nicht der Fall, so müssen mehrmals drei Schrittweiten getestet werden, wodurch sich die Rechenzeit entsprechend erhöht.

konjugierten Gradientenabstiegs eine modifizierte Suchrichtung. Damit das einmal erreichte Minimum in einer Suchrichtung im Lernschritt p nicht durch neue Lernschritte wieder verlassen werden muss, wird mit dem neuen Gradienten (im Lernschritt $p+1$) eine Suchrichtung so konstruiert, dass sie für das in dieser Richtung bereits erreichte Minimum orthogonal zu dieser ist.[40] Die so konstruierte Suchrichtung wird als konjugierter Gradient bezeichnet.

Der Speicherbedarf wächst durch die Konstruktion der Suchrichtung erneut an und die benötigte Rechenzeit für eine Iteration wächst gegenüber dem einfachen Gradientenabstieg ebenfalls. Vorteile bei der Verwendung des konjugierten Gradientenabstiegs gibt es, wenn die Fehleroberfläche eine quadratische Form hat, da dann ein Optimum in W Schritten erreicht wird (mit W gleich Anzahl Gewichte). Die Form der Fehleroberfläche ist aber meist unbekannt. So kann lediglich die automatisierte Steuerung der Schrittweite und der Suchrichtung für die Verwendung des konjugierten Gradientenabstiegs sprechen. Bei diesem Verfahren müssen allerdings Parameter eingestellt werden, die über den Abbruch des Line-Search und über die Neukonstruktion der Suchrichtung bestimmen. Diese gelten dann für alle Lernschritte, sind aber für das Konvergenzverhalten bestimmend.

6.6.2.3 Quasi-Newton Lernalgorithmus

Die beim konjugierten Gradientenabstieg konstruierte Suchrichtung kann durch die inverse Hessematrix direkt ermittelt werden.[41] Ausgehend von einem Startwert für alle Gewichte, beschreibt der Newton-Schritt die Suchrichtung und die Schrittlänge, die direkt zu dem Gewichtevektor führen, der einen stationären Punkt in der Nachbarschaft der Startwerte beschreibt. Unter Quasi-Newton oder Variabler-Metrik Verfahren werden Algorithmen verstanden, die durch die direkte Annäherung der inversen Hessematrix den Newton-Schritt approximieren. Diese Annäherung spart Rechenzeit und führt bei einer quadratischen Fehleroberfläche zum selben stationären Punkt in W Schritten. Gegenüber dem konjugierten Gradientenabstieg benötigt ein Quasi-Newton Verfahren allerdings mehr Speicherplatz für die approximierte inverse Hessematrix.

Die inverse Hessematrix enthält die zweite Ableitung des Fehlers nach den Gewichten und kann so zur Bestimmung der Schrittlänge und Suchrichtung genutzt werden. Hierfür wird das Line-Search Verfahren verwendet,

[40] vgl. Bishop 1995, [Bis95], S.276f

[41] Ibidem, S.287f

wobei die exakte Bestimmung des Minimums in einer gewählten Suchrichtung nicht mit so hoher Genauigkeit ausgeführt werden muss, wie beim konjugierten Gradientenabstieg.[42] Dies kann Rechenzeit sparen, insbesondere, wenn die Fehleroberfläche nicht sehr gut durch eine lokale Annäherung in quadratischer Form beschrieben werden kann. Die ersparte Rechenzeit hängt also von der unbekannten Form der Fehleroberfläche ab. Deshalb ist es problemabhängig, welcher Lernalgorithmus tatsächlich der Vorteilhafteste ist. Das Quasi-Newton Verfahren '**BFGS**' (nach **B**royden-**F**letcher-**G**oldfarb-**S**hanno) benannt[43], ist ein effizienter Algorithmus zur Bestimmung der Gewichte eines KNN[44], was nicht ausschließt, dass es für bestimmte Probleme bessere Algorithmen gibt. Die Neuronalen Netze in dieser Arbeit wurden mit dem BFGS Algorithmus trainiert.[45]

6.6.3 Stochastische Lernverfahren

Die Steuerung der Veränderungsrichtung und der Schrittweite mit Gradientenverfahren ist für viele praktische Anwendungen geeignet, die Gewichte eines KNN zu bestimmen. Liegen jedoch die Voraussetzungen z.B. differenzierbare Aktivierungsfunktion und Fehlerfunktion nicht vor, oder steht zu vermuten, dass die quadratische Approximation der Fehleroberfläche ungeeignet ist, müssen andere Verfahren zur Bestimmung der Gewichte eingesetzt werden. Stochastische Lernverfahren verwenden unter anderem zufällige bzw. Verteilungsabhängige Variablen um die Gewichte eines KNN zu bestimmen. Dabei können Verfahren unterschieden werden, die gradientenbasiert sind und die Schrittweite oder Veränderungsrichtung durch einen zufälligen Einfluss verändern, oder Verfahren, die andere Mechanismen verwenden, um die Suche nach guten Gewichten zu bestimmen.

---

[42] vgl. Bishop 1995, [Bis95], S.289

[43] vgl. Press et al. 1992, [PTVF92], S.425f

[44] vgl. Azoff 1994, [Azo94], S. 91ff

[45] Bei empirischen Vergleichen der univariaten Modellierung der USD/DEM-Relation auf Tagesdaten zeigte sich, dass die erzielten Lösungen einzelner KNN, die mit unterschiedlichen Lernalgorithmen trainiert wurden, nicht vergleichbar waren. Dafür ausschlaggebend sind die numerische Exaktheit des Rechners und die Einstellungen der Steuerungsparameter zum Abbruch der Suche (Line-Search) und zum Abbruch des Trainings. Betrachtet man allerdings eine Population von KNN, so zeigten sich keine erkennbaren Unterschiede zwischen dem BFGS Algorithmus und z.B. dem Powell Algorithmus (vgl. Press et al. 1992, [PTVF92], S.415f), der einen konjugierten Abstieg nach den numerischen partiellen Differenzen vornimmt.

6.6.3.1 Gradientenbasierte stochastische Lernverfahren

Die Gradienteninformation für alle Gewichte eines KNN beziehen sich auf die verwendeten Beispiele. Wird ein unbekannter zufälliger Anteil in den Daten vermutet, kann es sinnvoll sein, die Parameter eines deterministischen Lernverfahrens durch zufällige Störungen zu beeinflussen. So kann z.B. durch eine zufällige Bestimmung der in jedem Lernschritt verwendeten Beispiele die Schrittweite und die Veränderungsrichtung beeinflusst werden. Online-Learning, bei dem die Lernrate für jeden Lernschritt nach einer Verteilung bestimmt wird, führt zu einer veränderten Gewichteanpassung während des Gradientenabstiegs und kann so andere Regionen der Fehleroberfläche erreichen.

Mit einer verteilungsbedingten Lernrate und einer verteilungsbedingten Veränderungsrichtung arbeitet das 'Adaptive Simulated Annealing' von Ingber [Ing95]. Dieses Verfahren wurde als Optimierungsverfahren entwickelt und ist auch zur Anpassung der Gewichte eines KNN geeignet.[46] Dabei führt die Beeinflussung der Veränderungsrichtung dazu, dass auch Verschlechterungen der Fehlerfunktion zugelassen werden. Die Konvergenz des Fehlers ist nicht garantiert.

Der Vorteil gradientenbasierter stochastischer Lernverfahren kann darin liegen, dass die Suche auf der Fehleroberfläche während der Gewichteanpassung im Sinne einer strikten Fehlerkonvergenz (für alle Beispieldaten) nicht zielgerichtet stattfindet. Die Suche findet daher in einem lokalen Bereich auf der Fehleroberfläche intensiver statt. Während ohne einen zufälligen Einfluss verschiedene Regionen auf der Fehleroberfläche nur mit dem Neustart des Lernverfahrens mit anderen Startgewichten erreicht werden können, kann die Suche ohne strikte Fehlerkonvergenz einen Stationären Punkt vielleicht verlassen und ohne Neustart zu einem anderen Stationären Punkt führen.

6.6.3.2 Stochastische Lernverfahren ohne Gradientenabstieg

[Stochastisches Lernen ohne Gradientenabstieg] Die Anpassung der Gewichte eines KNN ohne Gradienteninformation ist gegenüber dem Gradientenabstieg meist wesentlich rechenintensiver. Sinnvoll kann ein solches Verfahren daher nur dann eingesetzt werden, wenn die Aktivierungsfunktion oder die Fehlerfunktion nicht differenzierbar ist. Fehlt die Gradienteninformation, kann möglicherweise durch numerische partielle Ableitung die

[46] vgl. Lawrence et al. 2000, [LGF00] und Simard et al. 1989, [SOB89]

Veränderungsrichtung approximiert werden, was jedoch sehr rechenaufwendig ist.[47]

Ohne Gradienteninformation können die Gewichte eines KNN z.B. mittels Genetischer Algorithmen (GA)[48] optimiert werden.[49] Durch die genetischen Operatoren Selektion, Crossover und Mutation werden aus den Gewichtevektoren zweier Modelle (Eltern) Nachkommen erzeugt, die Teilinformationen der Ausgangsmodelle beinhalten (siehe auch Abschnitt 9). Bei diesen Operatoren werden Verteilungen eingesetzt, um einen zufälligen Einfluss auf die Optimierung zu bewirken. Die genetischen Operatoren können direkt mit binären Gewichten eingesetzt werden[50], oder reellwertige Gewichte werden in einer bestimmten Auflösung binär kodiert. Mit genetischen Operatoren, die speziell für reellwertige Vektoren ausgelegt sind, können die Gewichte auch ohne spezielle Kodierung optimiert werden.[51]

Mit Hilfe der genetischen Operatoren soll erreicht werden, dass eine Fitnessfunktion (hier die reziproke Fehlerfunktion eines KNN) über mehrere Generationen von Nachkommen maximiert wird. Zur Evaluation eines KNN wird nur der Fehler bzw. die daraus ermittelte Fitness verwendet. Eine Gradienteninformation ist nicht notwendig und es können verschiedene Fehlerfunktionen verwendet werden. Da sich die Nachkommen in einer Generation parallel berechnen lassen, kann auch die gesamte Rechendauer bei massiv paralleler Verarbeitung eingegrenzt werden.

6.7 Komplexitätskontrolle

Um ein optimales Modell zu erhalten, muss die Abbildungskapazität des Modells dem deterministischen Anteil des Prozesses entsprechen. Da bei empirischen Zeitreihen der Anteil des Fehlers meist nicht bekannt ist, werden solche Modelle bevorzugt, die bei gleichem Generalisierungsfehler weniger freie Modellparameter besitzen (Occam's Razor). Dieses Prinzip für die Modellauswahl führt dazu, dass bereits bei der Bestimmung eines Modells auf dessen Abbildungskapazität (Komplexität) unter Berücksichtigung des erreichten Fehlers Einfluss genommen wird. Dazu kann die Abbildungskapazität eines KNN durch die Vorgabe der Topologie beschränkt werden, oder die maximale Abbildungskapazität einer Topologie wird nicht

[47] vgl. Press et al. 1992, [PTVF92], S.416f
[48] vgl. Holland 1975, [Hol75]
[49] vgl. z.B. Branke 1995, [Bra95] S. 2f und Harland 2000, [Har00]
[50] vgl. Zhang und Mühlenbein 1993, [ZM93]
[51] vgl. Montana 1991, [Mon91], S.302f

voll ausgenutzt. Als Regularisierung werden Maßnahmen bezeichnet, die verhindern, dass ein Modell die maximale Abbildungskapazität erreicht. Konstruktive und destruktive Verfahren werden eingesetzt um eine passende Abbildungskapazität zu erreichen.

Die Eigenschaft von KNN, durch die nichtlinearen Elemente eine Fehleroberfläche zu erzeugen, die viele stationäre Punkte aufweisen kann, führt dazu, dass in einem stationären Punkt die maximale Abbildungskapazität oft nicht voll ausgeschöpft wird. Das heißt, es gibt KNN mit weniger Parametern, die zur selben Lösung führen. Da die Abbildungskapazität eines kleineren KNN dazu besser ausgenutzt werden muss, versuchen konstruktive und destruktive Verfahren ein möglichst kleines KNN zu erzeugen. Stattdessen ist es das Ziel der Regularisierung, die maximale Abbildungskapazität einer gegebenen Architektur zu begrenzen, indem nicht alle Berechnungselemente ihre mögliche Abbildungskapazität erreichen. Beide Ansätze haben dasselbe Ziel, gehen aber anders vor. Bezüglich der freien Parameter eines Modells stellt sich hier die Frage, ob ein regularisiertes Modell nicht ebenso viele freie Parameter wie ein kleineres ohne Regularisierung hat. Da hier keine Antwort gegeben werden kann, sollen die Verfahren zur Komplexitätskontrolle danach unterschieden werden, ob ein Komplexitätsterm in der Fehlerfunktion verwendet wird oder nicht.

Durch einen Komplexitätsterm in der Fehlerfunktion kann die Abbildungskapazität bei der Anpassung der Modellparameter oder bei der Modellauswahl berücksichtigt werden.

$$E(y) = f(t - y) + \lambda(C(y))$$

Der Fehler E des Modelloutputs y ergibt sich aus dem Unterschied zwischen Prognose y und Ereignis t sowie aus einem mit λ gewichteten Komplexitätsterm C des Modells. Das Gewicht λ und der Komplexitätsterm kann nun die Fehleroberfläche verändern, so dass sich unterschiedliche globale Minima ergeben. Problematisch bei dieser erweiterten Fehlerfunktion ist, dass nun ein zusätzlicher freier Parameter zu berücksichtigen ist, und dass der Komplexitätsterm für den Modellansatz bestimmt werden muss.[52] Hierbei gilt es eine Antwort darauf zu finden, wie sich die Anzahl der effektiv freien Parameter bestimmen lässt.

Grundsätzlich ist die Abwägung zwischen Fehler-Bias und Fehler-Varianz (siehe Abschnitt 3.3) das Ziel der Komplexitätskontrolle. Ein Modell mit zu geringer Abbildungskapazität kann die Varianz in den Beispieldaten

[52] vgl. Grirosi et al. 1995, [GJP95]

nicht vollständig abbilden. Die durch Interpolation erreichte, geglättete Abbildung enthält daher weniger Singularitäten als eine Abbildung, die den Beispieldaten vollständig entspricht. Der Komplexitätsterm muss diese Glättung für ein Modell berücksichtigen. Das Gewicht λ dient dann zur Balance zwischen Fehler-Bias und Fehler-Varianz.

Neben der expliziten Komplexitätskontrolle durch eine erweiterte Fehlerfunktion werden für KNN auch implizite Verfahren verwendet, die ohne die Definition eines Komplexitätsterms auskommen. Die im folgenden angeführten expliziten und impliziten Verfahren zur Komplexitätskontrolle beziehen sich auf die in dieser Arbeit verwendeten vorwärtsgerichteten KNN mit sigmoidaler Aktivierungsfunktion. Sie schließen sich nicht gegenseitig aus, sondern können optional verwendet werden. So kann z.B. ein Verfahren die explizite Modellkomplexität verwenden und durch ein implizites Verfahren unterstützt werden.

6.7.1 Explizite Modellkomplexität

Bei der expliziten Komplexitätskontrolle wird die Abbildungskapazität eines KNN durch einen zusätzlichen freien Parameter gesteuert, dem Komplexitätsterm. Ziel ist es, eine für das Problem passende Architektur über den Fehler und den expliziten Komplexitätsterm zu bestimmen. Konstruktive und destruktive Verfahren beschränken dazu die Anzahl der Gewichte und Berechnungselemente sowie der Inputs. Regularisierende Verfahren nehmen Einfluss auf die Abbildungskapazität der Berechnungselemente.

6.7.1.1 Weight-decay

Ein Komplexitätsterm kann die Eigenschaften der Modellparameter nutzen, um die Abbildungskapazität zu kontrollieren. Sehr bekannt wurde das Verfahren weight-decay, bei dem die Höhe der Gewichte w eines KNN den Komplexitätsterm bestimmt.[53]

$$C(y) = \frac{1}{2} \sum_{i=1}^{n} w_i^2$$

Der Parameter λ in der erweiterten Fehlerfunktion (siehe oben) muss so gewählt werden, dass der Komplexitätsterm relativ klein ist. Ein Lernverfahren, das auf Basis des Fehlergradienten Δw arbeitet, wird durch den

[53] vgl. Hinton 1986, [Hin86]

Komplexitätsterm von weight-decay zu

$$w^{p+1} = w^p - \eta\Delta w \quad - \lambda w$$

Bei jedem Lernschritt p wird die Gewichtsveränderung durch die Lernrate η und den Komplexitätsparameter λ bestimmt. Es ist klar, dass weight-decay bei kleinen Gewichten der Gradienteninformation mehr folgt als bei großen Gewichten. Ist die Gradienteninformation für ein Gewicht nicht ausreichend groß, führt weight-decay dazu, dass das entsprechende Gewicht Null wird.[54] Damit werden nicht nur kleine Gewichte bevorzugt, sondern unbenötigte Gewichte können quasi abgeschaltet werden. Desweiteren hat weight-decay den Vorteil, dass es in den Sättigungsbereichen einer sigmoidalen Aktivierungsfunktion dazu beitragen kann, dass ein Gewicht wieder von der Gradienteninformation beeinflusst wird.[55]

Die Vorteile, die weight-decay haben kann, hängen davon ab, ob es gelingt, den optimalen Wert für λ zu finden. Bessere Resultate als mit einem globalen Komplexitätsparameter können erreicht werden, wenn für jede Schicht von Berechnungsknoten verschiedene Komplexitätsparameter verwendet werden.[56] Darüber hinaus wurden andere Komplexitätsterme für die Bewertung der Gewichte entwickelt.[57] Die vorwärtsgerichteten KNN, die in dieser Arbeit verwendet werden, wurden mit dem oben beschriebenem Komplexitätsterm und einem empirisch ermitteltem Parameter $\lambda = 0.01$ trainiert, wobei die Bias-Gewichte nicht regularisiert wurden, da sie Konstanten repräsentieren.[58]

6.7.1.2 Pruning und Growing

Da die Anzahl der Gewichte und Berechnungselemente eines KNN für die Abbildungskapazität wichtig ist, kann durch konstruktive (Growing) und destruktive (Pruning) Verfahren die Architektur hinsichtlich eines Fehler-

[54] vgl. Bishop 1995, [Bis95], S.338f

[55] Die Zurückführung eines Gewichtes in den sogenannten aktiven Wertebereich (in dem die Gradienteninformation ein Gewicht schnell verändern kann) ist besonders dann sinnvoll, wenn der Wertebereich der zufälligen Startgewichte den Sättigungsbereich der Aktivierungsfunktion einschließt. Zwar wird häufig vorgeschlagen, die Startgewichte im aktiven Bereich der Aktivierungsfunktion zu wählen, doch hohe Startgewichte können nichtlineare Abbildungen in einer frühen Phase der Parameteranpassung bewirken und deshalb sinnvoll sein.

[56] vgl. MacKay 1992, [Mac92]

[57] vgl. z.B. Hertz et al. 1991, [HKP91], S.158 und Zell 1994, [Zel94], S.330f

[58] vgl. Bishop 1994, [Bis94], S.342

maßes verändert werden. Architekturen, die zu viele Parameter verwenden, können mit Pruning ausgedünnt werden und zu kleine Architekturen können durch Growing wachsen. Ausgangspunkt für beide Verfahren ist jeweils eine Architektur, von der man annimt, dass sie über- oder unterparametrisiert ist. Anhand der Eigenschaften einer vorhandenen Architektur wird dann auf verbessernde Veränderungen geschlossen.

Bei Growing handelt es sich um Verfahren, die überwiegend für Klassifikationsprobleme mit binären Daten angewendet werden.[59] Das Verfahren Cascade-Korrelation von Fahlmann und Liebere [FL90] kann zur Klassifikation reellwertiger Daten eingesetzt werden. Grundprinzip ist, dass anhand der Fehler, die eine Architektur verursacht, ein neues Berechnungselement so eingefügt wird, dass der Fehler abnimmt, ohne richtige Klassifikationen zu verändern. Für eindeutig zuzuordnende Beispiele ist oft eine fehlerfreie Klassifikation der Beispieldaten (mit beliebig vielen Parametern) möglich. Eine gute Generalisierungsleistung für Daten mit zufälligem Einfluss kann durch Growing nicht garantiert werden. Ebenso wenig kann garantiert werden, dass für die Beispieldaten ein optimales Modell gefunden wird.[60]

Bei Pruning werden aus einer bestehenden Architektur Gewichte, Berechnungselemente oder Inputs eliminiert. Eine Bewertungsfunktion ordnet jedem Parameter einen Beitrag zu, der in Relation zum Fehler des KNN stehen soll. Grundlage für diesen Beitrag ist die Ermittlung des Fehlers, wenn der entsprechende Parameter auf Null gesetzt wird. Liegt der Beitrag zum Fehler über einem festzulegenden Wert, wird dieser Parameter aus der Architektur entfernt. Da die Neuberechnung des Fehlers für die jeweils verbleibende Architektur viel Rechenaufwand benötigt, wurde beim Verfahren Optimal-Brain-Damage[61] der Gradient des Fehlers für jeden Parameter als Approximation des Beitrags verwendet. Die Parameter der verkleinerten Architektur müssen anschließend mit einem Lernverfahren erneut angepasst werden. Dies wird beim Verfahren Optimal-Brain-Surgeon[62] überflüssig, da hierbei die Gradienteninformation des Fehlers verwendet wird, um eine Korrektur der verbleibenden Parameter zu ermitteln.

Im Zusammenhang mit Growing und Pruning werden auch statistische Inferenztechniken und Selektionskriterien für KNN diskutiert.[63] Sie

[59] vgl. Hertz et al. 1991, [HKP91], S.160
[60] vgl. Refenes 1995, [Ref95c], S.54
[61] vgl. LeCun et al. 1990, [LDS90]
[62] vgl. Hassibi und Storck 1993, [HS93]
[63] vgl. z.B. Anders 1997, [And97], S.57ff. und Refenes und Zapranis 1995, [RZ95b]

sollen es ermöglichen, für eine gegebene Architektur[64] Selektionskriterien für Berechnungselemente und einzelne Gewichte anzuwenden. Ihr Vorteil z.B. gegenüber Cross-Validation zur Modellauswahl (siehe unten) liegt darin, Testgrößen ausschließlich anhand der Beispieldaten anzugeben. Problematisch jedoch ist, dass damit keine Hinweise auf die korrekte Anzahl Berechnungselemente gegeben werden. Neben dem Identifikationsproblem[65], für das Ansätze zur Umgehung entwickelt wurden[66], stellt sich das Problem einer lokalen Suche (siehe nächsten Absatz). Ein globales Optimum für die Anzahl der Berechnungselemente kann deshalb nicht garantiert angegeben werden.[67] So ist es auch nicht verwunderlich, dass für Testprobleme bei einem Vergleich zwischen verschiedenen Selektionskriterien und Inferenztechniken mit Cross-Validation festgestellt wird, dass sich kein eindeutig zu präferierendes Verfahren zur Bestimmung der Anzahl Berechnungselemente erkennen lässt.[68] Die Entwicklung geeigneter Teststatistiken zur Bestimmung optimaler KNN ist nicht abgeschlossen. Eine Lösung dieses Problems wäre ein wesentlicher Fortschritt in der Entwicklung von KNN.

Für Growing und Pruning gilt, dass eine Startarchitektur benötigt wird. Dadurch wird der Suchraum bereits eingeschränkt. Es handelt sich daher um lokale Verbesserungsverfahren. Um eine globale Suche zu ermöglichen, sind Neustarts notwendig, womit die benötigte Rechenzeit ansteigt. Neben der Organisation der Neustarts sind Parameter einzustellen, die wesentlich dazu beitragen, dass Modelle mit guter Generalisierungsleistung gefunden werden können. Alternativ zu diesen Verfahren kann daher die Suche nach geeigneten Architekturen mit Genetischen Algorithmen (GA) vorgenommen werden. Dieses Verfahren kann eine globale Suche realisieren (siehe Abschnitt 9) und ist deswegen gegenüber den Pruning und Growing Verfahren im Vorteil. Alternativ zur Veränderung einer Architektur kann auch durch die Kombination von Einzelmodellen die Balance zwischen Fehler-

[64] Diese Tests unterstellen, dass ein KNN als parametrisiertes Verfahren einzuordnen ist, dessen funktionale Abbildungskapazität durch die Architektur bereits gegeben ist (vgl. White 1989, [Whi89]). Das Lernproblem mit KNN besteht allerdings darin, die Architektur und die Gewichte gemeinsam zu optimieren.

[65] Das Identifikationsproblem besteht darin, dass in einer Architektur einzelne Gewichte und Berechnungselemente durch die Parameteranpassung faktisch eleminiert werden. Dies kann z.B. durch gegenseitige Hemmung zweier Berechnungselemente (der Output beider Berechnungselemente ist in der Summe zu Null) oder durch einzelne Gewichte die faktisch Null (oder nicht signifikant von Null zu unterscheiden) sind (vgl. Anders 1997, [And97], S.59f).

[66] vgl. Teräsvirta et al. 1993, [TLG93] und White 1989, [Whi89]

[67] vgl. Zhang et al. 1998, [ZEH98], S.42

[68] vgl. z.B. Anders 1997, [And97], S.137 und Moody und Utans 1995, [MU95]

Bias und Fehler-Varianz eingestellt werden. Dies impliziert eine Kontrolle der Abbildungskapazität des Kombinationsmodells (siehe Abschnitt 7.11).

6.7.2 Implizite Modellkomplexität

Bei der impliziten Komplexitätskontrolle wird kein zusätzlicher Parameter zur Komplexitätskontrolle verwendet. Es handelt sich daher gegenüber der expliziten Komplexitätskontrolle um robustere Verfahren. Die Modelle, die für diese Arbeit erstellt wurden, sind durch sogenanntes Early-Stopping und Cross-Validation in ihrer Komplexität eingeschränkt. Da es aufgrund der Symmetrien eines KNN sinnvoll ist, ein großes Modell in seiner Komplexität zu beschränken, anstatt für ein „passendes“ Modell das Ladungsproblem zu lösen, wurden diese beiden Verfahren zur Komplexitätskontrolle eingesetzt.

6.7.2.1 Early-Stopping

Als Early-Stopping wird der Abbruch des Lernverfahrens bezeichnet, bevor der Fehler für die Beispieldaten sein Minimum erreicht hat. Üblicherweise wird davon ausgegangen, dass die Startgewichte für das Lernverfahren zufällig gewählt werden und in ihren Absolutbeträgen so ausfallen, dass die Aktivierungsfunktion in ihrem linear-ähnlichen Bereich liegt, also nahe Null. Wird der Lernvorgang frühzeitig beendet, bleiben die Absolutbeträge der Gewichte näher an diesem linear-ähnlichen Bereich. Würde der Lernvorgang bis zur Konvergenz fortgesetzt, könnten die Gewichte weiter entfernt von diesem linear-ähnlichen Bereich liegen. Da eine linear-ähnliche Aktivierung die Abbildungskapazität eines Berechnungselementes beschränkt, führt das vorzeitige Beenden des Lernvorgangs dazu, dass die Varianz der Beispieldaten nicht vollständig abgebildet werden kann. Der Fehler-Bias ist dann höher.

Wann der Lernvorgang abgebrochen wird, kann durch Cross-Validation gesteuert werden (siehe unten und Abbildung 6.4) oder durch die Konvergenz des Fehlers. Nimmt der Fehler nicht stark genug ab, wird dann mit neuen Startgewichten der Lernvorgang erneut gestartet.

6.7.2.2 Cross-Validation

Mit Cross-Validation steht ein Fehler für Beispiele außerhalb der Trainingsmenge zur Verfügung. Die Validierungsmenge muss ebenso repräsentativ wie die Trainingsmenge sein. Der Fehler für die Validationsmenge gibt dann eine Schätzung für den Generalisierungsfehler des Modells. Dieser Schätzer

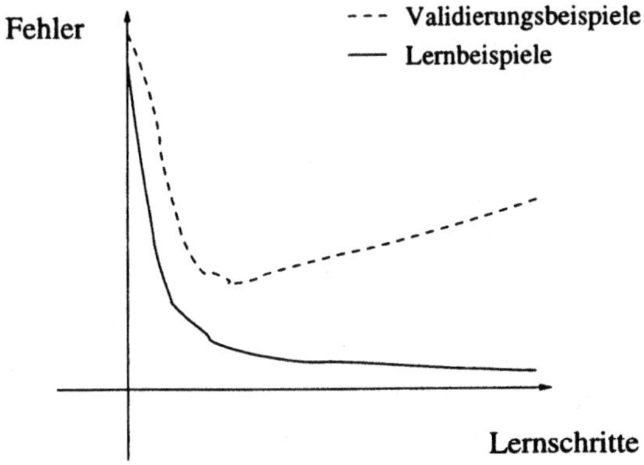

Abbildung 6.4: Typisiertes Beispiel für die Konvergenz der Fehler während der Parameteranpassung durch einen deterministischen Lernalgorithmus. Die Anpassungsrate der Netzausgabe an die Referenzzeitreihe nimmt typischerweise mit zunehmender Anzahl der Lernschritte ab. Gleichzeitig nimmt der Fehler in einer Validierungsmenge ab einem Punkt wieder zu. Mit weiteren Lernschritten konvergiert der Fehler für die Lernbeispiele während der Fehler für die Validierungsbeispiele weiter zunimmt. Bei zunehmender Anpassung in den Lernbeispielen kommt es zu einer hohen Fehler-Varianz bzw. einer Überanpassung und damit zum Verlust an Generalisierungsfähigkeit.

kann zur Auswahl von Modellen genutzt werden. Im Zusammenhang mit der Komplexitätskontrolle durch Early-Stopping wird während des Lernvorgangs der Validierungsfehler und der Trainingsfehler ermittelt. Steigt der Validierungsfehler, kann der Lernvorgang abgebrochen werden. Bei Zeitreihen mit unbekanntem Fehleranteil, ist Cross-Validation zu empfehlen, da die Abwägung zwischen Fehler-Bias und Fehler-Varianz nur durch die Daten bedingt wird. Das heißt, dass kein Komplexitätsterm für das Modell aufgestellt werden muss. Hierin liegt die Popularität dieses Verfahrens begründet.

Allerdings stellt diese Komplexitätskontrolle auch hohe Ansprüche an die Datenmengen, die zum Training und zur Validierung verwendet werden. Stehen nicht genügend Daten zur Verfügung, können Sampling-Verfahren eine Schätzung des Generalisierungsfehlers liefern. Für jeweils ausgelassene Beispiele bei der Parameteranpassung wird der Fehler ermittelt und dient als Validierungsfehler. Wird dieser Fehler dann für die Trainingsmenge (mit allen Beispielen) erreicht, ist dies ein Indiz für die Konvergenz des Lernverfahrens und der Lernvorgang kann abgebrochen werden.[69]

Die Daten können entweder zur Komplexitätskontrolle oder zur Auswahl eines Modells dienen. Da beim Early-Stopping mit Cross-Validation die Validierungsdaten implizit die Gewichte beeinflussen, können diese Validierungsbeispiele nicht mehr zur Modellauswahl verwendet werden. Die Modellauswahl muss dann mit anderen Beispielen getroffen werden. Cross-Validation ist daher für das Training von KNN nur dann sinnvoll, wenn genügend Beispiele zur Verfügung stehen.

[69] vgl. Sherman 1997, [She97]

Kapitel 7

Prognose einer Finanzzeitreihe mit KNN

7.1 Finanzzeitreihe USD/DEM

Finanzmärkte bieten eine Vielzahl interessanter Prognoseziele. Für eine datenorientierte Modellierung eignen sich Finanzmärkte besonders deshalb, weil es wohl kaum einen anderen Markt gibt, dessen Transaktionen so transparent veröffentlicht werden. Aufgrund der Tatsache, dass sich mit guten Prognosen realer Nutzen erzielen lässt, besteht ein verständliches Interesse daran.

Die meßbaren Auswirkungen von Transaktionen des Devisenmarktes bestehen aus Kauf- und Verkaufspreisen sowie der Anzahl gehandelter Kontrakte (diese sind nicht zugänglich). Mögliche Transaktionspreise werden über mehrere Datenanbieter vertrieben. Der Devisenmarkt für die Relation US-Dollar gegen Deutsche-Mark (USD/DEM) ist einer der größten, das heißt, dass hier viele Transaktionen mit relativ hohem Volumen von vielen Akteuren durchgeführt werden. Eine Kauf- oder Verkaufstransaktion hat üblicherweise ein Volumen zwischen 5 und 10 Mio USD. Der tägliche Umsatz beträgt einige hundert Billionen USD[1] und ist vermutlich höher als der Wert aller an der Börse in New York gehandelten Aktien. Vorteilhaft für die hohen Volumina und die vielen Transaktionen sind die vergleichsweise geringen Transaktionskosten und die Möglichkeit, durch vergleichsweise

[1] vgl. Green und Pearson 1994, [GP94], S.123

geringe Kapitaldeckung hohe Multiplikatoreffekte zu erzielen.[2]

Die Mehrzahl der durchgeführten Transaktionen dienen vornehmlich der Spekulation[3], also der Gewinnmaximierung. Vor diesem Hintergrund stellt sich die Frage, ob es überhaupt möglich ist, durch Prognosen einen Nutzen zu erzielen. Tatsache ist, dass es nicht nur gewinnorientierte Akteure am Devisenmarkt gibt. Zentralbanken und andere Organisationen (z.B. Unternehmen, deren Warenströme von Devisentransaktionen begleitet werden) sind am Devisenmarkt aktiv (wenn auch in vergleichsweise geringem Umfang), ohne dabei das Ziel der spekulativen Gewinnerzielung zu verfolgen.

Die datenorientierte Modellierung der USD/DEM-Relation mit KNN versucht, einen deterministischen Anteil aufzudecken und diesen für Prognosen nutzbar zu machen. Da vermutet wird, dass Finanzmärkte nichtlineare, multi-fraktale Eigenschaften haben,[4] wird in dieser Arbeit das Potential für die Modellierbarkeit mit KNN untersucht. Verschiedene Veröffentlichungen haben gezeigt, dass Uneinigkeit über die Vorhersagbarkeit der Zeitreihe USD/DEM besteht,[5] gleichzeitig gibt es keinen Zweifel daran, dass es sich bei dieser Zeitreihe nicht um voneinander unabhängige Realisationen handelt.[6] Die Modellierung dieser Zeitreihe ist deshalb eine Herausforderung und kann als Benchmark für die Möglichkeiten eines Modellansatzes gesehen werden.

In dieser Arbeit werden die täglichen Veränderungen (1. Differenzen) des Frankfurter Fixing für gezahlte DEM je 1 USD (das u.a. von der Bundesbank veröffentlicht wird) als Prognoseziel gewählt. Abbildung 7.1 zeigt das Histogramm dieser Zeitreihe in der Zeit vom 02.01.93 - 31.12.99. Typisch für eine Finanzzeitreihe ist die relativ hohe Häufigkeit von Ausreißern (sog. Fat Tails) und eine leicht leptokurtische Verteilung.[7] Ebenfalls charakteristisch ist die geringe Autokorrelation, die in Abbildung 7.2 dargestellt ist. Bekannt ist auch, dass sowohl die quadrierten 1. Differenzen, als auch die 2. Differenzen von vielen Finanzzeitreihen einen beachtlichen linearen Zusammenhang aufweisen.[8] Abbildung 7.3 zeigt die Autokorrelationen der

---

[2]vgl. Metha 1995, [Met95], S.182f

[3]vgl. Lequarré 1994, [Leq94], S.132

[4]vgl. Farmer 1999, [Far99]

[5]Die Vorhersagbarkeit der USD/DEM-Zeitreihe mit unterschiedlichen unabhängigen Variablen, unterschiedlichen Modellansätzen und verschiedenen Zeitskalen wird in vielen Publikationen diskutiert (vgl. Qi und Wu 2000, [QW00] für eine Diskussion).

[6]vgl. Steurer 1995, [Ste95], S.205

[7]In dem betrachteten Zeitraum beträgt die Kurtosis 2.117. Eine Normalverteilung weist eine Kurtosis von 1 auf. Als leptokurtisch wird eine Verteilung bezeichnet, wenn die Kurtosis größer 3 ist.

[8]vgl. z.B. Diebold et al. 1997, [DGT97], S.15f, wo typische Verteilungen von Finanz-

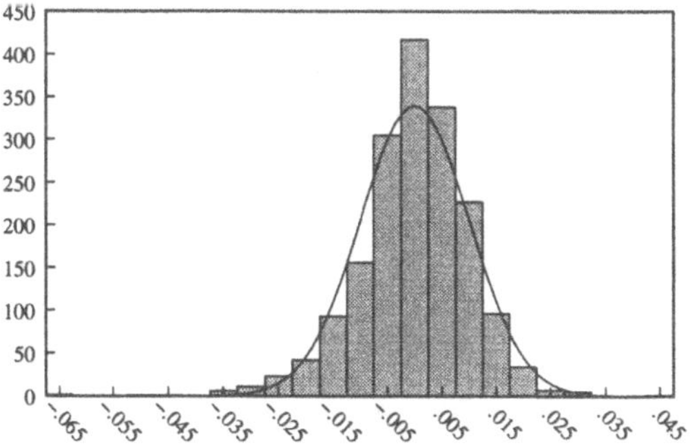

Abbildung 7.1: Histogramm der ersten Differenzen des täglichen Fixing USD/DEM in der Zeit vom 02.01.93 bis 31.12.99 (1779 Notierungen). Zum Vergleich ist die Normalverteilung eingezeichnet. Der Mittelwert ist $1.75 * 10^{-4}$ und die Standardabweichung beträgt 0.0123. Einzelne Ausreißer $(-0.0668, -0.0516, -0.0433, 0.0448)$ sind aufgrund der Anzahl von 1 nicht zu erkennen. Die Verteilung ist leicht rechtssteil (Schiefe von -0.361) und weist eine Kurtosis von 2.117 auf.

2. Differenzen (für Lag 1 beträgt sie -0.534).

7.2 Monte-Carlo-Simulation

Ein Problem bei der Modellierung mit KNN ist, dass es keinen Königsweg für die Bestimmung der einzelnen Komponenten gibt. Da bereits die Ermittlung optimaler Gewichte für eine gegebene Topologie NP-vollständig ist[9] und auch die Topologie und die Inputkombination für ein bestimmtes Problem angepasst werden muss, bieten sich nur automatisierte Verfahren zur Modellierung an, um die vielen Möglichkeiten zu bestimmen und zu evaluieren.

Für eine diversifizierte Suche nach guten KNN ist es sinnvoll, möglichst viele unterschiedliche Einzelmodelle zu erstellen und zu trainieren. Durch

zeitreihen dargestellt werden. Harrison (1998) [Har98] hat in seiner Arbeit Ähnlichkeiten der Verteilungen aktueller (S&P-500) und historischer Finanzzeitreihen (Zeitreihen des Londoner Aktienmarktes im achtzehnten Jahrhundert) nachgewiesen. Insbesondere die bedingte Varianz zeigt sich bei vielen Finanzzeitreihen.

[9]vgl. Rojas 1993, [Roj93], S.215ff

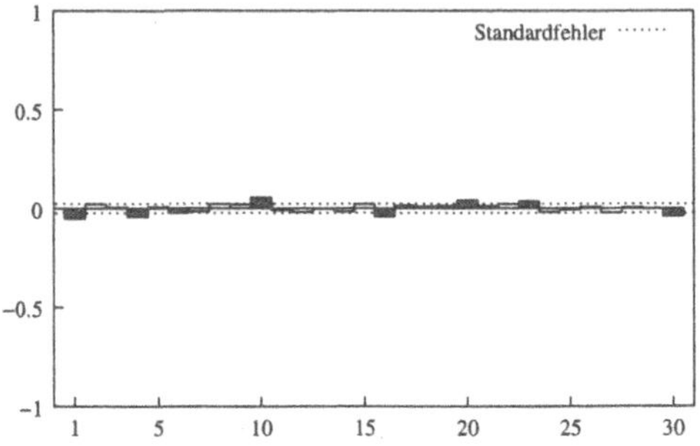

Abbildung 7.2: Autokorrelationen der ersten Differenzen des täglichen Fixing USD/DEM in der Zeit vom 02.01.93 bis 31.12.99 (1778 Differenzen). Die ersten Differenzen weisen für mehrere Lags $(1, 4, 6, 10, 16, 20, 23$ und $30)$ einen linearen Zusammenhang auf, der über dem Standardfehler (0.24) von $\frac{1}{\sqrt{n}}$ liegt. Damit kann für diese Lags die Hypothese signifikant verworfen werden, dass die Korrelation *Null* ist. Die Boxen dieser Lags sind Grau hinterlegt.

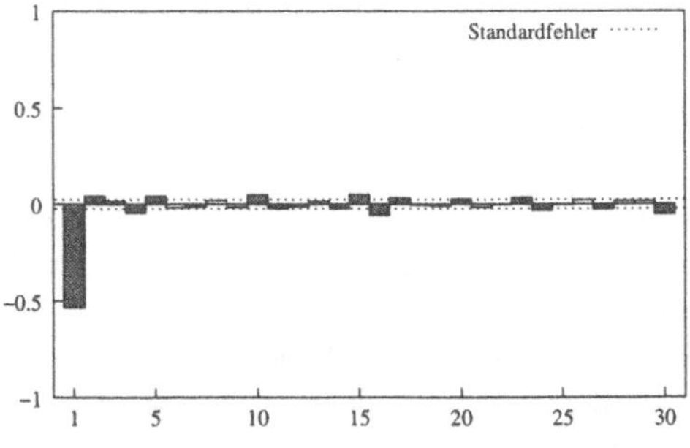

Abbildung 7.3: Autokorrelationen der zweiten Differenzen des täglichen Fixing USD/DEM in der Zeit vom 02.01.93 bis 31.12.99 (1777 Differenzen). Die zweiten Differenzen weisen für Lag 1 einen relativ hohen linearen Zusammenhang auf, der weit über dem Standardfehler (0.24) von $\frac{1}{\sqrt{n}}$ liegt. Alle Lags, deren Autokorrelationen über dem Standardfehler liegen, sind Grau hinterlegt.

die Generalisierungsleistung eines Modells, die in diesem empirischen Beispiel mit Testdaten approximiert wird, ergeben sich Anhaltspunkte für die Eignung der einzelnen KNN und deren Komponenten. Durch eine populationsorientierte Betrachtung der Einzelmodelle können möglicherweise Relationen zwischen guter Generalisierung und bestimmten Komponenten (z.B. Inputkombination etc.) aufgedeckt und zur Bildung neuer KNN verwendet werden. In den folgenden Abschnitten werden einige Möglichkeiten zur Variation der Komponenten von KNN vorgestellt und anschließend die Generalisierungsleistung für das Prognoseproblem dargestellt.

7.3 Inputs

Für die Prognose der USD/DEM-Relation sind viele Inputs denkbar. Zur Erklärung der Devisenkurse werden häufig zwei Ansätze unterschieden: die fundamentale und die technische Analyse. Beide Ansätze verwenden unterschiedliche unabhängige Variablen. Die fundamentale Analyse basiert häufig auf der unterschiedlichen Entwicklung der Volkswirtschaften einer Devisenrelation. Die technische Analyse verwendet oftmals Inputs, die sich aus dem Kursverlauf selbst ableiten. In der datenorientierten Modellierung sollten Inputs aus beiden Ansätzen nicht fehlen.

7.3.1 Informationsbasis

Die Informationsbasis stellt die möglichen Inputs bereit. In ihr werden fundamentale und technische Inputs gespeichert. Aus Referenzstudien ergeben sich Anhaltspunkte über geeignete Inputs.

- Weigend et al. [WZN96] verwenden zur Prognose von Tageskursen technische Indikatoren, wie Relative-Stärke-Indizes (RSI), die Schiefe der Verteilung des Prognoseziels und Indikatoren aus der Chartanalyse (Point-and-Figure-Indicators). Außerdem werden Aktienindizes, Anleiherenditen mit verschiedenen Laufzeiten und Währungsoptionen mehrerer Länder (hauptsächlich EU-Staaten und USA) direkt verwendet, als auch Cross-Rates daraus gebildet.[10]

- Steurer und Hann [SH96] verwenden zur Prognose von monatlichen Kursen ausschließlich fundamentale Indikatoren: USD/DEM,

[10] Cross-Rates sind die Differenzen der entsprechenden Indikatoren verschiedener Länder.

Geldwachstum (M1), Anleiherenditen (Deutschland und USA) sowie deren Cross-Rates, Aktienindizes, Rohstoffindizes und Konsumindikatoren. Ähnliche Inputs werden auch von Qi und Wu [QW00] zur monatlichen Prognose eingesetzt.

- Brooks [Bro97] setzt zur Prognose von Tageskursen ausschließlich zurückliegende Werte des Prognoseziels ein.

- Green und Pearson [GP94] legen ihren Tagesprognosen technische Indikatoren zugrunde. Sie gehen davon aus, dass fundamentale Indikatoren von kurzfristig orientierten Anlegern nicht beachtet werden. Deshalb bestehen ihre Inputs aus Eröffnungs- und Schlusskursen, täglichen Höchst- und Tiefstkursen des Prognoseziels und anderer Devisen.

- Refenes und Zaidi [RZ95a] geben an, zur Tagesprognose technische Indikatoren und zurückliegende Werte des Prognoseziels einzusetzen.

Die Angaben in der Literatur sprechen dafür, zur Tagesprognose eher technische und zur Monatsprognose eher fundamentale Indikatoren einzusetzen. Da die Informationsbasis möglichst alle relevanten Inputs enthalten soll, werden technische und fundamentale Indikatoren verwendet. Fundamentale Indikatoren sind internationale Devisenkurse, Aktienindizes, Anleiherenditen und Rohstoffpreise. Technische Indikatoren sind Cross-Rates, Eröffnungs- und Schlusskurse sowie Höchst- und Tiefstkurse, gleitende Durchschnitte und Volatiliäten.

Insgesamt werden 74 Variablen verwendet und jeweils eine Lagstruktur bis zu 30 Tagen zugelassen[11], so dass ca. 2200 unterschiedliche Inputs zur Modellierung verwendet werden können.

Bei der datenorientierten Modellierung ist es sinnvoll, die Informationsbasis nicht durch eine zu stringente Auswahl der Inputs einzugrenzen. Andererseits erhöht eine große Menge Inputs den Suchaufwand. Schließlich ist es eine Abwägung, wieviele Inputs für die Modellierung grundsätzlich in Betracht kommen und daher den Modellen als Informationsbasis zur Verfügung stehen. Die Inputkombination eines Modells stellt meist eine Teilmenge der möglichen Inputs dar.

[11] Die Lagstruktur berücksichtigt auch, dass einzelne Variablen zum Prognosezeitpunkt (13.00 Uhr MEZ) nicht vorliegen, sondern erst zu einem späteren Termin festgestellt werden. Für diese Variablen können nur Lags größer 1 verwendet werden.

7.3.2 Auswahl der Inputs

Grundsätzlich ist es möglich, alle Inputs (aus der Informationsbasis) in einem KNN zu verwenden. Durch die Anpassung der Gewichte mit einem Gradientenverfahren würde der Einfluss redundanter oder unnötiger Inputs elimeniert. Da sich durch die Anzahl der Inputs auch die Anzahl der Gewichte eines KNN erhöht und nicht von einem rein deterministischen Prozess auszugehen ist, muss die Anzahl der Inputs begrenzt werden, um eine Überanpassung der Gewichte zu vermeiden.

Die Inputs eines KNN werden zunächst zufällig aus der Informationsbasis ausgewählt. Ebenso variiert die Anzahl der Inputs für die Einzelmodelle. Nach dem Training kann mittels Gradienteninformation oder Sensitivitätsanalyse der Beitrag jedes Inputs im KNN ermittelt werden. In dieser Anwendung wurde die Sensitivitätsanalyse verwendet. Die Sensitivität eines Inputs ergibt sich aus der Veränderung des Fehlers, wenn statt der Inputinformation konstant der Mittelwert des Inputs über den Lernzeitraum eingeht. Damit ist die Sensitivität gegenüber der Gradienteninformation unabhängiger von den spezifischen Beispielen und sie kann für verschiedene Performance-Maße ermittelt werden, wohingegen nur differenzierbare Fehlermaße die Ermittlung eines Gradienten ermöglichen.

Für ein Einzelmodell wird die Sensitivität dazu verwendet, einzelne Inputs auszuschließen. Damit kann der Fehler und die Anzahl der Gewichte verringert werden. Für die Population der Modelle entsteht durch die Sensitivitäten eine Bewertung eines Inputs, die dazu dienen kann, die Inputauswahl für neue (Generationen von) KNN einzugrenzen. Da außer den einzelnen Inputs aber auch die Menge der Beispieldaten variiert und sich für unterschiedliche Beispielmengen jeweils unterschiedliche Sensitivitäten ergeben, lassen sich keine generellen Rückschlüsse auf die Inputs ziehen. Gleiches gilt für die lineare Korrelation, bei der, je nach Beispielmenge, die von Null signifikant verschiedenen Korrelationen wechseln.

7.4 Beispieldaten

Neben den unterschiedlichen Inputs sind die verwendeten Beispieldaten für die Informationsbasis der Modelle ausschlaggebend. Grundsätzlich ist es sinnvoll so viele Beispiele wie möglich zur Parameteranpassung zu verwenden. Allerdings müssen einige Beispiele zur Beurteilung der Prognosegüte (Testbeispiele) und zur Regularisierung der Modelle (Validierungsbeispiele) verwendet werden. Die Aufteilung aller Beispiele in drei Teilmengen ist

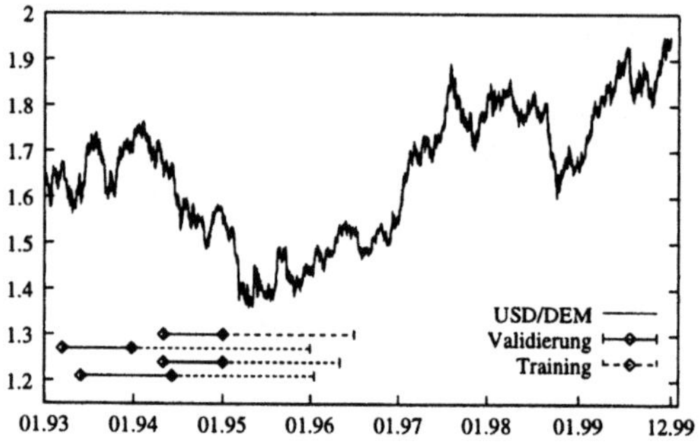

Abbildung 7.4: Unterschiedliche Lern- und Validierungsbeispiele für das Training der KNN-Teilpopulationen. Die Lernbeispiele der vier verschiedenen Lern- und Validierungsmengen liegen am aktuellen Rand zur Zeit der Modellierung. Testbeispiele können sowohl vor diesem Zeitraum als auch zwischen Lernbeispielen und Prognosebeginn ausgewählt werden.

daher für die Modellierung mit KNN üblich.

Bei der Auswahl der Beispieldaten für die Prognose der USD/DEM-Relation wurden zunächst nur zusammenhängende Zeitabschnitte betrachtet.[12] Abbildung 7.4 zeigt den Kursverlauf USD/DEM vom 02.01.93 bis 31.12.99 und vier unterschiedliche Lern- und Validierungszeiträume. Sie wurden zum Trainieren und Validieren der unterschiedlichen KNN-Teilpopulationen verwendet. Ferner wurden die verbleibenden Beispiele als Testdaten genutzt. Hierbei liegen die Testbeispiele weiter in der Vergangenheit als die Lernbeispiele.

Die Auswahl der Beispieldaten richtete sich ausschließlich nach der Verfügbarkeit der unabhängigen Variablen und der Vorgabe, einen (zu dieser Zeit) möglichst aktuellen Zeitraum für die Parameteranpassung zu verwenden. Zwar ist davon auszugehen, dass nicht alle Beispiele in gleicher Weise zum Trainingserfolg der Modelle beitragen[13], die aktive Auswahl der Lern- und Validierungsbeispiele setzt jedoch spezifisches Wissen um deren Informationsgehalt voraus.

[12]Eine weiterführende Auswahl einzelner Beispiele kann sinnvoll sein, wenn z.B. ein Modell im Zusammenhang eines Kombinationsmodells auf einen bestimmten Bereich spezialisiert werden soll (lokale Modelle).

[13]vgl. z.B. Zhang 1992, [Zha92], S.127f zur aktiven Auswahl der Beispieldaten.

7.5 Topologie

Die Topologie eines KNN besteht aus den Berechnungselementen und deren gewichteten Verbindungen. Die Berechnungselemente sind in mehreren Schichten angeordnet und die Informationsverarbeitung ist vorwärtsgerichtet. Als Aktivierungsfunktion wird für alle Berechnungselemente die sigmoidale Funktion tanh(.) verwendet. Die Anzahl der Berechnungselemente sowie die Anzahl der Schichten variiert.

Die Population der einzelnen Modelle soll möglichst unterschiedliche Individuen enthalten. Dennoch ergibt sich erst durch die mehrfache Verwendung einzelner Komponenten (z.B. der Inputkombination) die Möglichkeit, in ansonsten unterschiedlichen Einzelmodellen eine isolierte Bewertung der Komponenten zu ermitteln. Deshalb werden mehrere Topologien für eine Inputkombination erstellt. Da die verschiedenen Beispieldaten der Auswahl der Inputkombination und der Topologie übergeordnet sind, besteht die Möglichkeit, dass dieselbe Inputkombintion und Topologie für unterschiedliche Lernbeispiele trainiert wird.

Eine Beeinflussung der Topologie nach oder während des Trainings wird nicht vorgenommen. Die verschiedenen Topologien haben bis zu drei verdeckte Schichten und jeweils unterschiedlich viele Berechnungselemente in den Schichten. Für die Erstellung der verschiedenen Topologien wird jeweils eine Inputkombination gewählt. Topologien mit einer bis drei verdeckten Schichten werden für jede Inputkombination erstellt.

- Für einschichtige Topologien wird anhand der Anzahl Inputs eine maximale Anzahl Berechnungselemente (BE_{max}) in der ersten verdeckten Schicht ermittelt. Die minimale Anzahl Berechnungselemente (BE_{min}) in der verdeckten Schicht beträgt 3. Jede Topologie in dem Intervall $[BE_{min}, BE_{max}]$ wird als Einzelmodell erstellt. Die Vernetzung zwischen Inputs, verdeckter Schicht und Output-Knoten ist vollständig.

- Für zweischichtige Topologien wird die erste verdeckte Schicht wie bei einschichtigen Topologien gebildet, jedoch beträgt das Minimum an Berechnungselementen in der ersten verdeckten Schicht 5. Die zweite verdeckte Schicht enthält immer weniger Berechnungselemente als die erste verdeckte Schicht. Die maximale Anzahl Berechnungselemente in der zweiten Schicht ergibt sich aus $BE_{max} - 2$. Die Vernetzung zwischen den Schichten ist wiederum vollständig.

- Für dreischichtige Topologien werden zwei Schichten entsprechend den zweischichtigen Topologien aufgebaut. Jedoch rückt zwischen den Inputs und der (in zweischichtigen Topologien) ersten verdeckten Schicht eine spezielle Struktur. Jeder Input wird mit nur einem Berechnungselement in dieser speziellen ersten Schicht verbunden. Die Berechnungselemente in der ersten Schicht werden mit der zweiten Schicht wiederum vollständig verbunden. Der Vorteil dieser speziellen Topologie ist, dass in der ersten Schicht jeweils ein Berechnungselement für ein Input zuständig ist. Somit kann jeder Input mittels seines Berechnungselementes gegenüber den anderen Inputs skaliert und evtl. eliminiert werden. Da nur eine Verbindung zwischen Input und Berechnungselement besteht, spiegelt dessen Gewicht den Einfluss des Inputs auf die Abbildung des KNN wieder.

7.6 Lernverfahren

Nachdem die Topologie für eine Inputkombination und eine Menge von Lernbeispielen festgelegt wurde, erfolgte das Trainieren der Gewichte der KNN. Hierzu wurde ein Quasi-Newton-Verfahren, der sog. BFGS-Algorithmus[14] verwendet. Als Fehlermaß diente der mittlere quadratische Fehler MSE. Da dieser jedoch nicht das Zielkriterium für die Prognosemodelle darstellt, wurde die Trefferquote[15] der Veränderungsrichtung (Signalqualität siehe unten) zum Abbruch des Lernvorgangs verwendet. Neben den Startgewichten ist das Abbruchkriterium ein wesentlicher, nicht standardisierter Teil im Training von KNN.

7.6.1 Startgewichte

Für ein deterministisches Lernverfahren ist das erreichbare Minimum nur von den Startgewichten abhängig, sofern die Inputkombination, Topologie und Beispiele unverändert bleiben. Deshalb wird ein KNN mehrmals mit unterschiedlichen Startgewichten trainiert.

Die Startgewichte werden meist zufällig gewählt, wobei der Wertebereich ein wichtiger Parameter der Initialisierung ist. Korrespondierend mit der Aktivierungsfunktion der Berechnungselemente legt das Startgewicht fest,

[14] vgl. Press et al. 1992, [PTVF92], S.425f

[15] Die Trefferquote bewertet die Übereinstimmung der prognostizierten und der tatsächlichen Veränderungsrichtung.

wie schnell die Gewichte von der Fehlerinformation beeinflusst werden. Bei der Aktivierungsfunktion tanh(.) kann der Gradient im Sättigungsbereich der Funktion (ab einem Betrag von ca. 3) nur sehr langsam das Gewicht verändern (siehe auch Abschnitt 6.5.2). Deshalb wird oft empfohlen, relativ kleine Startgewichte zu wählen.

Die Initialisierung der Gewichte erfolgt hier mit kleinem und großem Radius im Intervall $[-1, 1]$ bzw. $[-5, 5]$. Da zunächst mit kleinen Gewichten trainiert wird, können große Stargewichte nur dann das endgültige Modell bestimmen, wenn gegenüber den trainierten kleinen Startgewichten eine bessere Generalisierungsleistung erwartet werden kann.

Unabhängig vom Wertebereich der Startgewichte enthält bei ein- und zweischichtigen Topologien ein Berechnungselement in der ersten Schicht die linearen Regressionskoeffizienten der Inputs als Initialisierung der Gewichte zwischen Inputs und dem Berechnungselement. Bei dreischichtigen Topologien wird jedes Gewicht zwischen Input und Berechnungselement in der ersten Schicht mit dem entsprechenden Regressionskoeffizient initialisiert. Damit ist die lineare Abbildung der Inputs auf den Output bereits in der Initialisierung enthalten.

7.6.2 Abbruchkriterium

Das Abbruchkriterium legt fest, wann der Lernvorgang abgebrochen wird. Dies erfolgt hier, ohne dass ein stationärer Punkt[16] erreicht wird. Um einer Überanpassung bzw. dem „overfitting“ der Gewichte vorzubeugen, wird der Lernvorgang mittels Early-Stopping anhand Cross-Validation vorgenommen. Als Kriterium für den Abbruch dient die Trefferquote der Veränderungsrichtung (Signalqualität siehe unten) bzw. die Differenz dieser Trefferquote zwischen Lern- und Validierungsbeispielen.

Die Prognosemodelle sollen die korrekte Veränderungsrichtung abbilden. Die genaue Veränderungsstärke (wie sie vom MSE bewertet wird) ist zwar für die Parameteranpassung wichtig, entspricht aber nicht dem Performace-Maß der Prognosemodelle. Beim Training der Modelle dient daher der MSE als Fehlermaß, die Auswahl der Modelle wird jedoch mit Cross-Validation anhand der Signalqualität vorgenommen. Ausgewählt werden Gewichtevektoren, deren Signalqualität für die Lern- und Validierungsbeispiele nicht

[16]Ein Stationärer Punkt ist erreicht, wenn der Gradient des Fehlers (numerisch) Null ist. Dieser stationäre Punkt befindet sich also entweder in einem Minimum oder auf einer Ebene auf der Fehleroberfläche. In beiden Fällen kann ein gradienten-basiertes deterministisches Lernverfahren den Fehler nicht weiter verbessern.

mehr als 5% differiert, wobei gleichzeitig für die Lernbeispiele eine Signalqualität von mindestens 55% erreicht werden muss.

Der Lernvorgang erfolgt in Iterationen, die vom Lernalgorithmus bestimmt werden. Bei jedem Durchgang des Lernalgorithmus werden die Gewichte gemäß der quadratischen Approximation der Fehleroberfläche (siehe auch Abschnitt 6.6.2.2) optimiert. Da die Fehleroberfläche meist nur bedingt mittels einer quadratischen Funktion approximiert werden kann, muss der Lernalgorithmus (mit den Gewichten der vorigen Iteration) erneut gestartet werden. Am Ende jeder Iteration wird das Abbruchkriterium (Signalqualität) und der Gradient des Fehlers überprüft. Tatsächlich beendet wird der Lernvorgang, wenn der Gradient des Fehlers einen stationären Punkt erreicht hat. Dieser Gewichtevektor ist aber meist nicht derjenige, welcher für die Topologie gespeichert wird. Gespeichert wird der Gewichtevektor, dessen Signalqualität für die Lernbeispiele, unter Einhaltung der max. Differenz von 5% zur Validierungsmenge, am höchsten ist. Damit ist die Signalqualität faktisch das Abbruchkriterium.

Da der Gewichtevektor meist vor Erreichen eines stationären Punktes gespeichert wird, können die Lernbeispiele nicht vollständig adaptiert werden. Deshalb hat dieses Verfahren die Eigenschaft einer impliziten Regularisierung, die nur mittels der Validierungsdaten und unter Berücksichtigung eines anwendungsorientierten Performance-Maß erfolgt.

7.7 Performance-Maße für die Prognosemodelle

Neben dem zur Anpassung der Parameter verwendeten Fehlermaß können weitere Kriterien für die Beurteilung und Auswahl der Modelle hilfreich sein. Die Performance-Maße bewerten den Nutzen, der bezüglich einer speziellen Anwendung entsteht. Für die Prognose der USD/DEM-Realtion gilt es, den Anlageprofit und das Anlagerisiko zu bewerten. Der mittlere quadratische Fehler (MSE) als Fehlermaß ist hierzu nicht geeignet. Auch das Verhältnis zwischen den Ausprägungen des Prognoseziels (Zeitreihe der 1. Differenzen USD/DEM) und den Modellprognosen kann durch alternative Performance-Maße anschaulicher beschrieben und bezüglich einer anwendungsorientierten Modellauswahl verwendet werden.

Zur Bewertung des Anlageprofits und dem Anlagerisiko dient beispielsweise die Sharpe-Ratio, die in Abschnitt 4.3 beschrieben wird. Desweiteren gibt der prozentuale Profit (NP) als Anteil am möglichen Profit an, welches

Einzelmodell die meisten bzw. größten Veränderungen richtig prognostiziert hat.

$$NP = 100\,\frac{p}{mp} \quad \text{mit} \quad mp = \sum_{i=1}^{n} |y_i| \quad \text{und} \quad p = \sum_{i=1}^{n} y_i * sign(t_i * y_i)$$

Der prozentuale Profit (NP) gibt an, wieviel Gewinn bzw. Verlust p durch die Übereinstimmung der Prognosen y_i mit den Realisationen des Prognoseziels t_i über eine Menge von n Beispielen im Verhältnis zum maximal möglichen Gewinn erreicht wurde. Damit wird also nicht die Anlagerendite ausgedrückt, die ja auch von der Anzahl der Transaktionen und deren Kosten abhängt, sondern eine Bewertung zwischen Modellen ermöglicht, die beispielsweise unterschiedliche Prognoseziele (z.B. andere Devisen oder Aktien) verwenden.

Trefferquoten dienen zur Veranschaulichung der Prognosegüte, unabhängig von der Höhe der täglichen Differenzen. Die Signalqualität (SGNQ) gibt an, wie hoch die prozentuale Trefferquote der täglichen Differenzen ist.

$$SGNQ = 100\,\frac{\sum_{i=1}^{n} ts_i}{n} \quad \text{mit} \quad ts_i = \begin{cases} +1 & : \quad y_i * t_i > 0 \\ 0 & : \end{cases}$$

Die Signalqualität ist ein Maß für die Güte der Richtungsprognosen. Die Veränderungsrichtung bestimmt, ob im Prognoseeinsatz auf steigende bzw. fallende Kurse gesetzt wird. Daher ist die Signalqualität ein wichtiger Indikator für die Abbildung der Dynamik des Prognoseziels.

Um positive Prognoseresultate nicht mittels konstanter Outputs erreichen zu können, sollten (bzw. müssen) die Häufigkeiten der Veränderungsrichtungen des Prognoseziels innerhalb der Lernbeispiele ausgeglichen sein, da ansonsten mit einer Beeinträchtigung der Generalisierungsfähigkeit der Modelle zu rechnen ist. Aus demselben Grund wird auch das arithmetische Mittel bei der Normalisierung der Daten berücksichtigt. Außerdem kann es sinnvoll sein, die Signalqualität für positive und negative Veränderungen des Prognoseziels auch für die Validierungs- und Testbeispiele zu ermitteln, um so mögliche Defizite bei der Prognose zu erkennen.

Eine andere Trefferquote ist für das Trading mit den Prognosemodellen interessant. Die Trefferquote für Umkehrpunkte (UKP) gibt an, wie gut Änderungen in der Veränderungsrichtung (z.B. beim Wechsel von aufeinanderfolgenden positiven Veränderungen auf negative Veränderungen) vom Modell abgebildet werden.

$$UKP = 100\,\frac{\sum_{i=2}^{n} tu_i}{\sum_{i=2}^{n} su_i} \quad \text{mit}$$

$$su_i = \begin{cases} +1 & : \quad y_i * y_{i-1} < 0 \\ 0 & : \end{cases} \qquad \text{und}$$

$$tu_i = \begin{cases} +1 & : \quad su_i * t_i * y_i * t_{i-1} * y_{i-1} > 0 \\ 0 & : \end{cases}$$

Da für einen Umkehrpunkt zwei aufeinanderfolgende tägliche Differenzen bewertet werden, gilt die korrekte Richtungsprognose für beide Differenzen als ein Treffer. Daher fällt die Trefferquote der Umkehrpunkte meist entsprechend gering aus. Eine hohe Trefferquote der Umkehrpunkte ist ein Indiz dafür, dass ein Modell in wechselnden Marktsituationen diese Entwicklung antizipiert.

7.8 Ergebnisse des Trainings

Für die Darstellung der Ergebnisse werden nur Modelle berücksichtigt, deren Signalqualität für die Lernbeispiele mehr als 55% betragen. Von den ursprünglich erstellten Modellen mit den verschiedenen Inputkombinationen und Topologien erfüllen ca. 30% dieses Kriterium. Um die Darstellung übersichtlich zu gestalten wird eine Teilpopulation mit 200 Modellen für eine bestimmte Lern- und Validierungsmenge ausgewählt. Diese Auswahl beeinflusst die wesentlichen Ergebnisse für alle Modelle (1972) nicht.

In Abbildung 7.5 sind die Ausprägungen des mittleren quadratischen Fehlers (MSE) und der Signalqualität (SGNQ) für die Lernbeispiele dargestellt. Ein eindeutiger Zusammenhang ist zwischen den beiden Kriterien nicht zu erkennen. Eine hohe Signalqualität ist scheinbar unabhängig vom MSE. Das zur Parameteranpassung verwendete Fehlermaß MSE führt in diesem Beispiel nicht unmittelbar zu guten Performance-Ergebnissen. Alternative Fehlermaße, wie sie in Abschnitt 7.10 verwendet werden, könnten dazu beitragen, die Performance der Prognosemodelle direkter zu optimieren.

Zu erwarten ist, dass bei annähernd exakter Abbildung der Beispiele sowohl der MSE als auch die Signalqualität ihr Optimum erreichen. Das ist hier nicht der Fall. Die Regularisierung mittels Stoppkriterium und Early-Stopping durch Cross-Validation verhindert eine Überanpassung an die Beispieldaten. Das beim Training der KNN erreichte Niveau des MSE kann als relativ hoch bezeichnet werden. Die Modelle sind entsprechend wenig an

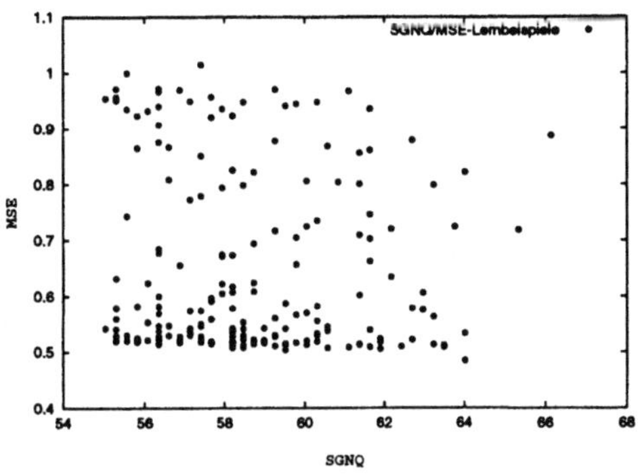

Abbildung 7.5: Das Fehlermaß mittlerer quadratischer Fehler (MSE) und das Performance-Maß Signalqualität (SGNQ) in Prozent für die Lernbeispiele.

die Beispieldaten angepaßt. Beachtlich ist, dass von einigen Modellen eine Signalqualität von mehr als 66% (bei 378 Lernbeispielen) erreicht wird und das, obwohl diese Modelle einen recht hohen MSE aufweisen.

Abbildung 7.6 zeigt die Auswirkung des Abbruchkriteriums. Die Signalqualität für die Lern- und Validierungsbeispiele weisen den erforderten Zusammenhang (Differenz kleiner 5% und SGNQ für Lernbeispiele größer 55%) auf. Das relativ hohe Niveau der Signalqualität für die Anzahl an Beispielen in der Lern- und Validierungsmenge (378 Lern- und 169 Validierungsbeipiele) ist auf die Verwendung der Signalqualität als Abbruchkriterium zurückzuführen. So werden die Parameter der Modelle indirekt von diesem Kriterium beeinflußt.

Die Trefferquote der Umkehrpunkte (UKP) in Abbildung 7.7 für die Lern- und Validierungsbeispiele weist eine relativ hohe Streuung auf, obwohl ein Zusammenhang zwischen den unterschiedlichen Beispielmengen vermutet werden kann. Gegenüber der Signalqualität sind die absoluten Trefferquoten geringer, was an der Bedingung liegt, dass zwei aufeinanderfolgende Veränderungen richtig prognostiziert werden müssen. Wird diese bedingte Trefferwahrscheinlichkeit berücksichtigt, zeigt sich, dass relativ hohe Werte erreicht werden.

Die Sharpe-Ratio (SR) für die Lern- und Validierungsbeispiele zeigt einen deutlichen Zusammenhang (siehe Abbildung 7.8) der beiden Beispielmengen. Für die Mehrheit der Modelle ist die Sharpe-Ratio für beide

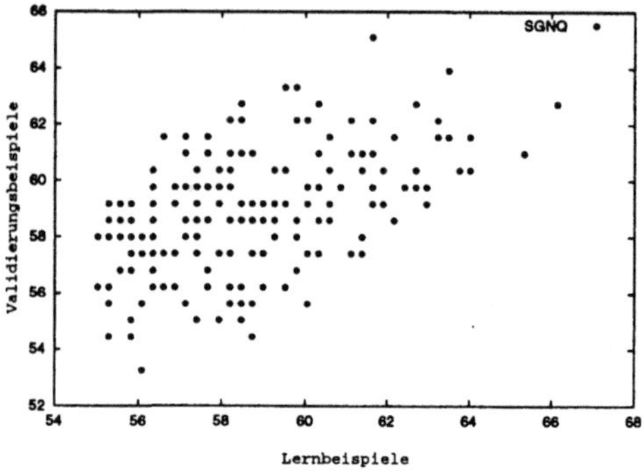

Abbildung 7.6: Die Signalqualität für die Lern- und Validierungsbeispiele weist aufgrund des Abbruchkriteriums einen eindeutigen Zusammenhang auf.

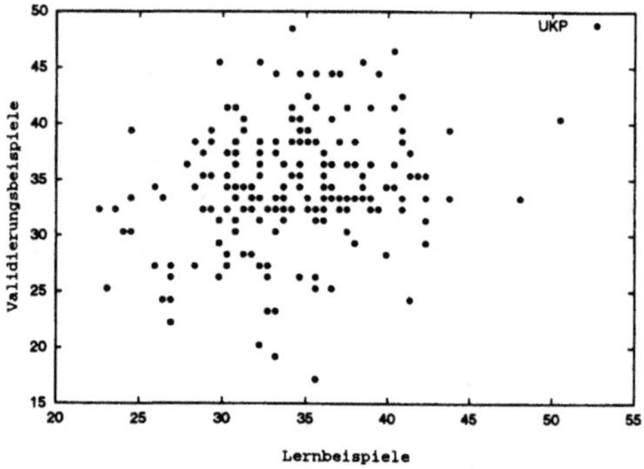

Abbildung 7.7: Die Trefferquote für Umkehrpunkte für die Lern- und Validierungsbeispiele zeigt zwar einen Zusammenhang zwischen den beiden Beispielmengen, weist aber gleichzeitig eine recht hohe Streuung auf.

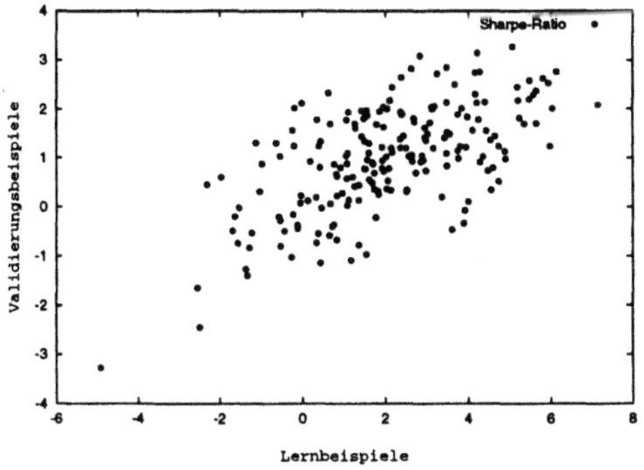

Abbildung 7.8: Die Sharpe-Ratio für die Lern- und Validierungsbeispiele weist einen eindeutigen Zusammenhang auf.

Beispielmengen positiv. Jedoch weisen einige Modelle eine negative Sharpe-Ratio bei einer vergleichsweise hohen Signalqualität auf, daher sollten beide Kriterien zur Modellauswahl herangezogen werden. In diesem Beispiel wurden die Transaktionskosten von 0.0002 DM als entgangener (risikoloser) Gewinn eingesetzt. Die Sharpe-Ratio berücksichtigt daher die Auswirkungen eines möglichen Tradings mit den Prognosen. Da in dieser Abbildung die Sharpe-Ratio für die Lern- und Validierungsbeispiele dargestellt ist und das Abbruchkriterium eine Mindestgüte der Prognosen bewirkt, ist eine negative Sharpe-Ratio auch auf die Anzahl der Transaktionen zurückzuführen.

Der Anteil am Profit (NP) in Prozent für die Lern- und Validierungsbeispiele weist eine recht hoher Streuung auf. Positiv zu bewerten ist, dass es kein Modell gibt, dessen Anteil am Profit für die Lernbeispiele negativ ist. Da hierbei aber keine Transkationskosten berücksichtigt sind, kann nicht auf mögliche Erlöse eines entsprechenden Tradings geschlossen werden.

7.9 Modellauswahl

Die Ergebnisse für die Lern- und Validierungsbeispiele zeigen für das jeweilige Performance-Maß einen gewissen Zusammenhang zwischen den beiden Beispielmengen auf. Für eine konkrete Anwendung wird nun das beste Modell gesucht. Bis zu dieser anwendungsorientierten Modellauswahl wurden die Modelle nur über das Abbruchkriterium selektiert. Dabei steht die Beurteilung der Prognosegüte noch aus. Üblicherweise dienen Test-

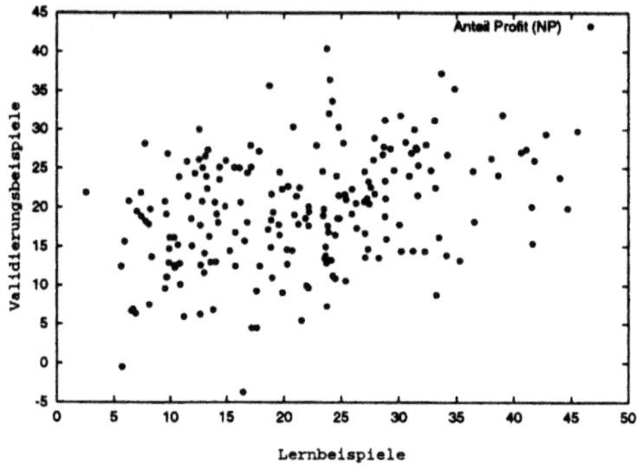

Abbildung 7.9: Der Anteil am Profit (NP) in Prozent für die Lern- und Validierungsbeispiele weist eine relativ hohe Streuung, aber auch einen sichtbaren Zusammenhang auf.

bzw. Prognosebeispiele zur endgültigen Auswahl eines Modells, alle anderen werden verworfen. Die unterschiedlichen Performance-Maße können für eine Modellauswahl hilfreich sein, wenn aus ihnen eine eindeutige Beurteilung der Modelle hervorgeht. Das ist aber bereits für die Lern- und Validierungsbeispiele nicht der Fall. Für die Prognosebeispiele zeigt sich, dass sich das beste Modell nicht eindeutig durch die Performance für die Lern- und Validierungsbeispiele erkennen läßt.

Abbildung 7.10 zeigt die Signalqualität für Validierungs- und Testbeispiele (169 Validierungs- und 366 Testbeispiele). In beiden Beispielmengen gibt es recht gute Ergebnisse, wenn auch die durchschnittliche Signalqualität in der Testmenge niedriger ist. Ein Zusammenhang zwischen den Beispielmengen ist nicht sichtbar. Die Bewertung der unterschiedlichen anwendungsorientierten Performance-Maße ist in Tabelle 7.1 in Rangzahlen dargestellt. Die nach der durchschnittlichen Rangzahl über die verschiedenen Performance-Maße für die Prognosebeispiele sortierten Ergebnisse zeigen, dass sich die besten Modelle für die Prognosebeispiele nicht aus den Bewertungen der Lern- und Validierungsmengen ergeben. So weist beispielsweise das durchschnittlich schlechteste Prognosemodell (unterste Zeile) einen höheren Rang für die Signalqualität in der Lernmenge auf, als das durchschnittlich beste.

Werden unterschiedliche Testmengen gebildet und verglichen, zeigt sich ebenfalls, dass von einer Menge von Beispielen nicht eindeutig auf die

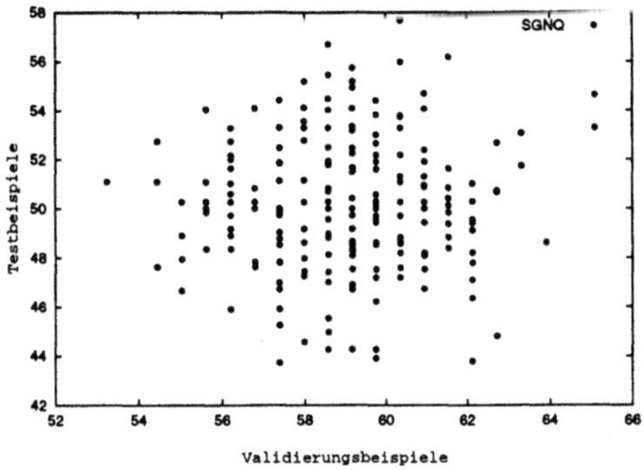

Abbildung 7.10: Die Signalqualität (SGNQ) für die Validierungs- und Testbeispiele gleichen einer Punktewolke. Ein Zusammenhang der beiden Beispielmengen ist nicht sichtbar.

Performance für eine andere Menge von Beispielen geschlossen werden kann. Hierin zeigt sich das Problem der USD/DEM-Relation. Auch für lineare Modelle, die zum Vergleich gebildet wurden, ergeben sich keine eindeutigen Selektionsmöglichkeiten für die Bestimmung eines guten Prognosemodells. Gleichzeitig muss hier eingeschränkt werden, dass diese Ergebnisse nur für dieses bestimmte Setting gelten. Andere Inputs, Beispiele, Topologien usw. können zu anderen Ergebnissen führen.

7.10 Unterschiedliche Fehlermaße

Ziel der datenorientierten Modellierung ist es, mittels der Modelle einen Zusammenhang zwischen abhängigen und unabhängigen Variablen aufzudecken und diesen evtl. für eine spezifische Anwendung nutzbar zu machen. Das zur Parameteranpassung verwendete Fehlermaß ist sowohl für den funktionalen Zusammenhang zwischen abhängigen und unabhängigen Variablen, als auch für den Nutzen eines Modells bei seiner spezifischen Anwendung relevant. In Abschnitt 4 wird der Zusammenhang zwischen dem Fehlermaß und den Verteilungsmodell der Variablen beschrieben und auf anwendungsbezogene Nutzenfunktionen bzw. Fehlermaße hingewiesen. Anhand einer Population von KNN zur Prognose des USD/DEM Wechselkurses werden in diesem Abschnitt verschiedene Fehlermaße zur Optimierung der Gewichte der KNN verwendet.

Rangzahlen														
SGNQ			NP			SR			UKP			Durchschnitt		
L	V	P	L	V	P	L	V	P	L	V	P	L	V	**P**
123	27	3	152	37	1	83	42	1	107	11	2	116	29	2
40	112	2	99	196	5	79	148	6	60	64	15	70	130	7
132	100	9	80	7	10	71	3	7	58	94	3	85	51	7
71	94	7	108	147	12	82	70	3	135	97	23	99	102	11
113	41	10	34	60	23	45	43	19	1	22	1	48	42	13
	⋮			⋮			⋮			⋮			⋮	
56	133	194	87	143	200	99	131	199	30	130	182	68	134	194
10	10	199	31	14	194	62	55	185	26	129	198	32	52	194
46	8	193	19	2	196	32	2	197	117	44	194	54	14	195
156	160	188	124	185	198	136	194	200	134	69	196	138	152	196
12	61	198	14	52	197	8	17	196	38	59	197	18	47	197

Tabelle 7.1: Rangzahlen der Einzelmodelle, sortiert nach dem Durchschnitt für die Prognosebeispiele (P) der Performance-Maße: Signalqualität (SGNQ), Anteil am Profit (NP), Sharpe-Ratio (SR), Trefferquote Umkehrpunkte (UKP). Die Rangzahlen der Performance-Maße und deren Durchschnitt sind für die Lern- (L), Validierungs- (V) und Prognosebeispiele (P) dargestellt. Das beste Modell erhält den höchsten Rang 1, das schlechteste Modell den Rang 200. Die fünf höchsten und niedrigsten durchschnittlichen Ränge aus den unterschiedlichen Performance-Maßen für die Prognosebeispiele sind tabelliert. Die Sortierung nach dem durchschnittlichen Rang für die Prognosebeispiele bewertet die Prognosegüte.

Die unterschiedlichen Fehlermaße werden hinsichtlich der Prognose der täglichen Veränderungsrichtungen der USD/DEM-Relation (siehe Abschnitt 7.1) eingesetzt. Hierfür ist die Übereinstimmung zwischen der prognostizierten und der realisierten Veränderungsrichtung (Signalqualität) als Performance-Maß bedeutsam (siehe Abschnitt 7.7). Weiterhin ist die Höhe der realisierten Veränderungen für den potentiellen Tradingerfolg relevant. Beide Kriterien sind wichtig, wobei die Ergebnisse der Einzelmodelle zur Prognose der USD/DEM-Relation (siehe Abschnitt 7.8) gezeigt haben, dass die Streuung des Anteils am Profit weitaus höher ist, als die Streuung der Signalqualität. Zur Modellauswahl ersetzen sich beide Performance-Maße nicht, sie ergänzen sich. Weiterhin lassen die Rangplazierungen für die unterschiedlichen Kriterien und Beispielmengen einen Zusammenhang nur bedingt erkennen. Die Wahl der verschiedenen Fehlermaße schließt deshalb die Cross-Entropy (zur Optimierung der Signalqualität) und den Profit aus (beide Kriterien können durch Abwandlung der Sharpe-Ratio optimiert werden (siehe Abschnitt 4.3)).

Als Fehlermaße werden hier der mittlere quadratische Fehler (MSE) (siehe Abschnitt 4.1), die mittlere absolute Abweichung (MAE) (siehe Abschnitt 4.2) und die Sharpe-Ratio (SR) (siehe Abschnitt 4.3) verwendet. Für diese drei Kriterien kann ein Gradient ermittelt werden (siehe Abschnitt 6.6.1), so dass ein effizientes Gradientenverfahren eingesetzt werden kann. Die Ergebnisse sollen Hinweise geben, ob sich anhand der anwendungsorientierten Performance-Maße ein bestimmtes Fehlermaß als vorteilhaft erweist.

7.10.1 Einstellungen für die KNN

Die drei unterschiedlichen Fehlermaße dienen zur Optimierung der Gewichte eines KNN. Um vergleichbare Ergebnisse zu erhalten, müssen mehrere Einzelmodelle erstellt werden. Deshalb wird jeweils eine Population von 443 Einzelmodellen mit den verschiedenen Fehlermaßen gebildet.

Für eine Inputkombination werden verschiedene Topologien verwendet. Lern- Validierungs- und Testdaten sind für alle Modelle gleich. Als Lernverfahren wird ein deterministisches gradientenbasiertes Verfahren mit dem quasi-Newton Lernalgorithmus BFGS[17] eingesetzt. Die Startgewichte für ein Berechnungselement in der ersten verdeckten Schicht entsprechen den linearen Regressionskoeffizienten der Inputs (bezogen auf den Output als abhängige Variable). Alle anderen Gewichte werden für jeden Neustart des Verfahrens zufällig bestimmt. Zur Initialisierung der Gewichte werden

[17] vgl. Press et al. 1992, [PTVF92], S.425f

Werte im Intervall $[-1, 1]$ (erste Hälfte Neustarts) und $[-5, 5]$ (zweite Hälfte Neustarts) verwendet. Als Abbruchkriterium dient die Signalqualität, deren Differenz für die Lern- und Validierungsbeispiele 5% nicht überschreiten darf (siehe auch Abschnitt 7.6.2). Gespeichert werden die Modelle mit der höchsten Signalqualität in Lern- und Validierungsmenge, unabhängig von einer Mindesthöhe der Signalqualität. Als Regularisierung wird also Early-Stopping mit Cross-Validation eingesetzt, zusätzlich ist weight-decay aktiviert.

Speziell für die Sharpe-Ratio als Fehlermaß muss die Rendite einer risikolosen Anlage als externe Größe vorgegeben werden. Dieser risikolose Gewinn entspricht in den meisten Anwendungen einer Zinsanlage für die Laufzeit der Kontrakte (entspricht hier dem Tagesgeld). Beim Devisenhandel kann dieser (entgangene) Gewinn alternativ durch die entstandenen Transaktionskosten berücksichtigt werden. In vorangegangenen Versuchen zeigte sich, dass die Berücksichtigung der Transaktionskosten (für jeden Wechsel der prognostizierten Vorzeichen wurden 0.0002 DEM vom Gewinn abgezogen) gegenüber einer zeitraumbezogenen Größe den Vorteil brachte, dass die Modelle geringere Transaktionskosten verursachten.

Diese Einstellungen haben sich bei einer Vielzahl von Versuchen zur Modellierung der USD/DEM-Relation als vorteilhaft erwiesen. Da die erzielten Ergebnisse von diesen Einstellungen abhängen, beschränkt sich die Aussagefähigkeit auf eben diese Einstellungen. In diesem Sinne kann nur ein subjektiver Vergleich der verschiedenen Fehlermaße gezogen werden.

7.10.2 Ergebnisse und Diskussion

Die verschiedenen Fehlermaße sollen dazu dienen, eine bessere Performance der Prognosemodelle zu erreichen. Der Nutzen in der Wechselkursprognose kann darin liegen, über einen gegebenen Zeitraum einen möglichst hohen Tradingertrag zu erzielen. Andere Anwendungen z.B. zur Risikoabschätzung der Kursschwankungen sind ebenfalls denkbar. Die Ergebnisse der Modellierung mit den unterschiedlichen Fehlermaßen zeigen, dass sich die Ausprägungen einzelner Performance-Maße unterscheiden. Für eine spezielle Anwendung ist es daher sinnvoll, alternative Fehlermaße abzuleiten und diese direkt zur Parameteranpassung zu nutzen.

Tabelle 7.2 zeigt die Mittelwerte und die entsprechende Standardabweichung verschiedener Performance-Maße, für die Populationen von KNN, die mit unterschiedlichen Fehlermaßen trainiert wurden. Die Unterschiede in den Mittelwerten sind teilweise sehr hoch. So liegen beispielsweise die

Mittelwerte für den Anteil am Profit (NP) für die Prognosebeispiele recht weit auseinander. Die KNN, die mit der Sharpe-Ratio als Fehlermaß trainiert wurden, weisen gegenüber den KNN mit dem MAE als Fehlermaß einen fast doppelt so hohen Anteil am Profit auf. Allerdings ist die Standardabweichung für dieses Performance-Maß so hoch, dass sich hieraus kein signifikanter Unterschied ergibt. Tabelle 7.3 zeigt die signifikant unterschiedlichen Ergebnisse einer einfaktoriellen Varianzanalyse[18]. Der Anteil am Profit unterscheidet sich für die Prognosebeispiele demnach signifikant zwischen der Sharpe-Ratio und dem MSE als Fehlermaß. Signifikante unterschiede zwischen allen drei Fehlermaßen gibt es für die Prognosebeispiele nur bei dem mittleren quadratischen Fehler.

Dadurch, dass der mittlere quadratische Fehler für die drei Fehlermaße und alle Beispielmengen signifikant unterschiedlich ist, zeigt sich, dass eine unkritische Verwendung des MSE als Fehler- und Performance-Maß den anwendungsorientierten Nutzen stark beeinträchtigen kann. Anhand des empirischen Beispiels der Wechselkursprognose der USD/DEM-Relation stellt sich die Sharpe-Ratio als Fehlermaß besser dar. Gleichzeitig weist die Population mit der Sharpe-Ratio als Fehlermaß den durchschnittlich höchsten MSE auf.

Die Unterschiede zwischen den KNN-Populationen sind nicht nur für die Auswahl eines Prognosemodells für eine bestimmte Anwendung relevant. Durch die verschiedenen Verteilungsmodelle, die den Fehlermaßen zugrundeliegen, werden auch unterschiedliche Informationsmengen gebildet. Diese können für die Kombination der Einzelmodelle (siehe Abschnitt 5) sehr nützlich sein. Deshalb wäre es sinnvoll, auch andere Fehlermaße zur Parameteranpassung zu nutzen.

[18]vgl.Norušis 1993,[Nor93], S.281

Perf.-Maß	Set	Fehlermaß MSE $\hat{\mu}$	MSE $\hat{\sigma}$	MAE $\hat{\mu}$	MAE $\hat{\sigma}$	SR $\hat{\mu}$	SR $\hat{\sigma}$
MSE	L	.875	.205	.913	.192	1.02	.088
	V	.873	.203	.911	.188	1.02	.092
	P	.872	.236	.915	.220	1.04	.102
NP	L	17.22	5.70	16.05	5.32	16.04	5.35
	V	12.03	6.29	12.11	6.09	11.89	7.05
	P	.19	5.57	.55	5.43	1.03	5.53
SGNQ	L	57.67	1.68	57.26	1.64	57.20	1.53
	V	57.88	1.39	57.65	1.52	57.46	1.44
	P	50.17	1.94	50.25	1.98	50.35	1.99
SR	L	2.67	.924	2.28	.843	2.28	.708
	V	2.06	.580	1.59	.841	1.80	.666
	P	.19	.853	.25	.848	.31	.825
UKP	L	26.94	6.32	26.10	6.62	26.38	6.56
	V	24.79	7.20	24.36	6.76	24.53	7.07
	P	18.56	6.22	18.62	6.45	19.24	6.39

Tabelle 7.2: Performance der unterschiedlichen Fehlermaße: mittlerer quadratischer Fehler (MSE), mittlere absolute Abweichung (MAE) und Sharpe-Ratio (SR). Die Performance-Maße: MSE, Anteil am Profit (NP), Signalqualität (SGNQ), SR und Trefferquote der Umkehrpunkte (UKP) wurden für die Beispiele der Lern- (L), Validierungs- (V) und Prognosebeispiele (P) ermittelt. Neben dem Mittelwert $\hat{\mu}$ der 443 Einzelmodelle ist die Standardabweichung $\hat{\sigma}$ dargestellt.

Performance-Maß	Fehlermaß					
	MSE		MAE		SR	
	MAE	SR	MSE	SR	MSE	MAE
MSE	L,V,P	L,V,P	L,V,P	L,V,P	L,V,P	L,V,P
NP	L	L,P	L		L,P	
SGNQ	L,V	L,V	L,V	V	L,V	V
SR	L,V	L,V,P	L,V	V	L,V,P	V

Tabelle 7.3: Signifikant unterschiedliche Performance alternativer Fehlermaße: mittlerer quadratischer Fehler (MSE), mittlere absolute Abweichung (MAE) und Sharpe-Ratio (SR). Die Performance-Maße: MSE, Anteil am Profit (NP), Signalqualität (SGNQ) und SR wurden für die Populationen mittels einfaktorieller Varianzanalyse auf signifikant unterschiedliche Verteilung getestet. Die Einträge in den Zellen geben an, ob ein Unterschied in den Lern- (L), Validierungs- (V) und Prognosebeispielen (P) besteht. Das Signifikanzniveau beträgt 95%.

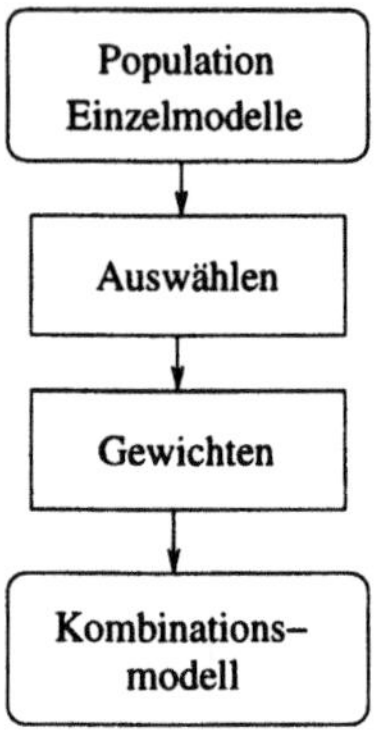

Abbildung 7.11: Kombination einzelner KNN.

7.11 Modellkombination mit einzelnen KNN

Modellkombinationen sollen die Generalisierungsleistung eines Prognosemodells verbessern. Der durch die Kombination von Einzelmodellen (Gruppen-Ansatz der Kombinationsmodelle siehe Abschnitt 5.1) entstehende Vorteil liegt darin, dass die Fehler-Varianz des Kombinationsmodells unter bestimmten Vorraussetzungen kleiner ist als die durchschnittliche Fehler-Varianz der Einzelmodelle. Da die Fehler-Varianz durch die Beispieldaten und die Abbildungskapazität eines Modells beeinflusst wird und die Parameteranpassung eines KNN oft eine hohe Fehler-Varianz hervorbringt, können durch die Kombination von KNN Vorteile bezüglich der Generalisierungsleistung erwartet werden.

In dem ausgewählten Beispiel werden Kombinationsmodelle aus den Einzelmodellen gebildet, die zur Prognose der Relation USD/DEM in täglicher Notierung dienen (siehe Abschitt 7). Abbildung 7.11 skizziert die Schritte zur Modellkombination. Aus einer Population von Einzelmodellen werden geeignete Modelle ausgewählt und gewichtet. Die gewichteten Einzelmodelle bilden dann das Kombinationsmodell.

7.11.1 Generalisierungsleistung eines Kombinationsmodells

Die Fehler-Varianz eines Einzelmodells ist definiert durch die Differenz zwischen dem Modelloutput und dem Erwartungswert der Modelloutputs für alle Mengen von Beispieldaten (siehe Abschnitt 3.3). Die Fehler-Varianz ist also auf die spezifische Menge der Beispieldaten zurückzuführen. Der Fehler eines Kombinationsmodells setzt sich zusammen aus dem Fehler-Bias, der Fehler-Varianz und der Fehler-Kovarianz[19] zwischen den Einzelmodellen. Die Verringerung des Generalisierungsfehlers (Prognosefehler) des Kombinationsmodells basiert auf einer geringen Fehler-Kovarianz (vgl. Abschnitt 5.1.1). Bei vollkommen dekorrelierten Fehler-Varianzen der Einzelmodelle, kann gegenüber der durchschnittlichen Fehler-Varianz der Einzelmodelle die Fehler-Varianz des Kombinationsmodells um den Faktor $\frac{1}{n}$ geringer sein. Da die Fehler-Varianz der Einzelmodelle bei empirischen Zeitreihen nicht berechnet werden kann (es fehlt der wahre bedingte Erwartungswert), wird ein Schätzer für den Generalisierungsfehler angegeben. Dieser Schätzer soll als Prognosefehler bezeichnet werden und wird außerhalb der zur Parameteranpassung verwendeten Beispieldaten ermittelt.

Je weniger die Fehler-Varianzen der Einzelmodelle korreliert sind, desto geringer kann der Prognosefehler des Kombinationsmodells ausfallen. Daraus ergibt sich ein Auswahlproblem, das darin besteht, aus einer Menge von Einzelmodellen diejenige Kombination zu ermitteln, deren Fehler-Kovarianz am geringsten ist. Dieses Problem kann durch die Modellgewichtung im Kombinationsmodell gelöst werden, wenn das Gewicht jedes Einzelmodells seinem Beitrag zur Reduktion der Kovarianz (Verringerung des Prognosefehlers) entspricht. Ein minimaler Prognosefehler des Kombinationsmodells entsteht daher durch die optimale Gewichtung der Einzelmodelle hinsichtlich ihrer Fehler-Kovarianzen.

In Abschnitt 5.1.5 wurden verschiedene Verfahren zur Gewichtung und zur Abbildung des funktionalen Zusammenhangs der Einzelmodelle dargestellt. Bei der empirischen Überprüfung unterschiedlicher Modellgewichtungen für die Relation USD/DEM ist nicht außer acht zu lassen, dass Daten zur Gewichtsanpassung des Kombinationsmodells nur begrenzt zur Verfügung stehen. Da hierfür ein Prognosefehler der Einzelmodelle verwendet werden soll, können zur Parameteranpassung der Einzel- und der Kombinationsmodelle nicht dieselben Beispiele dienen. Zudem muss davon ausgegangen werden, dass die Beispieldaten nicht frei von zufälligen Einflüssen sind. Die Gewichte eines Kombinationsmodells können daher mit einer Fehler-Varianz behaftet sein.

Für die Modellgewichtung eines Kombinationsmodells für empirische Zeitreihen ergeben sich also Unsicherheiten bei der Parameterwahl.

[19] vgl. Ueda und Nakano 1996, [UN96]

Einerseits lässt sich die Fehler-Kovarianz nicht ermitteln. Die Auswahl und Gewichtung der Einzelmodelle muss daher anhand ähnlicher Maße, z.B. der Kovarianz der Modell-Outputs oder der Modell-Fehler, vorgenommen werden. Andererseits ist die Modellauswahl und -gewichtung abhängig von einer Menge an Beispieldaten, denen ein zufälliger Anteil zugrunde liegt. Ein optimales Kombinationsmodell für empirische Zeitreihen zu finden, stellt sich daher als Problem dar. Dies spiegelt auch die große Anzahl publizierter Ansätze hierzu wieder.[20]

Frei vom zufälligen Einfluss der Beispieldaten ist ein Kombinationsmodell, das die Gleichgewichtung aller Einzelmodelle vornimmt. Deshalb gilt die Gleichgewichtung als ein robustes Verfahren.[21] Sie führt aber zum Auswahlproblem, wenn nicht alle Einzelmodelle aufgrund der Fehler-Kovarianzen (oder anderer Zielkriterien) in die Kombination aufgenommen werden sollen. Wird eine Gewichtung verwendet, muss ebenfalls eine Modellauswahl einbezogen werden, wenn nicht genügend Beispieldaten zur sicheren Bestimmung der Gewichte vorhanden sind. Der Modellauswahl kommt daher eine wichtige Rolle bei der Wahl eines guten Kombinationsmodells zu.

7.11.2 Auswahl der Einzelmodelle

Die Auswahl von Einzelmodellen dient der Verringerung des Generalisierungsfehlers des Kombinationsmodells. Theoretisch entscheidet allein die Fehler-Kovarianz der Einzelmodelle über die optimale Auswahl. Praktisch muss aber davon ausgegangen werden, dass nicht alle Einzelmodelle einen vergleichbaren Generalisierungsfehler aufweisen. Neben der Fehler-Kovarianz gilt es daher auch den Generalisierungsfehler der Einzelmodelle bei der Auswahl zu berücksichtigen, was häufig bei der Darstellung von Kombinationsmodellen vernachlässigt wird. Da die Fehler-Kovarianz der Einzelmodelle bei empirischen Zeitreihen nicht ermittelt werden kann (siehe oben) und der Generalisierungsfehler meist unbekannt ist, wird die optimale Auswahl zum Problem.

Da die Auswahl nach dem Generalisierungsfehler im Gruppen-Ansatz ohne Berücksichtigung der anderen Einzelmodelle durchgeführt werden kann, wird im Rahmen einer Vorauswahl der Einzelmodelle versucht, für den Einsatz in einem Prognosesystem solche Einzelmodelle zu bestimmen, die eine möglichst gleich gute Performance erwarten lassen. Die theoretisch

[20]vgl. z.B. die Literaturübersicht in Clemen 1989, [Cle89], die Diskussion bezüglich KNN in Sharkey 1996, [Sha96] und die Ausgabe von Machine Learning, 1999, Vol. 36

[21]vgl. Granger 1989, [Gra89]

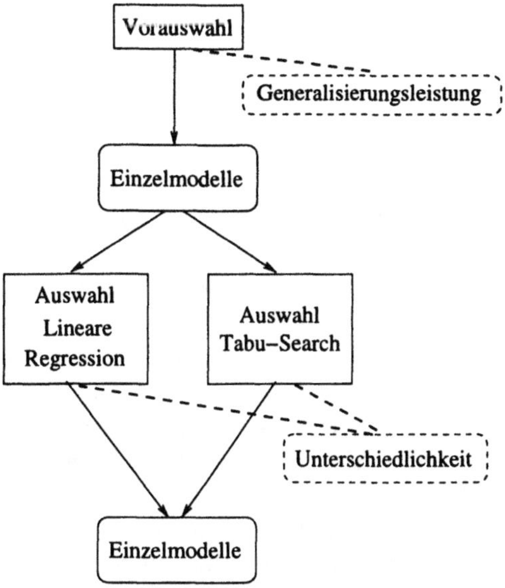

Abbildung 7.12: Auswahl der KNN zur Kombination

motivierte Auswahl von Einzelmodellen mit einem möglichst geringen Fehler-Bias (dieser kann im Kombinationsmodell nicht verbessert werden) muss schon bei Modellierung der Einzelmodelle berücksichtigt werden. Die für dieses empirische Beispiel verwendeten KNN können aufgrund der Approximationseigenschaften einen geringen Fehler-Bias haben. Die Modellauswahl berücksichtigt daher erst den Generalisierungsfehler der Einzelmodelle und versucht dann, den Beziehungen unter den Einzelmodellen Rechnung zu tragen (siehe Abbildung 7.12).

7.11.2.1 Vorauswahl der Einzelmodelle

Für die Prognose der USD/DEM Relation stehen KNN zur Verfügung, deren Komplexität durch Early-Stopping regularisiert wurde. Die Population setzt sich aus mehreren Teilpopulationen zusammen, die auf einer jeweils anderen Menge von Beispieldaten trainiert wurden. Die Architektur und Inputs variieren innerhalb der Teilpopulationen (siehe auch Abschnitt 7.5). Insgesamt sind 1972 Einzelmodelle in der Population. Ein Problem bei der Auswahl der Einzelmodelle ist, dass die wahre Generalisierungsleistung praktisch nicht ermittelt werden kann und die Schätzungen anhand des Prognosefehlers stark von dem betrachteten Zeitraum abhängen.

Aus der Population werden deshalb für jeden Prognosetag alle Einzelmodelle ausgewertet und eine Vorauswahl anhand der Prognoseleistung innerhalb der letzten 101 Tage getroffen.[22] Bei der Vorauswahl wird versucht, nur solche Einzelmodelle zu erfassen, deren Prognoseleistung sich von einer Zufallsziehung unterscheidet. Als Kriterium wurde hierfür die Trefferquote der Veränderungsrichtungen (Signalqualität) gewählt (siehe Abschnitt 7.7). Sie muss sowohl für positive Veränderungen als auch für negative Veränderungen mindestens 56% betragen.[23]

Diese Vorauswahl soll die aktuelle Prognoseleistung der Einzelmodelle sichern. Dazu werden Performance-Maße verwendet, die für einen praktischen Einsatz in einem Prognosesystem sinnvoll erscheinen und nicht der theoretisch fundierte MSE. Sie ist nicht Teil der Auswahl der Einzelmodelle zur Kombination, da hierzu das Verhältnis der Einzelmodelle zueinander zu berücksichtigen ist. Eine Vorauswahl kann sinnvoll sein, wenn das Verhältnis zwischen der Anzahl der Einzelmodelle und der Beispieldaten ungünstig ist oder die Prognoseleistungen der Einzelmodelle stark voneinander abweichen, wie es in diesem Beispiel der Fall ist.

Abbildung 7.13 zeigt die Mittelwerte und empirische Standardabweichung für verschiedene Performance-Maße zufälliger Modellkombinationen ohne Vorauswahl. Die Verteilungen für den Anteil am Profit[24] und die Signalqualität sind leicht schief. Für Ziehungen mit nur einem Modell zeigt die Verteilung den Erwartungswert für das jeweilige Performance-Maß. So ist beispielsweise bei der Signalqualität die obere Grenze des 95%-Intervalls bei 59% und die untere Grenze bei 36%. Das Intervall liegt damit nicht symmetrisch zum Mittelwert von 49%. Ähnlich sieht es für den Anteil am Profit

---

[22]Die Länge von ca. einem halben Jahr für die Bewertung der Einzelmodelle wurde ohne umfangreiche Experimente festgelegt. Es erschien sinnvoll eine mittelfristige Bewertung durchzuführen, da kurzfristige Ereignisse (externe Schocks z.B. Leitzinsänderungen) die Auswahl nicht zu stark beeinflussen sollten und langfristige Rahmenbedingungen (etwa die aktuelle konjunkturelle Phase) sich auf den täglichen Prognosehorizont eher gering auswirken.

[23]Die Quote von 56% und mehr, hat bei einer Binomialverteilten Zufallsvariablen mit der Erfolgsquote von 0.5 (beide Ereignisse gleich häufig) eine Eintrittswahrscheinlichkeit von weniger als 0.1 (bei 100 Ziehungen). Die Aufteilung nach positiven und negativen Veränderungen der USD/DEM Relation soll sicherstellen, dass nicht zufällig Trendphasen durch konstante Outputs getroffen werden.

[24]Der Anteil am Profit in Prozent gibt hier an, wieviel vom maximalen Profit (bei 100% Signalqualität) erreicht wird. Die Rendite eines Anlegers ergibt sich aus dem absoluten Ertrag und den Transaktionskosten und ist hier nicht dargestellt.

aus, dessen Mittelwert ohne entsprechende Vorauswahl durchweg negativ für diese Testbeispiele ist.

Die Vorauswahl der Einzelmodelle dient dazu, diejenigen Modelle zu bestimmen, die in der (mittelfristigen) Vergangenheit eine herausragende Performance gezeigt haben. Dabei kann nicht ausgeschlossen werden, dass nur so viele Einzelmodelle diese Kriterien erfüllen, wie nach der Annahme der Binomialverteilung (siehe oben) auch zu erwarten sind. Schließlich bleibt außerhalb des Vertrauensintervalls eine Restwahrscheinlichkeit und damit auch eine gewisse Anzahl von Modellen, für die die Hypothese nicht verworfen werden kann, dass diese Einzelmodelle eine zu erwartende Trefferquote von 0.5 (Signalqualität von 50%) haben. Die Performance der Modelle aus der Vorauswahl zeigt sich erst, wenn Echtprognosen damit durchgeführt werden (siehe Abschnitt 7.8 auf Seite 130).

Unabhängig von der Vorauswahl, zeigt Abbildung 7.14, dass der mittlere quadratische Fehler (MSE) für eine zunehmende Anzahl zufällig bestimmter Einzelmodelle im Kombinationsmodell abnimmt. Gegenüber dem Erwartungswert für ein Einzelmodell von 0.90 liegt der Erwartungswert für eine Kombination aus 5 Modellen bereits bei 0.42 und damit um die Hälfte niedriger. Dieses Ergebnis weist darauf hin, dass die Fehler-Kovarianz unter den Einzelmodellen so gering ist, dass eine erhebliche Verringerung (untere Grenze des 95%-Intervalls der Zufallsziehungen) des Generalisierungsfehlers möglich ist, sofern dieser anhand des MSE bemessen wird. Es zeigt sich aber auch, dass diese günstige Entwicklung des MSE hier nicht mit der Entwicklung z.B. des Profits übereinstimmt. Während anhand des Profits die Anzahl der Einzelmodelle in der Kombination eher begrenzt werden sollte, da mit zunehmder Anzahl Einzelmodelle der erwartete Profit abnimmt, sollte die Anzahl der Einzelmodelle anhand des MSE eher hoch ausfallen. Für die Vorauswahl und die Auswahl der Einzelmodelle untereinander muss daher das Ziel des Prognosesystems berücksichtigt werden.

7.11.2.2 Auswahl mit linearer Regression

Als Auswahlkriterium der Einzelmodelle für die Kombination sollte die Fehler-Kovarianz herangezogen werden. Da für dieses empirische Beispiel die Fehler-Kovarianz nicht zur Verfügung steht (siehe oben), wird die lineare Abhängigkeit zwischen den Einzelmodellen gewählt, um aufzudecken, welche Einzelmodelle ein möglichst unterschiedliches Input-Output-Verhalten aufweisen. Es können dann die Einzelmodelle ausgewählt werden, deren lineare Abhängigkeit relativ gering ist.

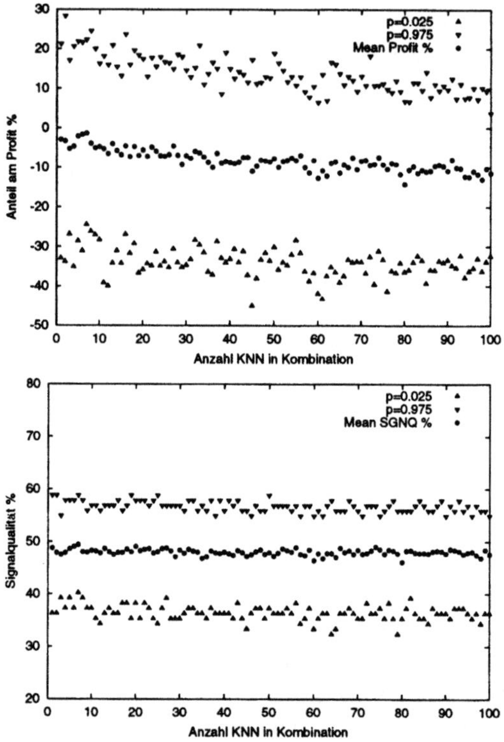

Abbildung 7.13: Zufällige Wahl der Einzelmodelle und deren Performance als Kombinationsmodell. Für diese Abbildung wurden Einzelmodelle 100-mal zufällig gezogen (mit Zurücklegen) und gleichgewichtet kombiniert. Die Plots geben den Mittelwert und die obere und untere Grenze des 95%-Intervalls der empirischen Verteilung an. Die Ziehungen wurden mit unterschiedlich vielen Einzelmodellen durchgeführt. Der Erwartungswert für ein Einzelmodell ohne Vorauswahl ist durch die empirische Verteilung der Performance-Maße bei einer Anzahl von 1 dargestellt. Je mehr Einzelmodelle in eine Kombination eingehen, desto geringer fällt der zu erwartende Anteil am Profit (oben) aus. Bei der Signalqualität (SGNQ) ist kein eindeutiger Trend zu erkennen.

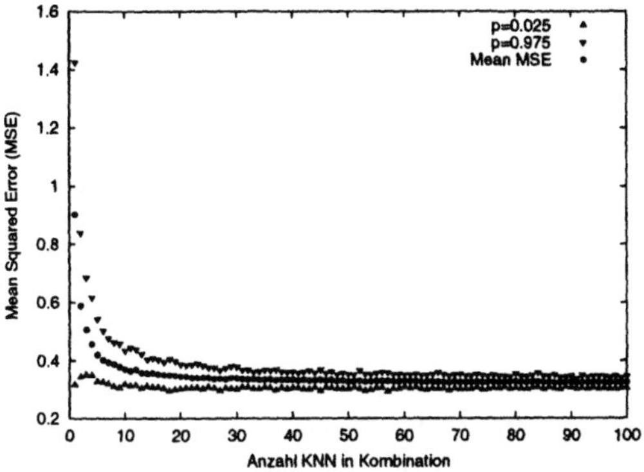

Abbildung 7.14: Mittlerer quadratischer Fehler (MSE) für Kombinationsmodelle, deren Einzelmodelle zufällig gewählt wurden. Für diese Abbildung wurden Einzelmodelle 100-mal zufällig gezogen (mit Zurücklegen) und gleichgewichtet kombiniert. Abgebildet ist der Mittelwert und die obere und untere Grenze des 95%-Intervalls der empirischen Verteilung. Die Ziehungen wurden mit unterschiedlich vielen Einzelmodellen durchgeführt. Der Erwartungswert für ein Einzelmodell ohne Vorauswahl ist durch die empirische Verteilung des MSE bei einer Anzahl von 1 dargestellt. Je mehr Einzelmodelle in eine Kombination eingehen, desto geringer fällt der zu erwartende MSE aus.

Mit der Auswahl nach der linearen Abhängigkeit der Einzelmodelle untereinander soll erreicht werden, dass vollkommen linear abhängige Einzelmodelle nicht in ein Kombinationsmodell eingehen. Darüber hinaus kann ein Ausschluss von Einzelmodellen, die durch alle anderen Einzelmodelle bereits relativ gut erklärt werden können, dazu beitragen, dass die Fehler-Kovarianz der Einzelmodelle abnimmt. Zur Beurteilung dieser Auswahlstrategie, wird für jeden Prognosetag die lineare Abhängigkeit zwischen den Einzelmodellen ermittelt. Dazu muss für jedes Einzelmodell ein Regressionsmodell für einen bestimmten Zeitraum aufgestellt werden. Anhand der Eigenwerte der Koeffizienten können vollkommen linear abhängige Einzelmodelle bestimmt werden. Das Bestimmtheitsmaß R^2 gibt Auskunft über die Erklärungsgüte des abhängigen Einzelmodells[25] und kann ebenfalls zum Ausschluss dieses Einzelmodells dienen. Der Ausschluss einiger Einzelmodelle aufgrund deren linearer Abhängigkeit verändert die Informationsmenge des Kombinationsmodells. Anhand vieler Prognosetage lässt sich dann die Performance dieser Auswahlstrategie gegenüber anderen ermitteln.

7.11.2.2.1 Auswahlkriterien

Wird ein lineares Regressionsmodell geschätzt, das den Output eines Einzelmodells als abhängige und den Output aller anderen Einzelmodelle als unabhängige Variablen enthält, zeigt sich die lineare Abhängigkeit unter den unabhängigen Variablen, wenn bei der Lösung des linearen Gleichungssystems mit der Singular-Value-Decomposition[26] die entsprechenden Eigenwerte einen sehr kleinen numerischen Toleranzwert unterschreiten.[27] Zudem gibt das Maß für die Bestimmtheit des Regressionsmodells R^2 Auskunft darüber, wie hoch die Güte des Regressionsmodells zur Erklärung der abhängigen Variablen ist.

Es ergeben sich also zwei Anhaltspunkte für eine hohe lineare Abhängigkeit zwischen den Einzelmodellen. Zum einen gibt ein hohes Bestimmtheitsmaß R^2 an, dass die Linearkombination aller anderen Einzelmodelle das abhängige Einzelmodell gut abbilden kann. Zum anderen zeigt ein Eigenwert unterhalb der numerischen Toleranzgrenze an, dass eine der unabhängigen Variablen (alle anderen Einzelmodelle) keinen Beitrag zur Erklärung des abhängigen Einzelmodells leistet und deshalb als linear abhängig

[25] vgl. z.B. Bohley 2000, [Boh00], S.242

[26] vgl. Press et al. 1992, [PTVF92] S.676ff

[27] Der numerische Toleranzwert für einen Eigenwert, der eigentlich Null ist und nur aufgrund rechnerischer Rundungsdifferenzen von Null abweicht, wurde sehr klein gewählt (ca. 10^{-6}). Vgl. hierzu auch Press et al. 1992, [PTVF92], S.64

zu den anderen gilt.

Vom Kombinationsmodell ausgeschlossen werden solche Modelle, deren Eigenwert (als unabhängiges Einzelmodell) unterhalb der numerischen Toleranzgrenze liegt oder deren Bestimmtheitsmaß R^2 (als abhängiges Einzelmodell) den Wert von 0.81 überschreitet.

7.11.2.2.2 Auswahlverfahren

Zur Auswahl der Einzelmodelle anhand deren linearer Abhängigkeit ist eine Menge von Beispieldaten nötig, für die die Regressionsgleichungen berechnet werden. Obwohl kein Bezug zu dem eigentlichen Prognoseziel (USD/DEM) besteht, müssen hierfür Daten bereitgestellt werden, die nicht mehr uneingeschränkt zur Beurteilung der Prognosegüte des Kombinationsmodells zur Verfügung stehen. Da bereits für die Vorauswahl die zurückliegenden 102 Beispiele gebraucht werden und die Auswahl nach linearer Abhängigkeit davon unabhängig ist, werden die Regressionsgleichungen für diese Beispieldaten aufgestellt. Weiterhin wird für jeden einzelnen Prognosetag die performance-basierte Vorauswahl und dann die Auswahl nach linearer Abhängigkeit durchgeführt.

Für die Bewertung des Auswahlverfahrens (und der anschließenden Gewichtung) werden in diesem Fall 101 Prognosetage ausgewertet. Das heißt, dass für jeden Prognosetag für die zurückliegenden 102 Beispiele die Vorauswahl durchgeführt wird. Anschließend werden die linearen Abhängigkeiten unter den Einzelmodellen für die zurückliegenden Beispiele berechnet. Befinden sich z.B. 30 Einzelmodelle in der Vorauswahl für einen Prognosetag, werden 30 Regressionsgleichungen berechnet und das jeweilige Bestimmtheitsmaß R^2 für jedes Einzelmodell ermittelt. Erfüllt ein Einzelmodell die Ausschlusskriterien, wird es aus der Auswahl entfernt und die Regressionsgleichungen werden erneut berechnet.

7.11.2.2.3 Lineare Abhängigkeiten

In Abbildung 7.15 sind die linearen Abhängigkeiten der Einzelmodelle aus der performance-basierten Vorauswahl dargestellt. Die Abbildung zeigt das durchschnittliche, minimale und maximale R^2, wie es für jeden Prognosetag ermittelt wurde. Dargestellt wird nicht jeder Prognosetag, sondern, um einen Überblick zu geben, die Anzahl der Einzelmodelle in der jeweiligen Vorauswahl und deren Werte für R^2. Wenn sich eine bestimmte Anzahl von Einzelmodellen für verschiedene Prognosetage mehrfach ergibt, sind auch mehrere R^2 dafür angegeben. Die Abbildung soll zunächst nur den generellen Zusammenhang zwischen der Anzahl der Einzelmodelle und deren linearer Abhängigkeit wiedergeben. Diese besteht offensichtlich darin, dass, je mehr Einzelmodelle ausgewählt wurden, desto höher tendenziell auch deren lineare Abhängigkeit untereinander ist. Dabei muss allerdings beachtet werden, dass bei zunehmender Anzahl Einzelmodelle die Anzahl der zugrundeliegenden Beispieldaten (102 Tage) konstant bleibt und daher die Regressionskoeffizienten mit zunehmender Unsicherheit behaftet sind. Die maximalen Werte für R^2 von 1 für einige Prognosetage mit mehr als 33 Einzelmodellen deuten jedoch darauf hin, dass teilweise eine sehr hohe lineare Abhängigkeit zwischen den Einzelmodellen besteht und dass, je mehr Einzelmodelle in der Vorauswahl sind, die Wahrscheinlichkeit für diese hohe lineare Abhängigkeit zunimmt.

Die Auswahl der Einzelmodelle hinsichtlich ihrer linearen Abhängigkeit sollte die Anzahl der verwendeten Einzelmodelle beschränken und darüber hinaus solche Einzelmodelle auswählen, deren lineare Abhängigkeit untereinander gering erscheint.[28] Abbildung 7.16 zeigt das Bestimmtheitsmaß R^2 für die 101 Kombinationsmodelle, nachdem nur solche Einzelmodelle ausgewählt wurden, deren R^2 kleiner 0.81 ist. Dabei wurden schrittweise die Einzelmodelle mit der jeweils höchsten linearen Abhängigkeit entfernt. Die obere Grenze des maximalen R^2 beträgt nun 0.81. Der Zusammenhang zwischen der Anzahl Einzelmodelle und durchschnittlichem R^2 ist immer noch sichtbar. Wie sich die Prognosegüte mit und ohne diese Auswahl darstellt, wird im Abschnitt 7.11.4 auf Seite 167 dargestellt.

7.11.2.3 Auswahl mit Tabu-Search

Alternativ zu der am mittleren quadratischen Fehler (MSE) orientierten Auswahl der Einzelmodelle, wurde ein Verfahren entwickelt, dass dem Ziel des Prognosesystems entsprechen soll. Für den Einsatz der Modelle zur täglichen Prognose der USD/DEM Relation ist es für einen Anleger relevant,

[28] Wie gering die lineare Abhängigkeit der Outputs der Einzelmodelle sein sollte, lässt sich nicht präzise bestimmen. Ein Standpunkt kann sein, nur vollkommene lineare Abhängigkeit zum Ausschluss einzelner Modelle führen zu lassen. Es ist aber auch möglich, in einer schrittweisen Vorgehensweise diejenigen Einzelmodelle zu bestimmen, deren lineare Abhängigkeit am stärksten ist und diese auszuschließen. Hierfür dienen Toleranzwerte z.B. $1 - R^2$, die allerdings nur Anhaltswerte darstellen und nicht zur optimalen Auswahl der linear unabhängigen Einzelmodelle führen. Ein sehr restriktiver Ausschluss von Einzelmodellen verringert die Informationsmenge, auf die sich das Kombinationsmodell stützen kann. Daher kann es sinnvoll sein, nur vollkommene lineare Abhängigkeit auszuschließen, weil hierbei keine zusätzliche Informationsmenge durch ein Einzelmodell entsteht.

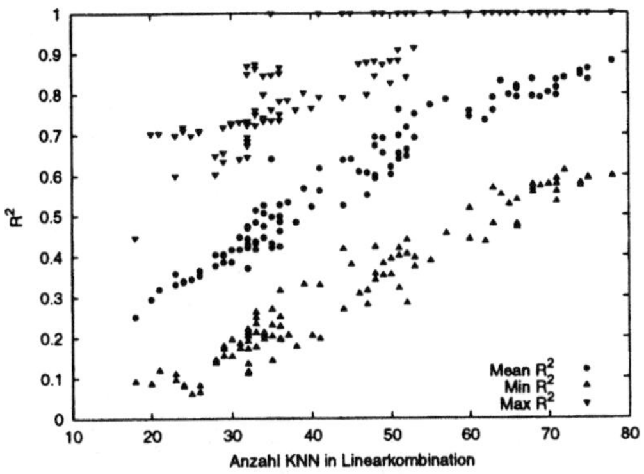

Abbildung 7.15: Lineare Abhängigkeit der Einzelmodelle untereinander. Aus der Vorauswahl stehen für 101 Prognosetage eine bestimmte Anzahl von Einzelmodellen für die Kombination zur Verfügung. Für jedes Einzelmodell eines Prognosetages wird die lineare Abhängigkeit zu den anderen Einzelmodellen aus der jeweiligen Vorauswahl mit einer Regressionsgleichung berechnet, die für die zurückliegenden 102 Beispiele ohne Konstante aufgestellt wird. Das Bestimmtheitsmaß R^2 jedes dieser Regressionsmodelle ist die Grundlage für diese Abbildung. Dargestellt ist der Durchschnitt, das Minimum und das Maximum für R^2 aus den Regressionsgleichungen eines Prognosetages. Für eine Anzahl an Einzelmodellen kann es mehrere Prognosetage und daher mehrere Punkte geben. Ist ein Einzelmodell durch eine Linearkombination der anderen Modelle darstellbar, nimmt R^2 den Wert 1 an. Ein R^2 kleiner 1 zeigt daher, dass die Einzelmodelle nicht vollkommen linear abhängig untereinander sind.

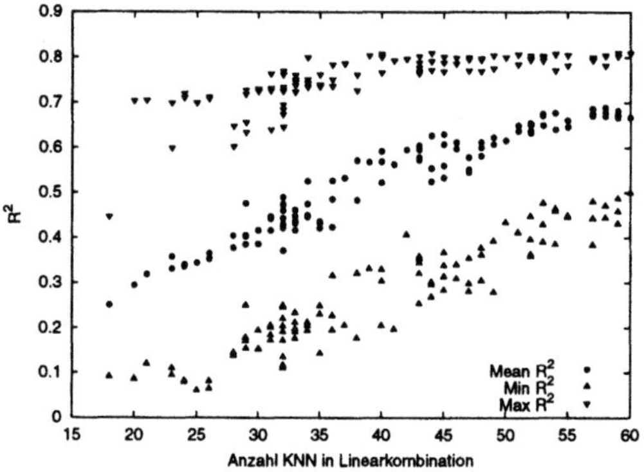

Abbildung 7.16: Lineare Abhängigkeit der Einzelmodelle untereinander. Aus der Vorauswahl stehen für 101 Prognosetage eine bestimmte Anzahl von Einzelmodellen für die Kombination zur Verfügung. Für jedes Einzelmodell eines Prognosetages wird die lineare Abhängigkeit zu den anderen Einzelmodellen aus der jeweiligen Vorauswahl mit einer Regressionsgleichung berechnet, die für die zurückliegenden 102 Beispiele ohne Konstante aufgestellt wird. Ausgeschlossen werden Einzelmodelle, die als abhängige Variable $R^2 > 0.81$ erfüllen. Diese Einzelmodelle gelten als linear abhängig von den anderen. Das Bestimmtheitsmaß R^2 jedes dieser Regressionsmodelle ist die Grundlage für diese Abbildung. Dargestellt ist der Durchschnitt, das Minimum und das Maximum für R^2 aus den Regressionsgleichungen eines Prognosetages. Für eine Anzahl an Einzelmodellen kann es mehrere Prognosetage und daher mehrere Punkte geben.

Gewichte	0	1	0	...	0	1
Modell-Nr.	1	2	3		n-1	n

Abbildung 7.17: Eine Repräsentation für das Auswahlproblem der Einzelmodelle ist ein binärer Vektor, der für jedes Einzelmodell ein Gewicht vorsieht.

wieviel Rendite ein solches Prognosesystem erzielt, und nicht, wie genau die einzelnen Veränderungen prognostiziert werden können. Da die Rendite von der richtigen Prognose der Veränderungsrichtung (Signalqualität) und der Ausprägung der Veränderung abhängt, wird hier als Zielkriterium die Signalqualität gewählt. Anders als die Rendite, hängt die Signalqualität nicht von der Ausprägung einzelner Veränderungen ab, die durch externe Einflüsse (z.B. Zinsänderungen oder Interventionsmaßnahmen der Bundesbanken) stark geprägt sein kann. Da bereits in der Vorauswahl die Einzelmodelle nach deren Signalqualität bewertet wurden, sollen die Einzelmodelle nun hinsichtlich ihrer Wirkung auf die Signalqualität des Kombinationsmodells ausgewählt werden.

Anstelle der optimalen Gewichtung wird hier die Selektion von Einzelmodellen vorgenommen. Die Selektion ist eine sehr restriktive Gewichtung, bei der ein Gewicht $(0, 1)$ gegenüber z.B. der linearen Regression nur wenig von den Ausprägungen einzelner Beispiele abhängt. So können auch Zielkriterien bzw. Fehlerfunktionen verwendet werden, die nicht zur funktionalen Anpassung von Parametern z.B. durch Fehlerableitungen geeignet sind. Außerdem ergeben sich die Vorteile eines gleichgewichteten robusten Schätzers (siehe oben). Gleichzeitig schließt die Gleichgewichtung viele Verfahren zur Selektion der Einzelmodelle aus. Tabu-Search ist eine Meta-Heuristik, die für vielseitige Problemstellungen angepasst werden kann.[29] Insbesondere bestehen keine Restriktionen bezüglich des Zielkriteriums und das Verfahren ist für ganzzahlige Kombinationsprobleme geeignet.[30]

Das Auswahlproblem besteht darin, die Entscheidung darüber zu treffen, ob ein Einzelmodell in die Kombination aufgenommen wird (Gewicht = 1) oder nicht (Gewicht = 0). Die Gewichte der Einzelmodelle lassen sich in einem binären Vektor darstellen (siehe Abbildung 7.17). Tabu-Search verwendet Operatoren, um Lösungen zu verändern. Eine gegebene Lösung

[29] vgl. Glover und Laguna 1997, [GL97]
[30] Ibidem, S.300

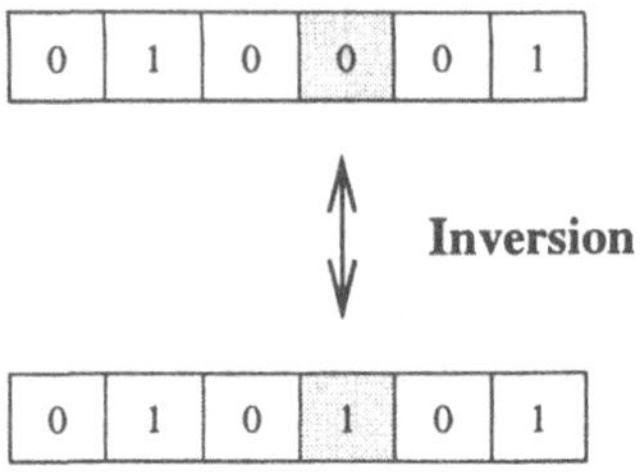

Abbildung 7.18: Benachbarte Lösungen durch Inversion.

wird mittels einer Operation verändert. Beide Lösungen sind benachbart. Die Nachbarschaft einer Lösung ist daher durch die Menge der Lösungen gegeben, die sich durch eine Operation ergeben können. Abbildung 7.18 zeigt zwei benachbarte Lösungen, die durch Inversion eines Elementes entstehen. Dadurch, dass jedes Element des binären Vektors invertiert werden kann, besteht diese Nachbarschaft aus n anderen Lösungen.

Problematisch bei diesem Ansatz ist, dass nicht das Zielkriterium direkt optimiert werden soll. Ziel ist es, Einzelmodelle zu selektieren, die über eine möglichst unterschiedliche Informationsmenge zu einer hohen Generalisierungsleistung (Signalqualität) führen. Da die Signalqualität für die Beispieldaten mit beliebig vielen Einzelmodellen (in der gesamten Population befinden sich 1972 Einzelmodelle und die tägliche Vorauswahl selektiert davon durchschnittlich 45) stark optimiert werden kann und aufgrund der Eigenschaften des Prognoseziels nicht sicher von den Beispieldaten auf die Generalisierungsleistung geschlossen werden kann, bietet sich die direkte Optimierung des Zielkriteriums für die Beispieldaten nicht an. Um eine hohe Generalisierungsleistung des Kombinationsmodells zu erreichen, sollen möglichst wenig Einzelmodelle ausgewählt werden.

Da die Generalisierungsleistung sich aber nicht direkt aus den Beispieldaten ergibt, ist eine Optimierung anhand der Beispiele eigentlich nicht möglich. Bei der Auswahl der Einzelmodelle kommt es grundsätzlich darauf an, dass die Informationsmengen der Modelle möglichst unterschiedlich sind. Diese Informationen können bei der Optimierung für die Beispieldaten gewonnen werden.

Wenn durch die Aufnahme eines Einzelmodells in ein Kombinationsmodell ein besonders hoher Beitrag zur Verbesserung der Lösungsgüte zu beobachten ist, spricht das für die Lösungsgüte des Einzelmodells. Lässt sich ein hoher Beitrag zur Lösungsgüte bei vielen, unterschiedlichen Kombinationsmodellen erkennen, so kann daraus geschlossen werden, dass die Informationsmenge des Einzelmodells gegenüber der durchschnittlichen Informationsmenge aller Einzelmodelle verschieden ist. Die Selektion mit Tabu-Search basiert deshalb nicht auf dem Kombinationsmodell mit der höchsten Signalqualität für die Beispieldaten, sondern auf der Häufigkeit, mit der ein Einzelmodell den höchsten Beitrag zur Lösungsgüte beigetragen hat.

Ein Baustein von Tabu-Search sind Gedächtnisstrukturen, mit denen Informationen über den Verlauf der Suche gespeichert werden. Aufgrund dieser Gedächtnisstrukturen kann nicht nur ein gutes Kombinationsmodell für die Beispieldaten gesucht werden, sondern die Informationen in den Gedächtnisstrukturen beziehen den Beitrag, den ein Einzelmodell leistet, explizit ein. Damit begründet sich die Wahl von Tabu-Search und es zeigt, dass die Tabu-Search zugrundeliegenden Prinzipien vielseitig anwendbar sind.[31]

7.11.2.3.1 Zielkriterium und Ablauf der Suche

Da bereits bei der Vorauswahl nach der Signalqualität ausgewählt wurde, wird das Zielkriterium dieses Ansatzes von der Standardabweichung der Signalqualität des Kombinationsmodells gebildet, die mit einem Bootstrap-Ansatz ermittelt wird. So sollen diejenigen Einzelmodelle ausgewählt werden, die für die Beispieldaten eine möglichst geringe Standardabweichung der Signalqualität bewirken und damit das Risiko anhaltender Verluste begrenzen.

Dazu wird ein Kombinationsmodell schrittweise erweitert und das jeweils neu hinzugenommene Einzelmodell erhält den Wert, den das

[31] Die Diversität der Informationsmengen der Einzelmodelle bildet in Tabu-Search ein Funktionsprinzip. Mit der Diversität wird die Distanz verbunden, die ein bestimmtes Element (hier ein Einzelmodell) hinsichtlich der Lösungsgüte herbeiführt. Mit Operationen ist eine Distanz auf der Fehleroberfläche verbunden. Verschiedene Operatoren verursachen unterschiedlich große Distanzen. Ist diese Distanz für einen Operator besonders groß, kann die Suche entsprechend stark diversifiziert werden. Dieser Mechanismus wird üblicherweise genutzt, um lokale Minima auf der Fehleroberfläche zu überwinden. Die Speicherung der Distanzen in den Gedächtnisstrukturen von Tabu-Search dient daher der Überwindung von lokalen Minima. In dieser Anwendung haben die Distanzen zwar eine ähnliche Bedeutung aber eine andere Verwendung. Ihre Bedeutung als Information über die unterschiedlichen Informationsmengen der Einzelmodelle kann über die Distanz erfasst werden. Verwendet wird diese Distanz aber nicht zur Überwindung lokaler Minima sondern zur Bestimmung der Einzelmodelle mit unterschiedlichen Informationsmengen. Da bei der Gleichgewichtung der Einzelmodelle kein negativer Ausgleich der Informationsmengen vorgenommen werden kann, werden nur Distanzen berücksichtigt, deren Wirkung positiv hinsichtlich des Zielkriteriums ist.

Kombinationsmodell hinsichtlich der Standardabweichung der Signalqualität erhält. Da hierbei einem Einzelmodell die Bewertung eines Kombinationsmodells zugeteilt wird und eigentlich eine Bewertung für den Beitrag des Einzelmodells ermittelt werden soll, werden die Einzelmodelle in vielen Versuchen in unterschiedliche Kombinationsmodelle einbezogen.

Die Anzahl an Einzelmodellen, die bei einem Versuch für ein Kombinationsmodell ausgewählt werden, wird durch die gesamte Anzahl der Einzelmodelle (durch die Vorauswahl reduziert) bestimmt. Um eine gezielte Ziehung der Einzelmodelle und eine zufällige Auswahl zu ermöglichen, wird eine Gedächtnisstruktur des Verfahrens Tabu-Search nach Glover [Glo89], [Glo90] verwendet. In einem Long-Memory wird für jedes Einzelmodell festgehalten, wie oft ein Einzelmodell die geringste Standardabweichung der Signalqualität des Kombinationsmodells bewirkt. Bei der schrittweisen Erweiterung des Kombinationsmodells ist das jenes Einzelmodell, welches durch seine Aufnahme den höchsten Beitrag zum Zielkriterium ergibt.

Nach einer Reihe von zufälligen Ziehungen der Einzelmodelle werden zunehmend solche Einzelmodelle als erste Kandidaten des Kombinationsmodells ausgewählt, deren Wert im Long-Memory am höchsten ist. Gute Einzelmodelle bilden dann die Basis; zufällige Ziehungen erweitern das Kombinationsmodell. Darüber hinaus werden auch Einzelmodelle gewählt, die keine oder keine gute Bewertung im Long-Memory haben, um nicht frühzeitig den Suchraum einzugrenzen. Eine weitere Gedächtnisstruktur, das Short-Memory, sorgt dafür, dass ein nach dem Wert des Long-Memory gewähltes Einzelmodell für eine bestimmte Anzahl weiterer Versuche nicht verwendet werden kann[32] und verhindert damit die zyklische Verwendung

[32] Im Ansatz von Glover kann eine Operation (hier ist es die Aufnahme ins Kombinationsmodell) verboten bzw. tabuisiert werden (daher der Name). Dieses Tabu kann bei jedem Versuch aufgehoben werden, wenn sich durch die Durchführung der tabuisierten Operation eine globale Verbesserung hinsichtlich des Zielkriteriums ergibt. Diese als Aspiration-Kriterium bezeichnete Ausnahme vom Tabu kann nur dann überprüft werden, wenn die tabuisierten Einzelmodelle in ein Kombinationsmodell einbezogen werden, was zusätzliche Rechenzeit erfordert. In diesem Ansatz wird bei jedem Aufbau des Kombinationsmodells auch zugelassen, dass tabuisierte Einzelmodelle im Kombinationsmodell einbezogen werden. Jedoch wird nur dann die Bewertung im Long-Memory erhöht, wenn sich für ein tabuisiertes Einzelmodell die beste Lösung aus allen Ziehungen und Versuchen ergibt und es sich nicht um das Einzelmodell mit der besten Bewertung im Long-Memory handelt. So werden Zyklen zwar nicht völlig verhindert, aber wirksam eingeschränkt. Außerderm bewirkt die Einbeziehung tabuisierter Einzelmodelle, dass dazu passende, zufällig gezogene Einzelmodelle schneller identifiziert werden und sich so Blöcke von mehreren Einzelmodellen herausstellen, die zusammen eine geringe Standardabweichung der Signalqualität bewirken. Diese Building-Blocks zeigen sich besonders zum Ende der Suche, da dann der Anteil zufällig gezogener Einzelmodelle immer geringer wird.

derselben besten Einzelmodelle.

Beide Gedächtnisstrukturen zusammen ermöglichen die Steuerung der Suche. Die Bewertung im Long-Memory zeichnet solche Einzelmodelle aus, die bereits einen hohen Beitrag zum Zielkriterium leisteten. Damit können gezielt gute Einzelmodelle ausgewählt werden. Das Short-Memory verhindert, dass immer dieselben Einzelmodelle in die verschiedenen Kombinationsmodelle aufgenommen werden. Zusammen mit den zufälligen Ziehungen von Einzelmodellen kommen verschiedene Kombinationsmodelle zustande, und die Einzelmodelle werden in unterschiedlichsten Kombinationsmodellen bewertet.

Der Verlauf der Suche ist in drei Phasen unterteilt.

- In der ersten Phase (40% der Versuche) werden überwiegend zufällige Ziehungen der Einzelmodelle vorgenommen. Mit zunehmender Anzahl der Versuche werden auch solche Einzelmodelle ausgewählt, die noch keinen Eintrag bzw. eine niedrige Bewertung im Long-Memory haben. Dadurch werden zum einen Einzelmodelle ausgewählt, die bei Zufallsziehungen noch nicht dabei waren, und zum anderen kommen Einzelmodelle in Kombinationsmodelle, die bei vorhergehenden Versuchen zu keiner Verbesserung des Zielkriteriums geführt haben.

- In der zweiten Phase (40% der Versuche) wird eine konstante Anzahl Einzelmodelle mit niedriger Bewertung im Long-Memory ausgewählt. Die weiterhin zu ziehenden Einzelmodelle werden zum Teil zufällig bestimmt und zum Teil sind es die Einzelmodelle mit den höchsten Bewertungen im Long-Memory. Dabei nimmt der Anteil zufälliger Ziehungen im Verlauf der zweiten Phase ab und der Anteil mit guter Bewertung nimmt zu.

- In der dritten Phase (20% der Versuche) werden einige Einzelmodelle zufällig gezogen und einige werden nach ihrer guten Bewertung im Long-Memory ausgewählt. Der Anteil zufällig gezogener Einzelmodelle nimmt im Verlauf der dritten Phase ab.

7.11.2.3.2 Beispiel für die drei Phasen

Abbildung 7.19 zeigt an einem Beispiel, wie sich die Bewertung im Long-Memory in den drei Phasen der Suche verändert. Im oberen Teil der Abbildung sind die Bewertungen der Einzelmodelle nach der ersten Phase dargestellt. In der Mitte und im unteren Teil ist jeweils das Ende der zweiten und dritten Phase abgebildet. Die Bewertung zeigt, wie oft ein Einzelmodell den höchsten Beitrag zur Verringerung der Standardabweichung der Signalqualität des Kombinationsmodells bewirkte. Am Ende der Suche gibt es nur einige Einzelmodelle, die eine besonders hohe Bewertung erzielen. Es ist zu erkennen, dass kein Einzelmodell eine besonders niedrige Bewertung aufweist. Dies wird weitgehend durch die Ziehung solcher Einzelmodelle bewirkt, die eine niedrige Bewertung im Long-Memory aufweisen (Phase eins und zwei).

Nach der ersten Phase liegen die Bewertungen für die Einzelmodelle relativ weit auseinander. Hier kommt der hohe zufällige Anteil bei den Ziehungen zum Tragen. Das Modell mit der höchsten Bewertung behält diesen Rang allerdings bis zur dritten Phase bei. Nach der zweiten Phase zeigen sich nur noch geringe Unterschiede in den Bewertungen. Besonders im unteren Bereich der Bewertung liegen viele Einzelmodelle. Dies weist darauf hin, das der Anteil an Ziehungen von Einzelmodellen mit niedriger Bewertung dazu führt, dass in dieser Phase kein Einzelmodell von der Suche ausgeschlossen wird. Nach der dritten Phase zeichnen sich die Einzelmodelle, die zur Auswahl des Kombinationsmodells gehören, deutlich von den anderen ab. Die meisten Einzelmodelle hatten bereits nach der ersten und zweiten Phase eine überdurchschnittlich hohe Bewertung. Jedoch führte die dritte Phase noch zu erheblichen Veränderungen. So ist beispielsweise die Bewertung des Einzelmodells mit der Nummer 1 stark gestiegen, während sich die Bewertung z.B. des Modells mit der Nummer 5 in dieser Phase nicht mehr veränderte. In dieser Phase wird, ausgehend von den bisher besten Einzelmodellen, besonders intensiv nach Einzelmodellen gesucht, die zusammen das höchste Zielkriterium erreichen.

Die Einzelmodelle für das endgültige Kombinationsmodell bestimmen sich aus der Bewertung im Long-Memory. Dabei werden alle Einzelmodelle ausgewählt, deren Bewertung mindestens dem doppelten Mittelwert (Median) entsprechen. Ist kein Einzelmodell mit einer solchen Bewertung dabei, werden die obersten 10% der Einzelmodelle ausgewählt. In diesem Beispiel konnten acht Einzelmodelle aufgrund der überdurchschnittlich hohen Bewertung bestimmt werden.

Ziel der Suche ist, diejenigen Einzelmodelle zu bestimmen, die zusammen die geringste Standardabweichung der Signalqualität für die Beispieldaten ergeben. Die Unterteilung in die drei Phasen und die Gedächtnisstrukturen sollen dazu beitragen, dass möglichst unterschiedliche Kombinationsmodelle gebildet werden, aber auch, dass unter den guten Einzelmodellen gezielt nach der besten Kombination gesucht wird. Im Gegensatz zu Baum-

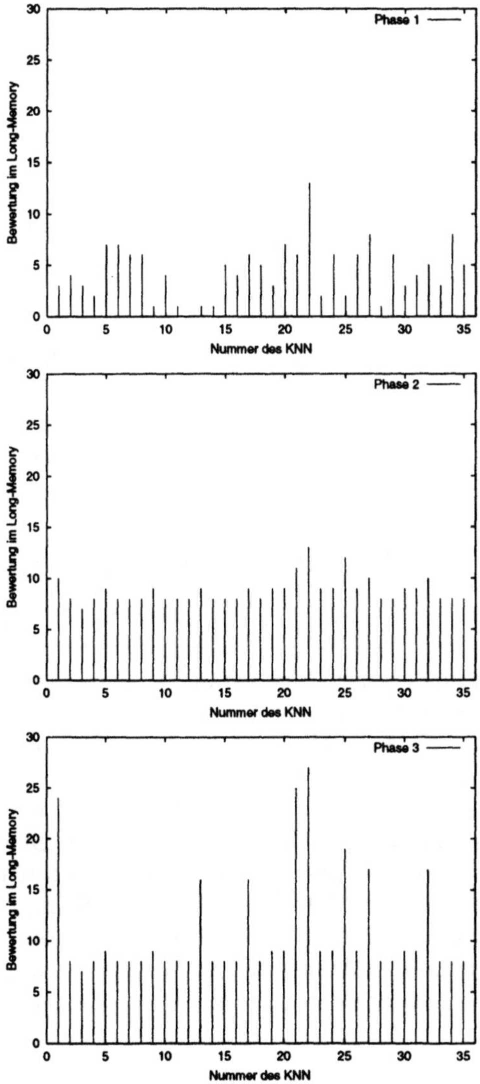

Abbildung 7.19: Die drei Phasen der Modellauswahl mit Tabu-Search. Dargestellt ist (von oben) die Bewertung im Long-Memory für jedes Einzelmodell nach jeweils einer Phase der Suche. Die Bewertung erhöht sich für jedes Einzelmodell, wenn durch die Aufnahme des Modells in ein Kombinationsmodell der höchste Wert hinsichtlich des Zielkriteriums erreicht wird.

verfahren, die für eine solche Suche[33] verwendet werden können, wird hier nicht auf die zusätzliche Klassifikationsleistung[34] eines Einzelmodells Bezug genommen, die durch die Aufnahme in das Kombinationsmodell entsteht. Denn hier soll nicht die maximale Klassifikationsleistung (höchste Signalqualität) gesucht werden. Vielmehr wird berücksichtigt, dass die Realisationen der USD/DEM Relation einem unbekannten zufälligen Einfluss unterliegen. Eine Optimierung mit einem Baumverfahren könnte daher wenige Einzelmodelle mit einer hohen Fehler-Varianz bevorzugen.[35]

7.11.2.3.2.1 Lineare Abhängigkeit der ausgewählten Einzelmodelle

Abbildung 7.20 zeigt die linearen Abhängigkeiten der Einzelmodelle untereinander, die für die jeweiligen Prognosetage durch den Tabu-Search-Ansatz bestimmt wurden. Das Bestimmtheitsmaß R^2 beruht auf der Berechnung der Regressiongleichungen, bei denen jeweils eines der ausgewählten Einzelmodelle als abhängige und die anderen als unabhängige Variablen gesetzt wird (siehe Abschnitt 7.11.2.2). Für eine übersichtliche Darstellung wurde auf die Abbildung des Minimum und Maximum für R^2 wie in den Abbildungen 7.15 und 7.16 verzichtet. Da die Anzahl der ausgewählten Einzelmodelle relativ gering ist, fällt auch das Bestimmtheitsmaß R^2 nicht sehr hoch aus. Allerdings wurden an 3 Prognosetagen Einzelmodelle ausgewählt, die vollkommen linear abhängig waren. Dies kann nur dadurch erklärt werden, dass ihr Beitrag zum Zielkriterium besonders hoch war. Die Mehrfachziehung derselben Informationsmenge (aus verschiedenen Einzelmodellen) gewichtet diese gegenüber den Informationsmengen der anderen Einzelmodelle. Für die Prognosen mit dem Tabu-Search-Ansatz (gleichgewichtet) wurden diese Multikollinearitäten nicht beseitigt. Sie zeigen jedoch, dass die Verbesserung der Standardabweichung der Signalqualität nicht immer mit einer Verringerung der Kovarianz der Einzelmodelle einhergeht.

[33]vgl. z.B. Freund und Schapire 1996, [FS96]

[34]Die Wahl der Signalqualität und der Ableitung des Zielkriteriums aus deren Standardabweichung, die durch Sampling ermittelt wird, lässt es zu, ein Klassifikationsproblem daraus zu formulieren. Für die zwei Klassen (positive und negative Veränderungsrichtung) kann der Output der Einzelmodelle entsprechend abgeleitet werden.

[35]In einer vergleichenden Untersuchung verschiedener Baumverfahren stellen Bauer und Kohavi 1999, [BK99], S.134, fest, dass der zufällige Anteil in den Daten einen erheblichen Einfluss auf die Eignung verschiedener Verfahren haben kann.

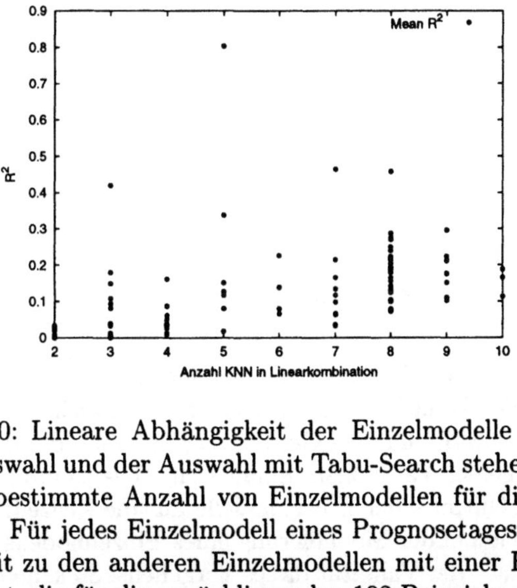

Abbildung 7.20: Lineare Abhängigkeit der Einzelmodelle untereinander. Aus der Vorauswahl und der Auswahl mit Tabu-Search stehen für 101 Prognosetage eine bestimmte Anzahl von Einzelmodellen für die Kombination zur Verfügung. Für jedes Einzelmodell eines Prognosetages wird die lineare Abhängigkeit zu den anderen Einzelmodellen mit einer Regressionsgleichung berechnet, die für die zurückliegenden 102 Beispiele ohne Konstante aufgestellt wird. Dargestellt ist der Durchschnitt für R^2 aus den Regressionsgleichungen eines Prognosetages. Für eine Anzahl an Einzelmodellen kann es mehrere Prognosetage und daher mehrere Punkte geben.

7.11.2.3.2.2 Kritische Parameter

Abschließend muss erwähnt werden, dass die Festlegungen dieses Ansatzes aus einer Vielzahl von Versuchen hervorgehen. Natürlich gibt es kritische Einstellungen wie z.B. das Zielkriterium, die den Erfolg eines solchen Ansatzes wesentlich bestimmen und die nicht allgemeingültig vorgenommen werden können. Damit ist dieser Ansatz für ein bestimmtes Problem festgelegt. Die Darstellung dieses Ansatzes soll zeigen, dass es möglich ist, mit Elementen von Tabu-Search eine problemadäquate zielgerichtete Suche nach Einzelmodellen durchzuführen. Bei dieser Anwendung kam es darauf an, solche Einzelmodelle zu bestimmen, deren Informationsmengen möglichst unterschiedlich sind und die daher einen überdurchschnittlich positiven Einfluss auf das Zielkriterium haben.

7.11.3 Modellgewichtung

Nach der Auswahl der Einzelmodelle aus der gesamten Population müssen diese miteinander kombiniert bzw. zueinander gewichtet werden. Bei der Optimierung des MSE hat die Gewichtung das Ziel, die durchschnittliche Kovarianz der Fehler-Varianz zu minimieren. Dies kann mit einer linearen Regression der Outputs der Einzelmodelle auf die Zielzeitreihe vorgenommen werden. Wie bei der Modellierung eines Einzelmodells stellt sich auch hier die Frage nach der Validität dieses Vorgehens. So kann die Zielfunktion des MSE vor dem Hintergrund der Eigenschaften des empirischen Problems hinterfragt werden. Auch die Auswirkung der begrenzten Menge von Beispieldaten ist für die Wahl der Modellgewichte relevant.

Für dieses empirische Beispiel kann die Fehler-Varianz eines Einzelmodells nicht angegeben werden (siehe oben). Ersatzweise wird die lineare Abhängigkeit zu den anderen Einzelmodellen verwendet. Die Gewichtung der Einzelmodelle mit einer linearen Regression ist dann ein Problem, wenn die Einzelmodelle untereinander linear abhängig sind (Multikollinearitäten). Nachfolgend werden die durch verschiedene Auswahlstrategien selektierten Einzelmodelle gewichtet. Neben der robusten Gleichgewichtung wird für die mit dem Tabu-Search-Ansatz bestimmten Einzelmodelle auch eine lineare Regression vorgenommen.

7.11.3.1 Gleichgewichtung

Die Gleichgewichtung aller Einzelmodelle im Kombinationsmodell gilt als robuster Schätzer.[36] Sie hat den Vorteil, dass kein Gebrauch von den Beispielen für die Gewichte des Kombinationsmodells gemacht wird. Es können daher keine zusätzlichen Fehlerquellen in Form der Fehler-Varianz bezüglich der Beispieldaten oder des Fehler-Bias bezüglich einschränkender funktionaler Abbildung, entstehen.

Die gleichgewichteten n Einzelmodelle x_i, geben die Prognose t durch eine lineare Abbildung an.

$$t = \sum_{i=1}^{n} \alpha_i x_i \qquad \text{mit} \qquad \alpha_i = \frac{1}{n}$$

Das Problem linear abhängiger Einzelmodelle führt zu einer Ungleichgewichtung der Informationsmengen. Ist k die Anzahl voneinander abhängiger Einzelmodelle und n die Anzahl aller Einzelmodelle, so ist das Gewicht der untereinander unabhängigen Einzelmodelle $\frac{1}{n}$, das Gewicht der untereinander abhängigen Variablen ist dagegen $\frac{k}{n}$. Diese Gewichtung widerspricht dem Ansatz, der alle Einzelmodelle gleich gewichtet. Allerdings gilt es zu bedenken, dass die Häufigkeit aufgrund der Vorauswahl (und der vorhergehenden Modellierung) auftritt, und dass es sich bei dem gehäuft vorkommenden Informationsgehalt auch um einen, zur Erklärung des Prognoseziels besonders relevanten handeln könnte. Deshalb wird sowohl die Gleichgewichtung ohne Berücksichtigung als auch mit Ausschluss der linear abhängigen Einzelmodelle ausgewertet. Als linear abhängig werden hier Einzelmodelle eingestuft, die durch die anderen Einzelmodelle der Vorauswahl in einem Regressionsmodell (ohne Konstante) mit einem Bestimmtheitsmaß R^2 kleiner gleich 0.81 erklärt werden können.

7.11.3.2 Lineare Regression

Die lineare Regression mit den Outputs der Einzelmodelle als unabhängigen und der Prognose-Zeitreihe als abhängigen Variablen führt dann zu optimalen Kombinationsgewichten, wenn alle Modelle unabhängige Fehler-Varianzen haben.[37] Diese Annahme trifft aber häufig nicht zu. In Abbildung 7.15 ist die lineare Abhängigkeit der Einzelmodelle untereinander dargestellt. Aus der teilweise sehr hohen linearen Abhängigkeit lässt sich

[36] vgl. Clemen 1989, [Cle89]

[37] vgl. Perrone und Cooper 1993,[PC93], S.3f

ableiten, dass auch die Fehler-Varianzen der Einzelmodelle nicht vollständig unabhängig voneinander sind.

Um die Multikollinearitäten bei der Gewichtung der Einzelmodelle zu kontrollieren, können z.B. Stepwise-Regression oder ridge-Regression durchgeführt werden (siehe Abschnitt 5.1.5.2).[38] Der Ausschluss von Einzelmodellen anhand der linearen Abhängigkeit, wie in Abbildung 7.16 dargestellt, leistet zwar einen Beitrag zur Vermeidung von Multikollinearitäten, begrenzt die Anzahl der Einzelmodelle aber nicht weit genug, um ein Regressionsmodell sinnvoll schätzen zu können. Grundlage für die Regressionskoeffizienten sollen die bereits zur Vorauswahl (anhand der Signalqualität) der Einzelmodelle verwendeten zurückliegenden 102 Beispiele eines Prognosetages sein. Damit entsteht das Problem, dass dieselben Beispiele mehrfach zur Auswahl bzw. Gewichtung der Einzelmodelle verwendet werden sollen. Eine weitere Begrenzung der Anzahl der Einzelmodelle durch einen Regressionsansatz scheint daher wenig sinnvoll. Deshalb werden die Einzelmodelle, die durch die Auswahl mit Tabu-Search (siehe oben) bestimmt wurden in ein Regressionsmodell aufgenommen.

Damit steht für jeden Prognosetag eine vergleichsweise geringe Zahl von durchschnittlich 6 Einzelmodellen für die Schätzung eines Regressionsmodells zur Verfügung. Multikollinearitäten unter den Einzelmodellen dieser Auswahl werden mit dem Verfahren der Singular-Value-Decomposition aufgedeckt und entsprechende Koeffizienten auf Null gesetzt.[39] Die n Einzelmodelle x_i und eine Konstante α_0 geben die Prognose t an.

$$t = \alpha_0 + \sum_{i=1}^{n} \alpha_i x_i$$

Die Verwendung einer Konstante im Regressionsmodell ermöglicht eine Bias-Korrektur, sofern diese notwendig ist und führt daher zu einer besseren Anpassung des Regressionsmodells an die Daten als ohne Konstante.[40] Die

[38]Dabei wird der quadratische Fehler des Kombinationsmodells minimiert, was die Gültigkeit der damit verbundenen Verteilungsannahmen voraussetzt. Die Annahme, der zufällige Einfluss auf die USD/DEM Relation unterliege einer Normalverteilung, kann aber nicht uneingeschränkt gemacht werden. Die damit verbundenen Tests der einzelnen Koeffizienten des Regressionsmodells müssen daher in ihrer Gültigkeit in Frage gestellt werden.

[39]vgl. Press et al. 1992, [PTVF92] S.676ff und die Diskussion in Abschnitt 7.11.2.2 in dieser Arbeit. Auf Null gesetzt werden Koeffizienten, deren rechnerischer Eigenwert die Toleranzgrenze von 10^{-6} unterschreitet. Bei den 101 Prognosetagen wurde dreimal ein solcher Eingriff vorgenommen.

[40]vgl. Granger 1989, [Gra89]

mögliche Bedingung, dass sie Summe der Gewichte 1 ergibt,[41] wird nicht aufgestellt. Auch werden die einzelnen Koeffizienten keiner Überprüfung auf Signifikanz zugeführt.

7.11.4 Ergebnisse der Kombinationsmodelle

Um die Ergebnisse für die Kombinationsmodelle darzustellen, werden verschiedene Performance-Kriterien verwendet. Dies ist notwendig, da sich die Ergebnisse in den einzelnen Performance-Kriterien unterscheiden. Es hängt schließlich von der Zielsetzung des Prognosesystems ab, welches Performance-Kriterium die höchste Aussagekraft bezüglich des Nutzens für den Anwender hat. Für die Prognose der USD/DEM Relation wurden neben dem theoretisch fundierten MSE auch die Signalqualität und der Anteil am Profit als Performance-Maße für die Modelle verwendet.

Zur Bewertung der Performance der Kombinationsmodelle werden die drei Kriterien verglichen. Die Kombinationsmodelle sind:

- (Random 45) Der Durchschnitt aus 45 zufällig gewählten Einzelmodellen (100 mal gezogen und gleichgewichtet).
- (Random 6) Der Durchschnitt aus 6 zufällig gewählten Einzelmodellen (100 mal gezogen und gleichgewichtet).
- (SV) Die gleichgewichteten Einzelmodelle aus der Vorauswahl.
- (SVK) Die gleichgewichteten Einzelmodelle aus der Vorauswahl nach weiterer Auswahl bezüglich linearer Abhängigkeit zwischen den Einzelmodellen.
- (TSG) Die Einzelmodelle aus der Vorauswahl nach weiterer Auswahl mit dem Tabu-Search-Ansatz (gleichgewichtet).
- (TSR) Die Einzelmodelle aus der Vorauswahl nach weiterer Auswahl mit dem Tabu-Search-Ansatz und Gewichtung mit der linearen Regression (mit Konstante).

Die Ergebnisse im einzelnen sind in der Tabelle 7.4 dargestellt.

[41] Die Bedingung $\sum_{i=0}^{n} \alpha_i = 1$ soll bewirken, dass die Varianz der Gewichte beschränkt und damit Singularitäten in den Beispieldaten weniger berücksichtigt werden (vgl. Bunn 1989, [Bun89])

Modell	MSE	SGNQ%	Profit%
Trend	0.2975	52.94	19.79
SV	0.3388	56.86	5.19
SVK	0.3438	50.98	−8.51
Random 45	0.3274	47.93	−7.75
TSG	0.3862	56.86	11.14
TSR	0.3556	49.50	6.92
Random 6	0.4022	49.06	−1.69

Tabelle 7.4: Performance der Kombinationsmodelle zur täglichen Prognose der USD/DEM Relation vom 02.01.1997 bis 30.05.1997 zum Fixingkurs (Frankfurt a.M.). Der Trend gibt an, wie die Performance ausfällt, wenn zu Beginn eine Position in der korrekten Veränderungsrichtung (bezogen auf den letzten Prognosetag) eingegangen worden wäre. Der mittlere quadratische Fehler (MSE) bezieht sich auf die skalierten täglichen Differenzen der USD/DEM Relation. Die Signalqualität (SGNQ%) gibt an, wie oft die Veränderungsrichtung richtig prognostiziert wurde. Der Profit % ist bezogen auf die absolute Summe der täglichen Veränderungen. Bei einem Einsatz von 1 USD entspricht diese Summe 0.7337 DEM.

Vergleicht man die Ergebnisse der einzelnen Kombinationsmodelle mit den zufälligen Ziehungen, die den Abbildungen 7.13 und 7.14 zugrunde liegen, so befinden sich alle Kombinationsmodelle innerhalb der empirischen 95%-Intervalle. Von einer eindeutigen Verbesserung der Performance durch gezielte Auswahl und Gewichtung kann daher nicht ausgegangen werden, auch wenn eine Signalqualität von mehr als 56% keine hohe Wahrscheinlichkeit hat. Die Erwartung, dass die Kombination von Einzelmodellen den Generalisierungsfehler gegenüber dem Erwartungswert aller Einzelmodelle verringert, kann aber für einige Kombinationsmodelle bestätigt werden. Der Vergleich zwischen den Modellen Random-6 mit TSG und TSR und zwischen Random 45 mit SV und SVK zeigt, dass bei etwa gleich großen Kombinationsmodellen die meisten Erwartungswerte der Zufallsziehungen von den Kombinationen, die durch Auswahlverfahren bestimmt wurden, übertroffen werden. Insbesondere die Modelle TSG und SV zeigen bezüglich der Signalqualität und des Profits bessere Werte, als man durch zufällige Ziehung erwarten kann. Der vergleichsweise hohe MSE der beiden Kombinationsmodelle übertrifft zumindest den Erwartungswert eines Einzelmodells und zeigt so, dass sich eine gezielte Modellauswahl und Kombination in einem besseren Prognoseergebnis niederschlägt.

Anhand des Prognoseproblems der USD/DEM Relation zeigen Kombinationsmodelle, die eine optimierende Gewichtung vornehmen (TSG) oder Ungleichgewichte der Informationsmengen durch Ausschluss starker Multikollineatität beseitigen (SVK), dass der explizite Bezug auf die Beispieldaten den anwendungsorientierten Generalisierungserfolg (SGNQ% und Profit%) gegenüber der Gleichgewichtung der Einzelmodelle verringert. Dies spricht für einen hohen zufälligen Anteil in den Beispieldaten. Dass der Trend, der häufig als Benchmark für Prognosemodelle verwendet wird, unter diesen Umständen zu Beginn der Echtprognosen richtig erkannt werden kann, ist daher fraglich. Immerhin werden auch von einer richtigen Trendprognose nur knapp 20% der (ohne Transaktionskosten) möglichen täglichen Profite erzielt.

Werden Transaktionskosten (ein Spread zwischen 0.0002 und 0.0005 DEM je USD ist üblich) berücksichtigt, kann dies den tatsächlichen Gewinn beträchtlich schmälern. So führt beispeilsweise ein Spread von 0.0002 bei 50 Kontraktwechseln innerhalb der 101 Prognosetage schon zu Kosten von 0.01 DEM bzw. einem Anteil am Profit von 1.36%, der durch entsprechende Kursgewinne auszugleichen ist. Der verbleibende Profit ist meines Erachtens nur für einen Anleger ausreichend, der durch entsprechende Multiplikatoren den effektiven Kapitaleinsatz (Hebel) stark verringert.

Um eine weitergehende Verbesserung des Prognoseerfolges durch Kombinationsmodelle zu erzielen, sind mehrere Ansätz denkbar. So kann die Basis der Einzelmodelle dahingehend verbessert werden, dass weitere Informationsmengen durch die Einzelmodelle repräsentiert werden. Außerdem kann es sinnvoll sein, andere Auswahlstrategien zu entwickeln und testen. In einem Projekt, dass zusammen mit einem Geldinstitut durchgeführt wurde, konnte mit dem Kombinationsmodell TSG und zwei anderen Kombinationsmodellen, die jeweils eine andere Basis an Einzelmodellen und ein anderes Auswahl- und Gewichtungsverfahren einsetzten, die Benchmark des Trendmodells in diesem Zeitraum hinsichtlich der Signalqualität und des Profits übertroffen werden. So scheint der Ansatz der Kombinationsmodelle für ein Prognosesystem sinnvoll zu sein. Generell beseitigt die Möglichkeit verbesserter Prognoseergebnisse durch Modellkombinationen nicht die Notwendigkeit, stets nach guten bzw. optimalen Einzelmodellen zu suchen. Für die Auswahl und Gewichtung sowohl der Einzelmodelle, als auch der Kombinationsmodelle zeigt dieses empirische Beispiel, dass die Verringerung des MSE nicht zwangsläufig eine bessere Performance der Modelle mit sich bringt. Alternative Zielkriterien scheinen daher für bestimmte Anwendungen sehr sinnvoll zu sein.

Kapitel 8

Mixture Density Networks

Das von Bishop [Bis94] vorgestellte modulare Kombinationsmodell der Mixture-Density-Networks (MDN) dient zur Abbildung einer bedingten Verteilung. Während häufig der bedingte Erwartungswert (als optimale Prognose) das Ziel einer empirischen Modellierung ist, stellt der Modellansatz der MDN eine Verteilung als Output zur Verfügung und erhöht damit den Informationsgehalt über das Input-Output-Verhalten der Daten. Besonders vorteilhaft ist die Verteilungsinformation, wenn es wiedersprüchliche Beispiele gibt; für dieselben Inputs also verschiedene Outputs vorliegen. Wird davon ausgegangen, dass diese wiedersprüchlichen Beispiele nicht durch zufällige Einflüsse bestimmt werden, liegt ein inverses Problem vor, das mehrdeutige Beispiele aufweist (siehe Abschnitt 8.1). Der bedingte Erwartungswert bildet für mehrdeutige Beispiele einen Mittelwert, der aber keinen sinnvollen Output darstellt. Bei inversen Problemen zeigt sich daher der besondere Vorteil der MDN-Modelle.

Modulare Kombinationsmodelle (siehe Abschnitt 5.2) haben den Vorteil, dass einzelne Experten eine lokale funktionale Abbildung repräsentieren können. Diese Lokalität ermöglicht es, die Abbildung mehrdeutiger Beispiele auf mehrere Experten aufzuteilen und damit die Mehrdeutigkeit einzelner Regionen im Inputraum aufzuzeigen. Bei der Modellierung von Zeitreihen führen mehrdeutige Beispiele dazu, dass es anstatt eines bedingten Erwartungswertes mehrere gibt. Prognosen für solche Beispiele sind mit einer systematischen Unsicherheit behaftet. Die Aufdeckung von mehrdeutigen Inputregionen bietet konkrete Vorteile für ein Prognosemodell. Prognosen weisen in Inputregionen mit eindeutiger Input-Output-Abbildung eine (unsystematische) Unsicherheit auf, die auf zufällige Einflüsse zurückzuführen ist. In mehrdeutigen Inputregionen kommt die systematische Unsicherheit hinzu; Prognosen eines Erwartungswertes sind nicht möglich.

Um solche Mehrdeutigkeiten aufzudecken müssen die Experten über eine hohe potentielle Abbildungskapazität verfügen. Im Ansatz der MDN dienen KNN als Experten. Die Partitionierung des Inputraums und damit der Lokalität der Experten wird mit Gauß-Verteilungen realisiert, die mittels sog. „Mixing-Coefficients" kooperieren. Damit wird eine effiziente Abbildung einer beliebigen Verteilung ermöglicht, sofern die Parameter des MDN-Modells korrekt eingestellt sind.[1] Zur Parameteranpassung dient ein gebräuchliches Gradientenverfahren (z.B. BFGS-Algorithmus[2]). Die Vorgabe, wieviele Experten zur Partitionierung verwendet werden sollen, kann sich entweder durch die Datenvorverarbeitung ergeben oder muss durch Experimente ermittelt werden.[3]

Der Rechenaufwand für ein MDN-Modell ist oft höher, als für ein Einzelmodell. Dafür liefert das MDN-Modell eine bedingte Verteilung als Modelloutput, die von einem Einzelmodell meist nicht in dieser Form erzeugt wird. Der Nutzen für potentielle Anwendungen entsteht dadurch, dass systematische Unsicherheiten erkannt werden können. Dieser Vorteil sollte den zusätzlichen Rechenaufwand aufwiegen.

8.1 Inverse Probleme

Der Modellbildung liegt die Vorstellung eines deterministischen Prozesses zugrunde, der jedem Zustand der unabhängigen Variablen einen Zustand der abhängigen Variablen zuordnet. Dieser deterministische Prozess kann empirisch meist nicht ohne zufällige Einflüsse beobachtet werden, so dass die Modellierung auf einem stochastischen Prozess basiert. Ein inverses Problem liegt vor, wenn demselben Zustand der beobachtbaren unabhängigen Variablen verschiedene Ausprägungen der abhängigen Variablen zugeordnet werden. Es gibt dann keine eindeutige Zuordnungsfunktion der Inputs auf die Outputs und somit auch keine eindeutige Prognose.

Inverse Probleme haben ihren Ursprung in der Unzulänglichkeit der empirischen Beobachtung. Der Zustand bzw. die unabhängige Variable, die zur Unterscheidung zwischen mehrdeutigen Beispielen dienen kann, liegt nicht

[1] vgl. Bishop 1994,[Bis94], S.6
[2] vgl. Press et al. 1992, [PTVF92], S.425f
[3] vgl. Weigend et al. 1995, [WMS95] S.387f

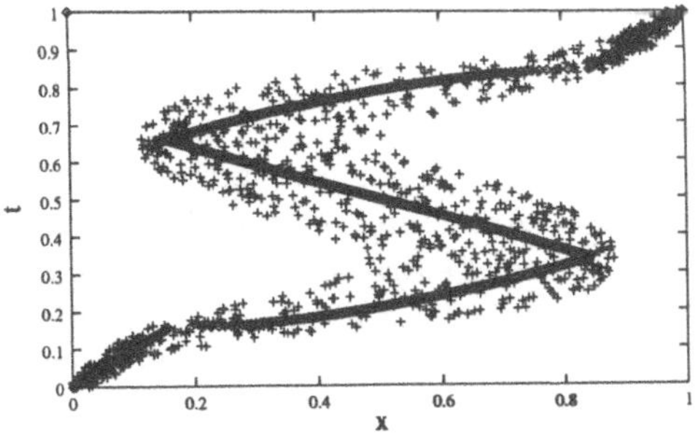

Abbildung 8.1: Dieses inverse Beispielproblem entsteht, wenn bei der Funktion $x = t + 0.3\,sin(2\pi t) + \epsilon$ die Rollen der abhängigen Variable x und der unabhängigen Variable t mittels Sampling vertauscht werden. Die Zufallsvariable ϵ ist im Intervall $[-0.2, 0.2]$ gleichverteilt.[6] Die Abbildung zeigt die deterministische Funktion (aus Rauten bestehend) und die mit dem Zufallsterm gezogenen Beispiele (dargestellt durch Kreuze).

vor. Diese Mehrdeutigkeit kann entstehen, wenn z.B. technische Meßprobleme oder komplexe Zusammenhänge vorliegen. Ein bekanntes Phänomen, das zu inversen Problemen führen kann, ist die Bifurkation. Mit Bifurkation wird die qualitative Veränderung der Dynamik eines Prozesses beschrieben, die in Abhängigkeit von Parameteränderungen zu beobachten ist.[4] Sind die Parameteränderungen nicht bekannt, weil z.B. einem Modell die entscheidende unabhängige Variable fehlt oder die Änderungen nicht meßbar sind, kann ein inverses Problem entstehen.

Abbildung 8.1 zeigt ein inverses Problem. In dem Intervall $[0.15, 0.85]$ werden einem Wert von x mehrere Funktionswerte zugeordnet. Durch diese mehrdeutige Zuordnung und einen zufälligen Einfluss können multimodale Verteilungen entstehen (siehe Seite 28). Eine multimodale Verteilung begrenzt die Eignung des bedingten Erwartungswertes als optimale Prognose erheblich. Deshalb sind besondere Modellansätze notwendig, um inverse Probleme einer sinnvollen Prognose zugänglich zu machen.

Für eine Prognose ist es meist nur sinnvoll, einen Erwartungswert anzugeben. Bei inversen Problemen liegt nicht für alle Inputzustände ein eindeutiger Erwartungswert vor. Deshalb ist es notwendig, zwischen Inputzuständen mit einem und mit mehreren Erwartungswerten unterscheiden zu

[4] vgl. Glass und Kaplan 1994, [GK94], S.515

können. Hierfür ist z.B. der Ansatz der MDN-Modelle geeignet. Er erlaubt eine globale Sicht auf die bedingte Verteilung. Alternativen dazu bieten z.B. spezielle lokale Verfahren, die auf einer besonderen Nachbarschaftsdefinition der Inputzustände beruhen.[7] Neben dem MDN-Ansatz sind auch andere Kombinationsmodelle zur Abbildung multimodaler Verteilungen geeignet.[8] Da diese Modellansätze mehrere Erwartungswerte abbilden können, enthalten sie die Darstellung eines bedingten Erwartungswertes als Spezialfall. Sie sind deshalb mit einer höheren potentiellen Abbildungskapazität ausgestattet, als Modellansätze, die auf die Abbildung eines bedingten Erwartungswertes ausgerichtet sind.

Für die Abbildung multimodaler Verteilungen mittels Kombinationsmodelle, sind spezielle Parameter notwendig. Diese teilen den Inputraum auf mehrere lokale Modelle auf bzw. setzen die Outputinformationen der lokalen Modelle zusammen. So können für bestimmte Inputräume mehrere oder auch nur ein lokales Modell zuständig sein. Kombinationsmodelle mit einer expliziten Zuordnung eines lokalen Modells nach dem „winner-take-all"-Prinzip (z.B. Hierachical Mixture-of-Experts[9]) sind deshalb für inverse Probleme ungeeignet.

8.2 Aufbau eines MDN-Modells

Ein MDN-Modell ist ein modulares Kombinationsmodell mit überlappenden Partitionen. Durch die lineare Kombination der Partitionen und der Verwendung von Gauß-Verteilungen als Basisfunktionen ist es möglich, eine beliebige Verteilung zu approximieren. Die folgende formale Darstellung der MDN-Modelle wurde aus Bishop [Bis94] entnommen.

Die bedingte Verteilung $p(\boldsymbol{t}|\boldsymbol{x})$ des Vektors $\mathbf{t}$ der c Prognoseziele mit den Inputs $\mathbf{x}$ ist eine lineare Kombination der m Basisfunktionen.

$$p(\boldsymbol{t}|\boldsymbol{x}) = \sum_{i=1}^{m} \alpha_i(\boldsymbol{x})\phi_i(\boldsymbol{t}|\boldsymbol{x})$$

Die Basisfunktionen ϕ der MDN-Modelle sind Gauß-Verteilungen.

$$\phi_i(\boldsymbol{t}|\boldsymbol{x}) = \frac{1}{(2\pi)^{\frac{c}{2}}\sigma_i(\boldsymbol{x})^c} \exp\left[-\frac{\|\boldsymbol{t}-\boldsymbol{\mu}_i(\boldsymbol{x})\|^2}{2\sigma_i(\boldsymbol{x})^2}\right]$$

[7] vgl. Smith 1995, [Smi95], S.98

[8] vgl. Husmeier und Taylor 1997, [HT97]

[9] vgl. Jordan und Jacobs [JJ94]

Die Parameter $\boldsymbol{\mu}$ und σ der Gauß-Verteilung sind bedingt durch die Inputs und werden von den lokalen Experten als Output angegeben. Ebenso werden die Kombinationskoeffizienten α von den lokalen Experten bestimmt. Die Parameter des MDN-Modells werden damit von den lokalen Experten als Ausgabe erzeugt. Welche funktionale Form diese Experten haben ist nicht vorgegeben. In der Arbeit von Bishop [Bis94] werden KNN mit sigmoidaler Aktivierungsfunktion als Experten verwendet. Hjorth [Hjo99] setzt RBF-Netze[10] als lokale Experten ein. Für diese Arbeit wurden KNN mit der Aktivierungsfunktion tanh(.) verwendet (siehe Abschnitt 6).

Die Ausgaben der KNN bilden die Parameter $\{\alpha, \sigma, \boldsymbol{\mu}\}$ der entsprechenden Module eines MDN-Modells. Die Kombinationskoeffizienten werden mittels Softmax-Funktion auf 1 normiert.

$$\alpha_i(\boldsymbol{x}) = \frac{\exp(z_i^\alpha \boldsymbol{x})}{\sum_{j=1}^m \exp(z_j^\alpha \boldsymbol{x})}$$

Für die m Module des MDN-Modells werden die Ausgaben z_i^α der KNN damit zur bedingten Wahrscheinlichkeit dafür, dass Experte i den Ausgabevektor $\mathbf{t}$ erzeugt (a priori Wahrscheinlichkeit).

Die Standardabweichung der einzelnen Module wird mittels

$$\sigma_i(\boldsymbol{x}) = \exp(z_i^\sigma(\boldsymbol{x}))$$

erzeugt. Die Ausgaben z_i^σ der KNN können durch die exponential-Funktion nicht zu einer Standardabweichung von *Null* führen.

Die Zentrumsvektoren der m Gauß-Verteilungen (mit i als Index) werden jeweils von c Outputs (mit k als Index) des entsprechenden KNN angegeben.

$$\mu_{ik}(\boldsymbol{x}) = z_{ik}^\mu(\boldsymbol{x})$$

Als lokales Expertenmodell wird also ein KNN verwendet, das neben den c Elementen des Outputvektors $\mathbf{t}$ jeweils einen Output für z_i^α und z_i^σ benötigt. Die Ausgabe des MDN-Modells ist für gegebene $\mathbf{t}$ eine Wahrscheinlichkeit (a posteriori), dafür dass dieses Prognoseziel mit den Experten des Modells erzeugt wurde. Diese Wahrscheinlichkeit gilt es durch die Anpassung der Parameter zu maximieren.

Abbildung 8.2 zeigt das Schema eines MDN-Modells. Die Ausgabe ϕ jedes Moduls wird als Wahrscheinlichkeit interpretiert. Daher entsteht der Fehler des MDN-Modells E für ein Beispiel q durch

[10] vgl. Powell 1987, [Pow87]

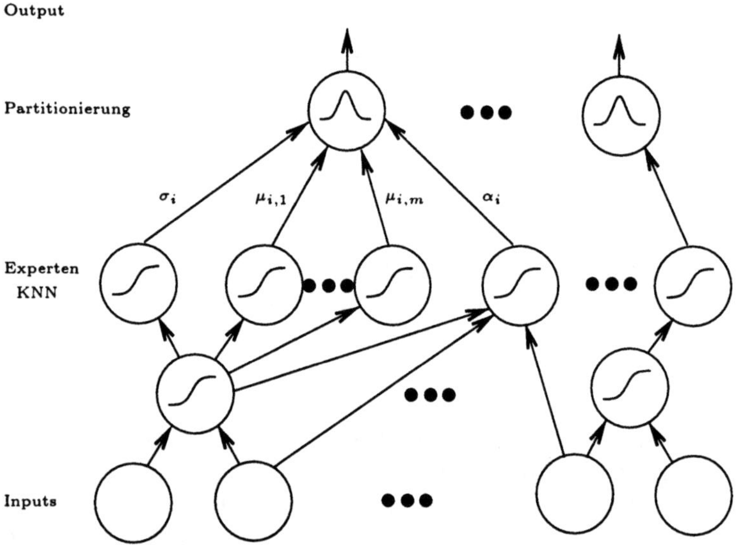

Abbildung 8.2: Aufbau eines Mixture Density Network (MDN). Hier verwenden die lokalen Experten die Aktivierungsfunktion tanh(.). Die Topologie der Experten ist nicht vorgegeben und es kann auch eine Vernetzung zwischen den Experten bestehen.

$$E^q = -\ln\left[\sum_{i=1}^{m} \alpha_i(\boldsymbol{x}^q)\phi_i(\boldsymbol{t}^q|\boldsymbol{x}^q)\right]$$

Die Gradienten der Outputs der lokalen KNN können für jedes gradientenbasierte Lernverfahren eingesetzt werden.[11]

$$\begin{aligned}
\frac{\partial E}{\partial z_{ik}^{\mu}} &= -\pi_i(\boldsymbol{x})\frac{(\mu_{ik}(\boldsymbol{x}) - t_k)}{\sigma_i(\boldsymbol{x})^2} \quad \text{für} \quad k = 1, 2, \cdots, c,\\
\frac{\partial E}{\partial z_{i}^{\sigma}} &= -\pi_i(\boldsymbol{x})\left(\frac{\|\boldsymbol{t} - \boldsymbol{\mu}_i\|^2}{\sigma_i(\boldsymbol{x})^2} - c\right),\\
\frac{\partial E}{\partial z_{i}^{\alpha}} &= \alpha_i(\boldsymbol{x}) - \pi_i(\boldsymbol{x}),
\end{aligned}$$

wobei

$$\pi_i = \frac{\alpha_i\sigma_i}{\sum_{j=1}^{m}\alpha_j\sigma_j}$$

als a posteriori Wahrscheinlichkeit eines Experten interpretiert werden kann.

8.2.1 Initialisierung, Training und Regularisierung

Die Parameter eines MDN-Modells können mittels gradientenbasiertem Lernverfahren optimiert werden. Die Generalisierungsleistung eines MDN-Modells hängt aber nicht allein von der Leistungsfähigkeit des Lernalgorithmus ab. Grundsätzlich gilt, dass es vorteilhaft ist, wenn Vorwissen in die Modellierung einfließen kann und die Modellkomplexität durch Regularisierung kontrolliert wird. Da MDN-Modelle nicht auf einen bestimmten Modellansatz für die lokalen Experten festgelegt sind, müssen die Verfahren zur Initialisierung der Parameter, zur Kontrolle des Trainings und zur Regularisierung der Modellkomplexität entsprechend abgestimmt werden.

Für die Initialisierung der Startgewichte der lokalen KNN gelten dieselben Regeln, wie für globale KNN. Die Startgewichte werden in einem bestimmten Radius zufällig gewählt und der Radius der Startgewichte leistet bereits einen Beitrag zur möglichen Modellkomplexität (siehe Abschnitt

[11] vgl. Evans 1998, [Eva98], S.9

7.6.1). Für die Experten-KNN in dieser Arbeit werden die meisten Startgewichte so wie für Einzelmodelle gewählt. D.h. bei den Startgewichten für die ersten Lernschritte ist der Radius relativ klein und später wird er vergrößert, um Aktivierungen im Sättigunsbereich und damit eine nichtlineare Abbildung zu ermöglichen. Neben den Gewichten der Experten-KNN enthält ein MDN-Modell jedoch zusätzliche Parameter, die sinnvoll initialisiert werden können. Die Bias-Gewichte der Output-Knoten der Experten-KNN können so initialisiert werden, dass der Eingaberaum bereits vor der Optimierung der Parameter unterteilt wird.

- Das Bias-Gewicht eines σ-Knotens steuert die voreingestellte Streuung des lokalen Experten und damit dessen Bestimmtheit bei der Partitionierung. Um jedem lokalen Experten zu Beginn der Parameteranpassung gleichen Einfluss auf alle Beispiele zu geben, wird das Bias-Gewicht jedes σ-Knoten mit 3 initialisiert.[12]
- Das Bias-Gewicht eines μ-Knotens bestimmt den Schwellenwert, bei dem die Aktivierungsfunktion des Berechnungselements in seinem aktiven Bereich ist. Gleichgroße Teile des Wertebereichs des Prognoseziels können den lokalen Experten zugeordnet werden, wenn die Bias-Gewichte mit den Zentren dieser Anteile initialisiert werden.[13]
- Die Kombinationskoeffizienten α haben die Aufgabe, die Partitionierung (inputbedingt) unter den lokalen Experten zu vermitteln. Zur Initialisierung der Bias-Gewichte der α-Knoten bekommt jeder Knoten denselben Wert zugewiesen. Da die Partitionierung mittels Softmax-Funktion erfolgt, dient für m Experten der Wert $\frac{1}{m}$ als Startgewicht.

Die Initialisierung der Bias-Gewichte der Output-Knoten ist eine Voreinstellung, die zur besseren und schnelleren Parameteranpassung führen soll. Dass die anderen, zufällig gewählten Startgewichte der lokalen KNN eine unvorhersehbare Wirkung ausüben und damit die gezielte Initialisierung beeinflussen, ist selbstverständlich. Da jedoch der Erwartungswert der zufälligen Startgewichte bei *Null* liegt, haben die gezielt initialisierten Bias-Gewichte einen hohen Einfluss auf die Startbedingungen des Lernalgorithmus.

---

[12] Bei der Gauß-Verteilung sorgt eine Standardabweichung von 3 für eine relativ gleichmäßige Verteilung und damit für geringe Unterschiede zwischen den Regionen des Inputraumes.

[13] Noch deutlicher wird diese Aufteilung bei Hjorth 1999, [Hjo99], der RBF-Netze als Experten einsetzt und mittels k-means Clusteranalyse die entsprechenden Zentrumsvektoren und Varianzen als Initialwerte der lokalen Experten verwendet.

Zur Regularisierung der lokalen Experten eignen sich alle dem Modellansatz entsprechenden Verfahren, sofern die besonderen Funktionen der Outputknoten berücksichtigt werden können. So entspricht der Output eines μ-Knotens dem Zentrum des MDN-Moduls. Die Gewichte solcher Berechnungselemente sind meist in einem bestimmten Wertebereich der Zielvariable festgelegt. Deshalb sollten diese Gewichte beispielsweise nicht mit Weight-Decay und einem quadratischen Strafterm belegt werden. Für diese Berechnungselemente gilt nicht die sonstige Annahme, dass sich der Erwartungswert der Zielvariablen bei *Null* befindet und deshalb große Gewichte eine Abbildung im Sättigungsbereich der Aktivierungsfuntkion verursachen (hohe Anpassung an die Daten). Kleine Gewichte sind deshalb auch kein Anzeichen dafür, dass eine linear ähnliche Abbildung vom Berechnungselement erzeugt wird. Weight-Decay würde bei den Gewichten eines μ-Knotens die angestrebte Partitionierung des Inputraumes durch den Strafterm beeinträchtigen. Andere Regularisierungsverfahren müssen diese Eigenschaften ebenfalls berücksichtigen.

Regularisierung aufgrund der Daten kann mit Early-Stopping und Cross-Validation ohne weiteres durchgeführt werden. Allerdings muss berücksichtigt werden, dass bei einem Lernschritt die Parameter aller Module verändert werden. Dabei kann z.B. die numerische Ungenauigkeit dazu führen, dass der Fehler für die Lernbeispiele nicht monoton abnimmt. Trotz einer vorübergehenden Zunahme des Fehler kann der Gradient von einem stationären Punkt entfernt sein. Ein unerwünscht früher Abbruch des Lernverfahrens ist leichter möglich als beim Training einzelner KNN. Bei Cross-Validation sollte der zum Abbruch verwendete Durchschnitt der letzten Fehler für die Validierungsbeispiele entsprechend mehr Beispiele zur Berechnung des Durchschnitts berücksichtigen.

Bei ausreichend vielen Beispielen kann auf eine explizite Regularisierung verzichtet werden. So war es in einigen Versuchen mit künstlichen Zielvariablen möglich, das Erreichen eines stationären Punktes für die Lernbeispiele als Abbruchkriterium einzusetzen, ohne dass eine schlechtere Generalisierungsleistung zu beobachten war.[14] Der Zusammenhang zwischen der Anzahl der Parameter und der dafür notwendigen Anzahl von Lernbeispielen gilt zwar generell, möglicherweise führt aber die überlappende Kooperation zu einer impliziten Regularisierung. Denn einzelne Beispiele können von einem Experten nicht exakt adaptiert werden, wenn durch die

[14] Dass durch die Partitionierung des Inputraumes weniger Gefahr zur Überanpassung des Modells besteht wird auch für andere modulare Kombinationsmodelle berichtet (vgl. Weigend et al. 1995, [WMS95]).

Überlappung der Partitionen mehr als ein Experte für jedes Beispiel „zuständig“ ist. Ein solcher Modellansatz impliziert daher eine gewisse Regularisierung.

8.2.2 Interpretation des Outputs

Der Output eines MDN-Modells stellt die prognostizierte bedingte Verteilung dar. Diese bedingte Verteilung muss für ein Prognosesystem ausgewertet werden. Die Angabe eines Wertes mit der höchsten Eintrittswahrscheinlichkeit (bedingter Erwartungswert) entspricht bei einer unimodalen Verteilung den Prognosen von Einzelmodellen und kann auch von einem MDN-Modell erzeugt werden. Für die Ableitung einer Prognose stehen zusätzlich die anderen Momente der Verteilung zur Verfügung.[15]

Der bedingte Erwartungswert soll den Wert repräsentieren, dessen prognostizierte Eintrittswahrscheinlichkeit am höchsten ist. Bei einer symmetrischen unimodalen Verteilung entspricht dies dem Zentrum der Verteilung. Einzelmodelle approximieren dieses Zentrum mittels der Verteilung des Fehlerkriteriums (siehe Abschnitt 4). MDN-Modelle können eine beliebige Verteilung approximieren und so muss das Zentrum der Verteilung nicht mit einem bedingten Erwartungswert übereinstimmen. Ein solcher Fall tritt auf, wenn die Verteilung multimodal ist (siehe Abbildung 8.3). Soll nur ein Wert als Prognose erzeugt werden, kann entweder das Zentrum der Verteilung (entsprechend dem bedingten Erwartungswert) oder der Wert mit der maximalen Eintrittswahrscheinlichkeit angegeben werden.[16] Der Wert mit der höchsten Eintrittswahrscheinlichkeit ist das globale Maximum der Verteilung und ergibt sich aus den Ausgaben der MDN-Module. Der bedingte Erwartungswert $\boldsymbol{\mu}_m$

$$\boldsymbol{\mu}_m = \langle \boldsymbol{t} | \boldsymbol{x} \rangle = \sum_{i=1}^{m} \alpha_i \boldsymbol{\mu}_i$$

gibt das Zentrum der Verteilung an. Der Wert mit der höchsten Eintrittswahrscheinlichkeit $\boldsymbol{h}_m$ ergibt sich aus den Ausgaben der Module und der verwendeten Basisfunktion.

[15] vgl. Bishop 1994, [Bis94], S.11

[16] Die Differenz zwischen dem Zentrum der Verteilung und dem Wert mit der maximalen Eintrittswahrscheinlichkeit kann neben der bedingten Varianz dazu dienen, das Prognoserisiko in einem Prognosesystem abzuschätzen.

$$\boldsymbol{h}_m = \sum_{i=1}^{m} \alpha_i \frac{1}{(2\pi)^{\frac{c}{2}} \sigma_i^c} \boldsymbol{\mu}_i$$

Abbildung 8.3 gibt ein Beispiel für eine multimodale Verteilung. Das MDN-Modell enthält drei Experten-KNN, deren Verteilungen im oberen Teil der Abbildung dargestellt sind. Die bedingte Verteilung des MDN-Modells berücksichtigt neben den Verteilungen der Experten auch die Kombinationskoeffizienten α. Im unteren Teil der Abbildung ist die bedingte Verteilung des MDN-Modells dargestellt. Durch die Kombinationskoeffizienten verändert sich das Verhältnis der Verteilungen der Experten zueinander. Das Modul 3 mit der sehr geringen Varianz erzeugt in der bedingten Verteilung des MDN-Modells ein Maximum. Ebenso gibt es ein Maximum durch das Modul 1. Modul 2 führt durch die Überlappung und die hohe Varianz zu einer Glättung der beiden anderen Verteilungen.

Als mögliche Outputs für eine Prognose können die beiden Maximalwerte dienen. Um alle Maximalwerte einer beliebigen bedingten Verteilung zu ermitteln, muss ein Verfahren zur numerischen Integration eingesetzt werden.[17] Dieses Verfahren erfordert allerdings einen hohen Rechenaufwand. Dieser Aufwand ist nicht immer notwendig, allerdings kann er gerechtfertigt sein, wenn iterative Mehrschrittprognosen erzeugt werden. Hierfür kann jeder Maximalwert als Verzweigung eingesetzt werden.[18] Damit sich Performance-Maße für ein Prognosemodell aber schnell berechnen lassen oder bei zeitkritischen Anwendungen, muss ein Wert als Prognose ausgewählt werden, der zur weiteren Beurteilung der Modelle dient.

Der Output eines MDN-Modells muss auf eventuelle Fehlspezifikationen geprüft werden. Durch visuelle Inspektion stellt sich schnell heraus, ob der Inputraum sinnvoll partitioniert wurde, doch ist dieses Vorgehen bei der datenorientierten Modellierung nicht praktikabel, da sehr viele Modelle entstehen können. Die Überprüfung der Prognosegüte mittels Testbeispielen hängt von der Interpretation des Outputs ab. Hier gilt es eine spezifische Nutzenfunktion zu erstellen, wofür die bedingte Verteilung ausreichend Informationen bereitstellt.[19]

[17] vgl. Press et al. 1992, [PTVF92], S.140f

[18] Da in dieser Arbeit meist nur Einschrittprognosen ausgewertet werden, bildet der Wert mit der höchsten Eintrittswahrscheinlichkeit $\boldsymbol{h}_m$ den Einzelwert einer Prognose. Für die Fehlerermittlung zur Parameteranpassung ist diese Auswahl unerheblich, da hierfür ausschließlich die bedingte Verteilung verwendet wird.

[19] vgl. Granger und Pesaran 1999, [GP99]

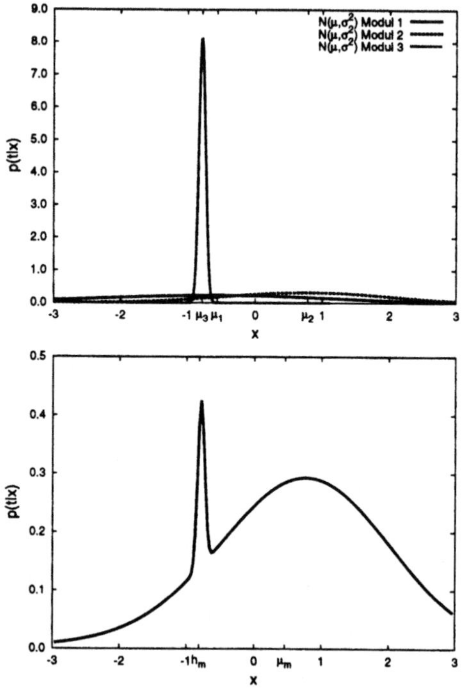

Abbildung 8.3: Prognose anhand einer bedingten Verteilung. Die obere Abbildung zeigt die Verteilungen für drei MDN-Module, die zusammen die bedingte Verteilung der unteren Abbildung ergeben. Als Output ist der bedingte Erwartungswert $\boldsymbol{\mu}_m$ wenig geeignet. Die höchste Eintrittswahrscheinlichkeit hat der Wert $\boldsymbol{h}_m$, der ebenfalls einen möglichen Prognosewert darstellt.

8.3 Beispielmodelle für ein inverses Problem

In Abschnitt 8.1 wurde bereits ein Beispiel für ein inverses Problem angeführt, das von Bishop [Bis94] verwendet wurde. Um den Unterschied zwischen Einzelmodellen und einem MDN-Modell vorzustellen werden in diesem Abschnitt Ergebnisse beider Modellansätze beispielhaft dargestellt und anschließend diskutiert.[20]

Mit der Funktion $x = t+0.3\,sin(2\pi t)+\epsilon$ werden die Daten für das inverse Beispielproblem durch Sampling gewonnen, wobei die Rollen der abhängigen Variable x und der unabhängigen Variable t vertauscht (vgl. Abbildung 8.1) werden. Die Zufallsvariable ϵ ist im Intervall $[-0.2, 0.2]$ gleichverteilt. Durch den Tausch der abhängigen mit der unabhängigen Variable entsteht eine multimodale Verteilung, die durch die Prognose des bedingten Erwartungswertes nicht adäquat beschrieben werden kann. Allerdings ist die Verteilung der abhängigen Variable nicht im gesamten Wertebereich multimodal, sondern nur im Intervall $[0.15, 0.85]$.

Zur möglichen Regularisierung der Modelle werden die 1000 Beispiele in Lern- und Validierungsbeispiele aufgeteilt. Die Validierungsmenge beinhaltet 2% der Beispiele und ist gleichmäßig im Wertebereich von t verteilt. Für die Einzelmodelle und die MDN-Modelle werden KNN mit einer Schicht verdeckter Berechnungselemente verwendet. Es werden mehrere Topologien erstellt und trainiert.

8.3.1 Einzelmodelle für das Beispielproblem

Die Einzelmodelle zur Approximation des inversen Problems wurden so erzeugt, dass sie mit den Einzelmodellen z.B. zur Prognose der USD/DEM-Relation in Abschnitt 7 vergleichbar sind. Verschiedene Topologien mit unterschiedlich vielen Berechnungselementen wurden trainiert und durch

[20]Ein ähnlicher Vergleich wird in der Arbeit von Bishop 1994 [Bis94] behandelt. Allerdings unterscheiden sich die Beispielprobleme u.a. in der Streuung des Zufallsterms. Ein weiterer Unterschied ist, das die Ergebnisse in diesem Abschnitt auf Batch-Learning beruhen, wofür alle Lernbeispiele in einem Lernschritt zur Parameteranpassung dienen. In der Arbeit von Bishop wird Online-Learning verwendet, das nur dann zum selben Ergebnis wie Batch-Learning führt, wenn die Lernrate sehr klein eingestellt wird. Dies ist aus der Arbeit von Bishop nicht ersichtlich. Da Online-Learning stark von der Lernrate (und evtl. anderen Parametereinstellungen) abhängig ist, können vom Batch-Learning nicht dieselben Resultate erwartet werden. Hier geht es auch nicht darum die Ergebnisse von Bishop nachzuvollziehen oder zu verifizieren, sondern anhand der grafischen Aufbereitung zu zeigen, welche Unterschiede sich zwischen KNN-Einzelmodellen und MDN ergeben.

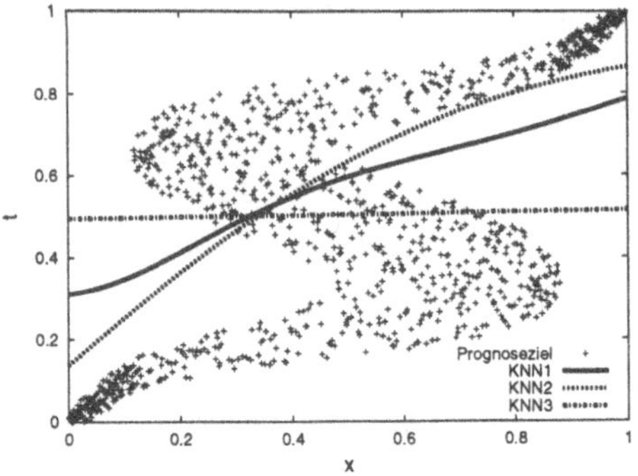

Abbildung 8.4: Output von drei KNN, die für das inverse Beispielproblem trainiert wurden.

Early-Stopping mit Cross-Validation regularisiert. Zusätzlich wurde Weight-Decay verwendet.

Abbildung 8.4 zeigt die Beispiele und den Output von drei KNN, die aus den verschiedenen Topologien ausgewählt wurden. Die anderen KNN ähneln den ausgewählten im Input-Output-Verhalten. In der Abbildung wird der Einfluss der Regularisierung deutlich, indem sich zeigt, dass es nicht zur Überanpassung an einzelne Beispiele kommt. Dafür stehen die Anzahl der Beispiele und die Anzahl der verwendeten Berechnungselemente in einem günstigen Verhältnis. Das Modell KNN3 repräsentiert lediglich den unbedingten Erwartungswert. Die Modelle KNN1 und KNN2 lassen erkennen, dass eine Annäherung dieses unbedingten Erwartungswertes an die Beispiele stattgefunden hat. Diese Annäherung wurde allerdings durch die getroffene Regularisierung nicht so weit ermöglicht, dass in dem unimodalen Bereichen des Prognoseziels die Beispiele besser approximiert werden konnten. Die Outputs der beiden Modelle KNN1 und KNN3 geben eine geglättete Abbildung der Beispiele wieder.[21]

Die Outputs der KNN-Modelle in Abbildung 8.4 zeigen, dass der bedingte Erwartungswert im multimodalen Bereich des Prognoseziels zwangsläufig mit einem hohen Fehler behaftet ist. Außerdem ist zu erkennen, dass die

[21] Mit einer anderen Vorgehensweise beim Lernen, z.B. durch Online-Learning oder ohne Regularisierung wäre es sicher möglich, eine exaktere Approximation der unimodalen Bereiche zu erreichen. Da hier aber dieselben Regularisierungsmechanismen zum Einsatz kommen, wie sie für die empirischen Beispiele der datenorientierten Modellierung in dieser Arbeit verwendet wurden, wird die Abbildungskapazität nicht voll ausgeschöpft.

Prognose des Erwartungswertes keine geeignete Approximation des deterministischen Prozesses ist. Ein Modellansatz mit der Möglichkeit, die multimodalen Eigenschaften zu erkennen, kann dazu beitragen, sich mit einzelnen KNN auf Prognosen im unimodalen Bereich zu beschränken. Dies könnte das Prognoserisiko verringern.

8.3.2 MDN-Modelle für das Beispielproblem

Die MDN-Modelle für das inverse Beispielproblem wurden alle mit drei lokalen Experten gebildet. In einem MDN haben die Experten-KNN alle dieselbe Topologie. Die verschiedenen MDN-Modelle unterscheiden sich hier durch die Topologie der Experten-KNN. Für dieses Beispielproblem stellte sich nach einigen Versuchen heraus, dass keine Regularisierung notwendig war. Das Training erfolgte bis zum Erreichen eines stationären Punktes. Im Gegensatz zu den Einzelmodellen wurden jedoch die Bias-Gewichte der Output-Knoten in den lokalen KNN gezielt initialisiert (siehe oben). Für die Darstellung der Ergebnisse wurde ein MDN-Modell als Beispiel ausgewählt.

Abbildung 8.5 zeigt als Output des MDN-Modells den Wert mit der höchsten Eintrittswahrscheinlichkeit. Diese Angabe ist nur im unimodalen Bereich vergleichbar mit dem bedingten Erwartungswert, wie er von den Einzelmodellen (siehe vorigen Abschnitt) erzeugt wird. Gegenüber den Einzelmodellen stellt der Output des MDN-Modells eine weniger geglättete Abbildung der Beispiele dar, da das Modell nicht explizit regularisiert wurde. Trotzdem ist eine Überanpassung an einzelne Beispiele nicht zu erkennen. Diese Outputinformation des MDN-Modells ist qualitativ nicht von den Outputs der Einzelmodelle zu unterscheiden. Das MDN-Modell stellt jedoch weitere Informationen zur Verfügung, die eine eingehendere Analyse ermöglichen.

Abbildung 8.6, 8.7 und 8.8 geben den Output des entsprechenden MDN-Moduls (den Wert mit dessen höchster Wahrscheinlichkeit) und die Outputs der KNN für (μ, α, σ) an.

Die einzelnen Module zeigen eine Partitionierung des Inputraums. Dabei zeigt das Modul 2 in Abbildung 8.7 nur für wenige Beispiele (im Intervall [0,0.01]) einen „aktiven", von *Null* verschiedenen Output (gemessen an dem Wert mit der höchsten Wahrscheinlichkeit). Die Standardabweichung von Modul 2 ist außerhalb des aktiven Bereichs so hoch, dass hier eine Spezialisierung auf eine Inputregion auszuschließen ist. In der Abbildung wird der Wertebereich zugunsten von μ und α so begrenzt, dass die Werte für σ nur für $x \approx 0$ abgebildet werden. Die Inaktivität von Modul 2 wird außerdem

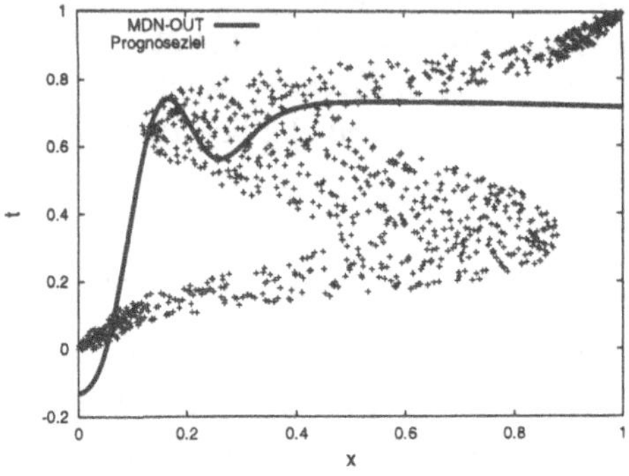

Abbildung 8.5: Output eines MDN-Modells für das inverse Beispielproblem.

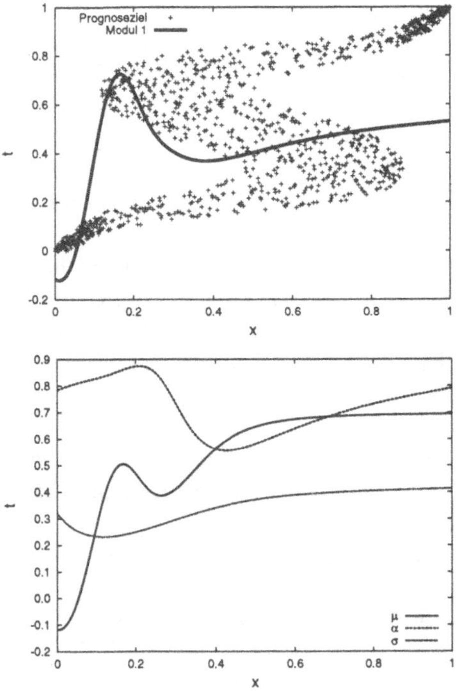

Abbildung 8.6: Output eines MDN-Moduls (Modul 1) und die Outputs des lokalen Experten-KNN.

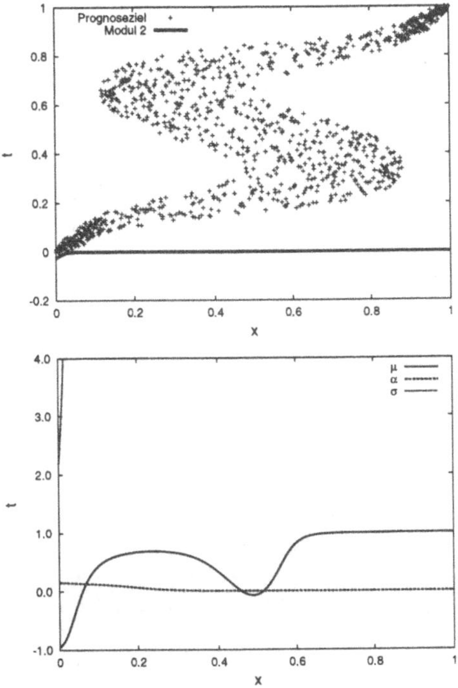

Abbildung 8.7: Output eines MDN-Moduls (Modul 2) und die Outputs des lokalen Experten-KNN.

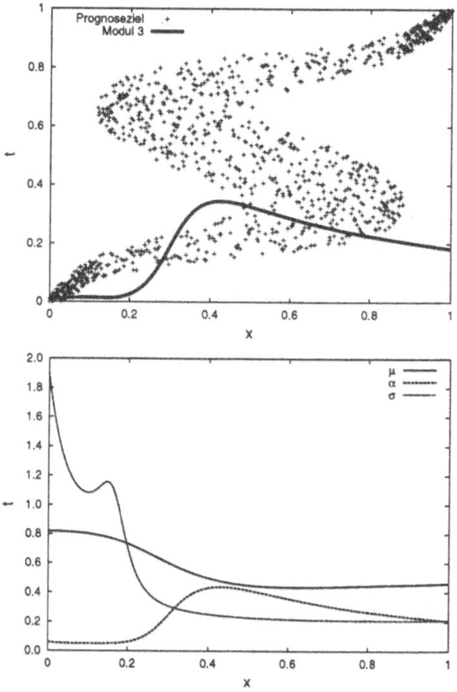

Abbildung 8.8: Output eines MDN-Moduls (Modul 3) und die Outputs des lokalen Experten-KNN.

durch den Kombinationskoeffizienten α unterstützt, der nahe *Null* ist. Interessant ist der Output für μ dieses Moduls, bei dem eine Verwendung der Inputinformationen zu erkennen ist. Diese wird jedoch durch die anderen Komponenten des Moduls weitgehend neutralisiert. Somit verbleiben von den drei Modulen nur noch zwei, die den Inputraum partitionieren.

Modul 1 in Abbildung 8.6 zeigt ein Input-Output-Verhalten, wie es von einem Einzelmodell erwartet werden kann. Einige Beispiele werden recht gut approximiert, teilweise ist die Abbildung geglättet und andere Beispiele (im unimodalen Bereich) werden nicht korrekt abgebildet. Demgegenüber steht das Input-Output-Verhalten von Modul 3 in Abbildung 8.8. Die kleinsten Werte im unimodalen Bereich $x \approx 0$ werden zwar approximiert, ansonsten ist das Input-Output-Verhalten aber nur im Zusammenhang mit dem Output von Modul 1 verständlich. Das Modul 3 zeigt gegenüber Modul 1 weitgehend ein gegenläufiges Input-Output-Verhalten, wenn von der Annäherung beider Module im Bereich $0.3 < x < 0.4$ abgesehen wird. Der Output (μ von Modul 1 scheint zunächst an den kleinen Werten für t orientiert zu sein. Der Output μ von Modul 3 approximiert dagegen eher Werte bei $t \approx 0.8$. Aufgrund des Kombinationskoeffizienten α von Modul 3, ist der Wert mit der höchsten Eintrittswahrscheinlichkeit allerdings nahe *Null*. Die Annäherung beider Module im Bereich $0.3 < x < 0.4$ stellt einen Übergang dar.

Die Abbildung des Outputs des MDN-Modells in Abbildung 8.5 zeigt, dass Modul 1 durch die Kombinationskoeffizienten den größten Einfluss auf das Output-Verhalten des MDN-Modells hat. Insbesondere der Output des μ-Knotens von Modul 1 repräsentiert den oberen Bereich der multimodalen Verteilung. Aus den Ausgaben der beiden μ-Knoten von Modul 1 und 3 ergeben sich Anhaltspunkte für eine multimodale Verteilung. Die unimodalen Teile werden aufgrund der hohen Anzahl von Lernbeispielen und der impliziten Regularisierung der Abbildungskapazität nicht ausreichend exakt wiedergegeben. Die Möglichkeit zu Prognosen mit geringem Fehler wird aufgrund der unzureichenden Approximation nicht ausgenutzt.

Neben dem Erwartungswert der einzelnen Module des MDN-Modells stellt dieser Modellansatz eine bedingte Verteilung als Output zur Verfügung, die in Abbildung 8.9 für einige x-Werte dargestellt ist. Die Werte sind nicht alle äquidistant gewählt, um bestimmte Eigenschaften hervorzuheben. Während ein Einzelmodell nur den bedingten Erwartungswert ausgibt und sich der Erwartungswert für den Fehler einer Prognose aus der Varianz des MSE ableitet, gibt ein MDN-Modell eine bedingte Verteilung an, aus der sich auch eine bedingte Varianz ableiten lässt.

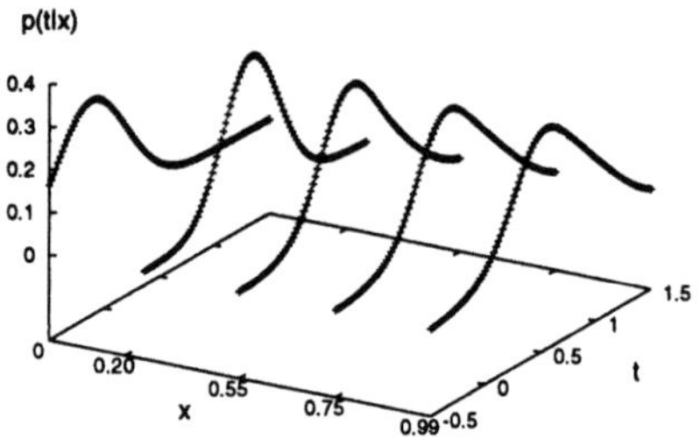

Abbildung 8.9: Die bedingte Verteilung $p(\boldsymbol{t}|\boldsymbol{x})$ als Output eines MDN-Modells für das inverse Beispielproblem. Die Werte für x sind nicht alle äquidistant, um Unterschiede bei der bedingten Varianz hervorzuheben.

Die x-Werte in Abbildung 8.9 wurden so gewählt, dass sowohl eine unimodale als auch eine multimodale Verteilung der Beispiele vorliegt. Die bedingte Varianz ist bei gleicher Streuung des Zufallsterms bei einer multimodalen Verteilung höher als bei einer unimodalen. Die Werte $(0, 0.99)$ in Abbildung 8.9 liegen im unimodalen Bereich. Die Varianz des Modelloutputs für diese Beispiele ist jedoch relativ hoch, was an dem geringen Wert für $p(\boldsymbol{t}|\boldsymbol{x})$ im Maximum der Verteilung zu erkennen ist. Dies ist auf die beschränkte Abbildungsgenauigkeit des Modells zurückzuführen. Die anderen x-Werte liegen zwar im multimodalen Bereich der Beispiele, für $x = 0.2$ ergibt sich allerdings eine deutlich geringere Varianz aus der bedingten Verteilung. Die Häufigkeit von t im prognostizierten Bereich des Modells ist viermal höher, als für die kleinen t-Werte der multimodalen Verteilung. Die prognostizierte bedingte Varianz für $x = 0.2$ gibt daher ein relativ geringes Prognoserisiko an, was als Information für ein Prognosesystem sehr nützlich sein kann. Diese Information kann mit einem Einzelmodell in dieser Form nicht erzeugt werden.[22]

[22] Um mit einem Einzelmodell einen Erwartungswert für die Fehlervarianz für einen gegebenen Input zu erhalten, werden Samplingtechniken verwendet, mit denen ein Schätzer für den Prognosefehler ermittelt wird.

8.3.3 Diskussion

Anhand der Beispiele werden die potentiellen Vorteile deutlich, die durch den Output eines MDN-Modells entstehen. Diese ergeben sich allerdings nicht unweigerlich. Die Schwierigkeit in diesem Beispielproblem liegt darin, zwischen den unimodalen und multimodalen Bereichen zu trennen und anhand der bedingten Varianz zu erkennen, wann eine Prognose sinnvoll ist. Für dieses Beispiel sind die Bereiche bekannt und lassen sich grafisch darstellen. Bei der empirischen Modellierung liegt zum Vergleich der Prognosen die bedingte Verteilung der Beispiele nicht vor, weshalb der Output des MDN-Modells sehr nützlich ist.

Die MDN-Modelle für dieses Beispiel erreichen Lösungen, die nicht als optimal aufgefasst werden müssen. Mit mehr Neustarts und evtl. einer modifizierten Topologie der Experten-KNN ließen sich bessere Ergebnisse erzielen, als sie hier dargestellt werden.[23] Dies macht sogleich auf das Problem aufmerksam, dass es einer angepassten Gestaltung der Modelle bedarf, die in Experimenten nach dem Versuch-und-Irrtum-Prinzip nur schwer zu erreichen ist. Besser ist es, diese Gestaltung einem Optimierungsverfahren zu überlassen (wie in Abschnitt 9 gezeigt wird). Dennoch ergeben sich auch aus den gezeigten Ergebnissen Anhaltspunkte für die Vorteilhaftigkeit des Modellansatzes.

Es zeigt sich, dass eine implizite Regularisierung durch die überlappende Partitionierung erreicht wird. Eine Neigung zur Überanpassung an einzelne Beispiele ist daher weniger ausgeprägt als bei einem Einzelmodell, obwohl das MDN-Modell insgesamt ein Vielfaches mehr an Parametern enthält. Darüber hinaus ergab sich nicht nur bei dem dargestellten MDN, sondern auch bei vielen anderen Modellen, die für dieses Beispielproblem trainiert wurden, dass nicht immer alle Experten-KNN eine aktive Rolle bei der Partitionierung übernahmen. Sie wurden quasi aus der Informationsverarbeitung des Modells ausgeschlossen, was einer Deaktivierung entspricht. Für die Modellierung bedeutet dies, dass die Anzahl der Module nicht immer der notwendigen Anzahl entsprechen muss, sondern auch etwas höher gewählt werden kann. Diese Vorteile und das Potential zur Prognose, das sich aus der Verteilungsinformation ergibt (bedingte Varianz) rechtfertigen den höheren Rechenaufwand und motivieren zur optimierenden Gestaltung der MDN-Topologien.

[23] Der Rechenaufwand für dieses Beispielproblem betrug immerhin ca. 1 Monat auf einer SUN-Sparc-Station 20 mit 2-Prozessoren 75-MHz.

8.4 Modellierung USD/DEM mit MDN

Zur Modellierung der USD/DEM-Relation wurden in Abschnitt 7 Einzelmodelle vorgestellt. Die Vorteile von MDN-Modellen für ein Prognosesystem liegen darin, aus der bedingten Verteilung abzuleiten, ob eine Prognose sinnvoll ist oder nicht. Wenn Finanzmärkte als multi-fraktale Prozesse einzuordnen sind,[24] ist zu vermuten, dass sich für bestimmte Bereiche im Inputraum ein geringeres Prognoserisiko ergibt als für andere. Die bedingte Varianz kann in einem Prognosesystem zur Erkennung des Prognoserisikos genutzt werden.

MDN-Modelle verwenden gegenüber Einzelmodellen viel mehr Parameter. Um der potentiellen Modellkomplexität eines MDN-Modells genügend Beispiele zur Parameteranpassung gegenüber zu stellen, werden hier nur univariate Modelle erstellt. Insgesamt besteht die Beispielmenge aus 2900 Tageskursen zum Fixing in Frankfurt, für die die ersten Differenzen als Prognoseziel gebildet werden. Die Zeitreihe der USD/DEM-Relation beginnt hier am 13.02.1986 und endet am 26.08.1997. Dieser Zeitraum wird in 997 Lern-, 997 Validierungs- und 906 Testbeispiele aufgeteilt. Die Inputkombinationen werden zufällig aus den ersten 31 Lags der Zeitreihe gebildet. Für jede Inputkombination werden mehrere Topologien der Experten-KNN erstellt. Ein MDN-Modell enthählt stets 3 Module mit derselben Topologie. So entstehen 667 MDN-Modelle, die mittels BFGS-Algorithmus[25] im Batch-Learning trainiert werden.[26] Als Regularisierung dient Early-Stopping mit Cross-Validation. Die Gewichte werden teils zufällig und teils gezielt initialisiert (siehe Abschnitt 8.2.1).

Aus den Ergebnissen der 667 MDN-Modelle geht hervor, dass eine Inputkombination über diesen langen Zeitraum besonders geeignet ist. Ein MDN-Modell, mit dieser Inputkombination wird ausgewählt, um die Ergebnisse vorzustellen. In Abbildung 8.10 ist der Wert mit der höchsten Eintrittswahrscheinlichkeit als Output für ein MDN-Modell und die Verteilung der USD/DEM-Relation für einen Abschnitt aus den Testbeispielen dargestellt. Die Differenzen der USD/DEM-Relation sind durch Transformation (siehe Abschnitt 6.5.2) auf den Wertebereich $[-1, 1]$ beschränkt. Die Prognosen ergeben für den gesamten Prognosezeitraum einen MSE von 0.78, eine Sharpe-Ratio von 1.5 und eine Signalqualität von 53.61%. Diese Ergebnisse

---

[24] vgl. Farmer 1999, [Far99]

[25] vgl. Press et al. 1992, [PTVF92], S. 425f

[26] Die Rechenzeit für diese Modelle betrug 3.5 Monate auf einer SUN-Sparc-Station 20 mit 2-Prozessoren 75-MHz.

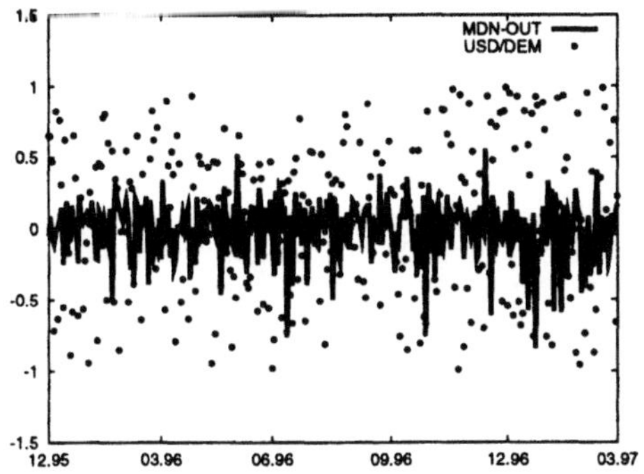

Abbildung 8.10: Output eines MDN-Modells für die USD/DEM-Relation 12.1995 – 03.1996.

sind vergleichbar mit guten KNN-Einzelmodellen. In der Abbildung 8.10 ist zu erkennen, dass die Streuung der Prognosen nicht der Streuung des Prognoseziels entspricht, so dass von einer geglätteten Abbildung ausgegangen werden kann. Soweit ergeben sich gegenüber Einzelmodellen keine wesentlichen Unterschiede.

Die Abbildungen 8.11 bis 8.13 zeigen den mit dem Kombinationskoeffizienten gewichteten bedingten Erwartungswert als Output für die drei Experten-KNN, zusammen mit der USD/DEM-Relation an. Jeweils darunter ist der Output der Knoten für (μ, α, σ) dargestellt. Anhand der gewichteten bedingten Erwartungswerte der Module ist zu erkennen, dass Modul 1 den größten Beitrag zur Varianz des MDN-Outputs beiträgt. Die bedingte Standardabweichung σ von Modul 1 ist gegenüber den anderen Modulen gering, das heißt, dass Modul 1 jeweils eine Verteilung angibt, die relativ stark um μ konzentriert ist. Demgegenüber sind die Module 2 und 3 weniger spezifisch. Da alle drei Module einen gewichteten bedingten Erwartungswert ausgeben, der um *Null* zentriert ist, entsteht der Eindruck, dass die drei Module die Streuung des Prognoseziel partitionieren.

Abbildung 8.14 zeigt für drei Prognosen die bedingte Verteilung des MDN-Modells als Output. Um diese unimodale Verteilung von dem Output eines anderen Modells abzugrenzen, wird dieses Modell als Modell A bezeichnet. Die bedingten Verteilungen, die Modell A ausgibt, unterscheiden sich in der prognostizierten Streuung. Zudem zeigt Modell A für die ersten beiden Outputs eine starke Schiefe. Der dritte Output von Modell

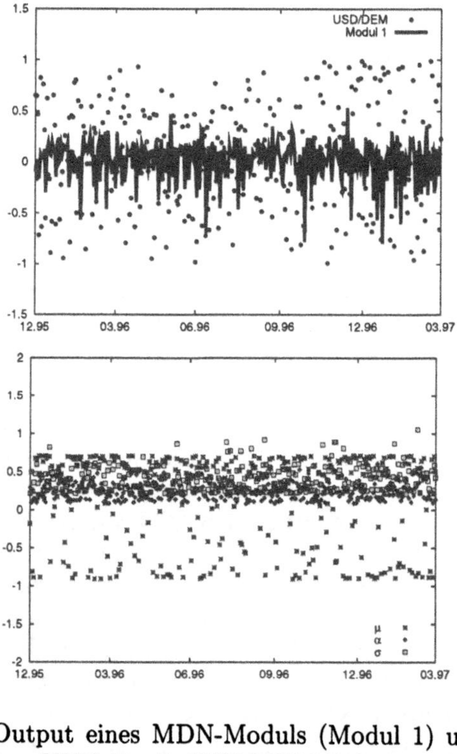

Abbildung 8.11: Output eines MDN-Moduls (Modul 1) und die Outputs des lokalen Experten-KNN für die USD/DEM-Relation 12.1995 – 03.1996.

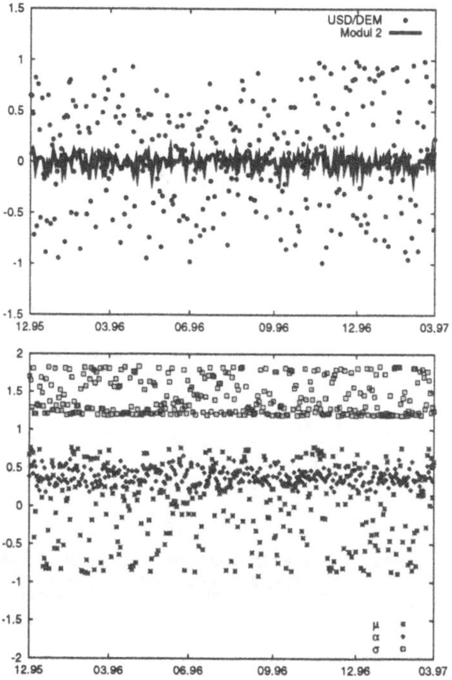

Abbildung 8.12: Output eines MDN-Moduls (Modul 2) und die Outputs des lokalen Experten-KNN für die USD/DEM-Relation 12.1995 – 03.1996.

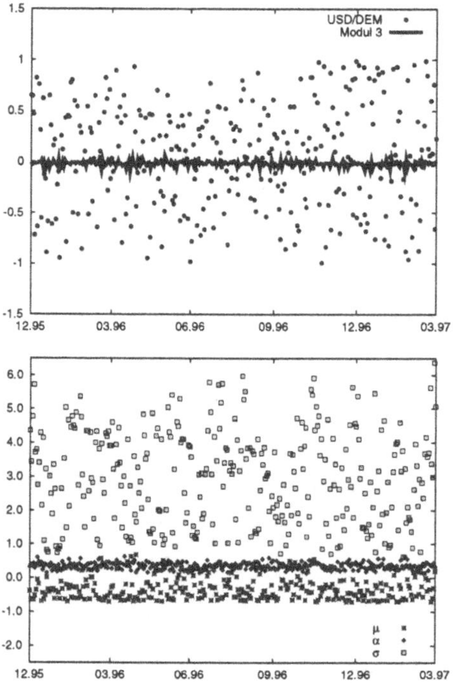

Abbildung 8.13: Output eines MDN-Moduls (Modul 3) und die Outputs des lokalen Experten-KNN für die USD/DEM-Relation 12.1995 – 03.1996.

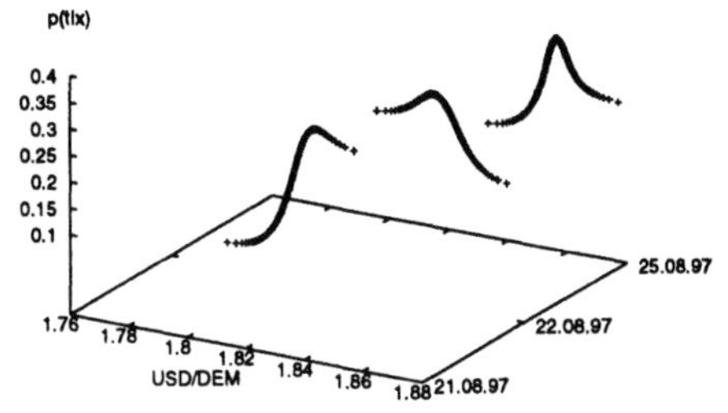

Abbildung 8.14: Bedingte Verteilung als Output eines MDN-Modells (Modell A) für die USD/DEM-Relation. Aufgrund der Rücktransformation der Prognosen mittels atanh(.) kann die Verteilung für die orginalen Differenzen und Fixing-Kurse angegeben werden. Da der Wertebereich dieser Aktivierungsfunktion beschränkt ist, kann $p(\boldsymbol{t}|\boldsymbol{x})$ nicht immer durchgehend bis *Null* angegeben werden.

A weist demgegenüber eine geringe Varianz und nahezu keine Schiefe auf. Für ein Prognosesystem ergibt sich für den dritten Output ein geringeres Prognoserisiko.

Die bedingte Verteilung, die Modell B in Abbildung 8.15 ausgibt, zeigt für die drei Outputs eine multimodale Verteilung. Da Modell B eine andere Inputkombination verwendet als Modell A, wiedersprechen sich beide Modelle in der Angabe der bedingten Verteilung nicht. Im Zentrum der bedingten Verteilungen von Modell B ist die Wahrscheinlichkeit relativ gering. Der Output von Modell B kann von einem Prognosesystem so interpretiert werden, dass ein relativ hohes Prognoserisiko besteht, da die bedingte Varianz gegenüber einer unimodalen Verteilung wesentlich höher ist. Zudem weist der Output von Modell B darauf hin, dass der bedingte Erwartungswert (als Zentrum der Verteilung) nur eine geringe Eintrittswahrscheinlichkeit aufweist. Die Prognosen mit dem Wert, der die höchste Eintrittswahrscheinlichkeit aufweist, ergeben auch für Modell B respektable Ergebnisse.

Der Vergleich der beiden Verteilungen in Abbildung 8.14 und 8.15 suggeriert, dass mit Modell A bessere Prognosen möglich sind. Hierfür ist aber die Verwendung der Verteilungen in einem Prognosesysytem entscheidend. Für ein Prognosesystem müssen die Eigenschaften der Verteilungen zum

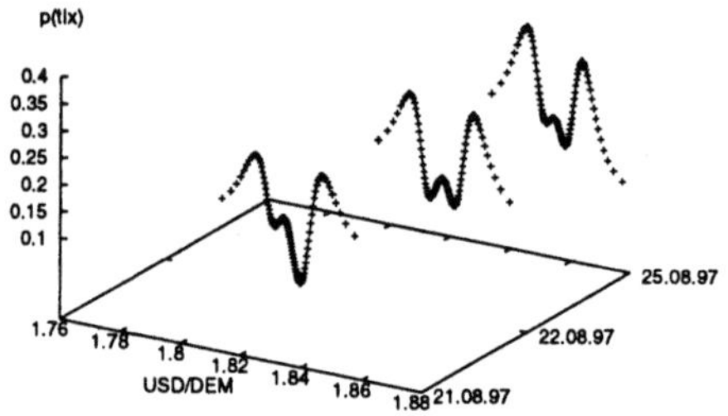

Abbildung 8.15: Bedingte Verteilung als Output eines MDN-Modells (Modell B) für die USD/DEM-Relation. Aufgrund der Rücktransformation der Prognosen mittels atanh(.) kann die Verteilung für die orginalen Differenzen und Fixing-Kurse angegeben werden. Da der Wertebereich dieser Aktivierungsfunktion beschränkt ist, kann $p(\boldsymbol{t}|\boldsymbol{x})$ nicht immer durchgehend bis *Null* angegeben werden.

Selektionskriterium aufbereitet werden. Diese Selektion ist für den Nutzen des Systems ebenso bestimmend wie die Güte der Prognosen.

Kapitel 9

Evolution von KNN und MDN

Künstliche Neuronale Netze eignen sich als Instrument zur datenorientierten Modellierung. Um für eine bestimmte Aufgabe das optimale KNN zu bestimmen, gibt es jedoch keine zuverlässige Vorgehensweise. Die Modellierung mit KNN wurde deshalb zeitweise als „schwarze Magie“ bezeichnet, die Funktionsweise eines KNN als "Black-Box“ angesehen. Da die Topologie, Inputs, Beispiele usw. für ein KNN häufig experimentell nach dem Versuchs-und-Irrtums-Prinzip ermittelt werden und hierfür viel Zeit notwendig ist, bietet es sich an, ein evolutionäres Verfahren anzuwenden, das zielgerichtet sucht. Ein evolutionäres Verfahren, mit dem eine globale Suche realisiert werden kann, ist der Ansatz der Genetischen Algorithmen (GA).

Genetische Algorithmen (GA) wurden von Holland [Hol75] vorgestellt und seither weiterentwickelt sowie erfolgreich für kombinatorische Probleme angewendet.[1] Bei der Modellierung von KNN handelt es sich um ein kombinatorisches Problem. Die Gewichte eines KNN werden zwar meist mit einem Lernverfahren optimiert und dies ist auch effizient, wenn sich ein Gradient für die Gewichte berechnen lässt, doch dies ist nur noch eine lokale Verbesserung eines Modells. Vorher müssen Entscheidungen über die Inputkombination, Lernbeispiele, Topologie usw. getroffen werden, die teilweise voneinander abhängig sind. Die Gewichteoptimierung ist dann nur

[1] Lehrbücher über GA mit Anwendungsbeispielen sind unter anderem Goldberg 1989, [Gol89], Mitchell 1996, [Mic96b] und Michalewicz 1996, [Mic96a].

noch ein letzter Schritt. Zwar führt nicht jede mögliche Kombination der Einstellungen auch zu unterschiedlichen Modellen (z.B. wegen möglicher Symmetrien), aber der durch die vielen Kombinationsmöglichkeiten aufgespannte Suchraum ist so groß, dass er für gute Modelle weitläufig (explorativ) und zielgerichtet (exploitativ) durchsucht werden muss. Diese globale Suche kann mit Genetischen Algorithmen durchgeführt werden.[2]

9.1 Genetische Algorithmen

Als Genetische Algorithmen wird ein Verfahren Evolutionärer Algorithmen bezeichnet, das auf den Arbeiten von Holland [Hol75] aufbaut und Mechanismen der Evolutionstheorie von Charles Darwin verwendet. Ausgangspunkt ist eine gegebene veränderbare Umwelt und die sie bevölkernden Individuen. Diese Individuen bilden Populationen gleicher Spezies, welche um die Ressourcen der Umwelt konkurrieren. Zwei wesentliche Mechanismen gehen aus der Theorie von Darwin hervor, die so allgemeinen Charakter aufweisen, dass sie erfolgreich zur Optimierung vieler komplexer Probleme eingesetzt werden können: Auslese und Anpassung. Diese Mechanismen bilden den Grundstein, um einen Lösungsraum sowohl explorativ als auch exploitativ zu durchsuchen.

Auslese in der Evolution bedeutet, dass Individuen, die Ressourcen der Umwelt besser als andere nutzen können, mehr Nachkommen erzeugen (Selektion). Die Umwelt gibt also vor, welche Eigenschaften der Individuen zu mehr Nutzen bzw. Nachkommen führen. Anpassung der Individuen bedeutet, dass sich Eigenschaften verändern können und es dadurch einzelnen Individuen gelingt, mehr Ressourcen der Umwelt zu nutzen. Grundlage der Anpassung ist die Vererbung nützlicher Eigenschaften.

Abbildung 9.1 gibt einen Überblick über die Evolution mittels genetischer Operatoren. Auslese und Anpassung sind die beiden Mechanismen der Evolution. Die Umwelt und eine Population von Individuen interagieren. Unterschiedliche Eigenschaften der Individuen führen zu unterschiedlichem Nutzen. Die Anpassung von Individuen kann z.B. durch Lernen erfolgen. Wird die gesamte Population der Individuen betrachtet, kann Anpassung dadurch stattfinden, dass Nachkommen mit geeigneteren Eigenschaften erzeugt werden.

Eigenschaften werden mittels genetischer Operatoren vererbt und auch

[2] Zahlreiche Literaturquellen über die Anwendung von GA in Verbindung mit KNN finden sich in Alander 2001, [Ala01].

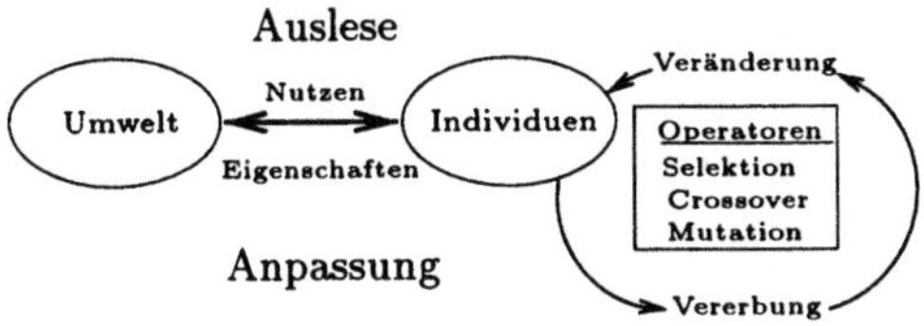

Abbildung 9.1: Evolution mit genetischen Operatoren.

verändert. Zur Vererbung von Eigenschaften verwenden biologische Organismen Gene. In den Genen sind alle Eigenschaften eines Organismus in einer Art Bauplan gespeichert. Der Bauplan wird als Genotyp und der Organismus als Phänotyp bezeichnet.

Nachkommen mit veränderten Eigenschaften können mehr oder weniger Ressourcen der Umwelt nutzen als die anderen Individuen in der Population. In der Folge verdrängen sie Individuen mit weniger geeigneteren Eigenschaften. In neuen Nachkommen treten dann immer mehr Eigenschaften auf, die zu einer besseren Nutzung der Ressourcen führen. Die Nutzung der Ressourcen wird mittels Fitness bewertet. Die Fitness dient dazu, die relative Häufigkeit für die Erzeugung von Nachkommen zu bestimmen.

Die Auslese und Anpassung haben nach der Theorie Darwins zu dem komplexen Ökosystem auf der Erde geführt. Insbesondere haben sich durch die Evolution immer wieder neue Arten gebildet, die vorhandene Ressourcen besser nutzen konnten. Die Evolution stellt daher eine geeignete Strategie zur Optimierung dar. Grundlage zur Optimierung von KNN ist allerdings, dass sich die Mechanismen Auslese und Anpassung auf Eigenschaften der Modelle anwenden lassen.

9.1.1 Repräsentation

Lösungen für Probleme haben eine bestimmte Repräsentationsform. Für das Problem der Gewichteoptimierung eines KNN ist z.B. ein Vektor mit reellen Zahlen eine Lösung. GA verwenden oftmals einen Vektor mit binären Zahlen als Repräsentation. Die binäre Darstellung lässt eine Interpretation eines Gens in dem Sinne zu, dass eine bestimmte Eigenschaft vorhanden ist „1" oder nicht „0". Die genetischen Operatoren können diese Repräsentation gut verarbeiten. Liegt einem Problem zunächst keine binäre Repräsentation zugrunde, oder kann ein Gen nicht entsprechend interpretiert werden (Eigenschaft vorhanden, nicht vorhanden) lässt sich eine Lösung eventuell durch Umformung (Kodierung) in eine entsprechende binäre Repräsentation bringen. Ansonsten stellt sich die Frage, ob die genetischen Operatoren ohne spezielle Anpassungen der Operatoren oder der Repräsentation sinnvoll eingesetzt werden können.

Abbildung 9.2 zeigt ein Beispiel, wie die Topologie eines KNN mittels Inzidenzmatrix binär repräsentiert werden kann. Jedes Berechnungselement ist in einer Zeile der Inzidenzmatrix dargestellt. Eine 1 in einem Element der Matrix bedeutet, dass das entsprechende Berechnungselement einen Input (mit Gewicht) bezieht. Der Spaltenindex des Matrixelements gibt an, ob es eine Verbindung zu einem anderen Berechnungselement ist, oder ein primärer Dateninput. Das Modell in der Abbildung hat drei Berechnungselemente. Diese sind in den drei Zeilen der Matrix kodiert. Die ersten drei Spalten der Matrix repräsentieren den Output der drei Berechnungselemente. Alle weiteren Spalten geben den primären Dateninput aus der Inputkombination oder den Bias des Berechnungselementes an. Die Verbindungen zu den Biasgewichten müssen nicht kodiert werden, da sie obligatorisch sind. Die Verbindung $3, 4$ leitet einen Dateninput an das Berechnungselement in Zeile 3 der Matrix weiter. Die Verbindung $1, 3$ gibt dem Outputknoten einen Input vom Berechnungselement aus Zeile 3 der Inzidenzmatrix.

Im unteren Teil der Abbildung ist der Genotyp für diese Inzidenzmatrix angedeutet. Beginnend mit der ersten Zelle in der Inzidenzmatrix (Index: $1, 1$), ist jede Zeile im Genotyp dargestellt. Jedes Element der Matrix belegt ein Gen. Der String aus den einzelnen Genen wird als Chromosom bezeichnet.

Die binäre Kodierung in Abbildung 9.2 für die Topologie verdeutlicht das Problem der Epistasie. Die Wirkung eines Gens hängt hierbei von der Belegung anderer Gene ab. Durch die Veränderung einer Genbelegung (Allel) kann die Topologie des Modells ihren vorwärtsgerichteten Informationsfluss einbüßen. In der Inzidenzmatrix eines vorwärtsgerichteten KNN befinden sich keine Verbindungen, deren Spaltenindex größer oder gleich dem Zeilenindex des Berechnungselementes ist. Durch die Veränderung eines Gens können sich zwei Berechnungselemente jeweils als Input einsetzen, womit ein Zyklus in der Topologie entsteht (in Abbildung 9.2 könnte das Allel des Elements $3, 1$ von 0 auf 1 wechseln). Durch eine geringe Veränderung des Genotyps, verändert sich der Informationsfluss des KNN in sehr hohem Maße. Ist darüber hinaus auch ein vorwärtsgerichteter Informationsfluss vorgeschrieben (z.B. für die Verwendung eines bestimmten Lernver-

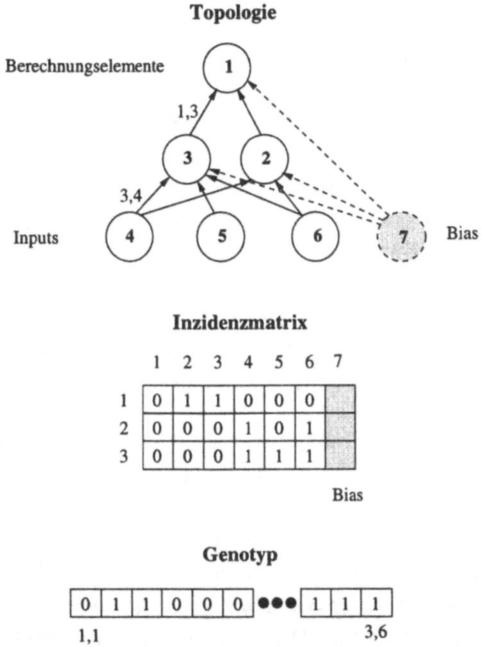

Abbildung 9.2: Binäre Repräsentation einer KNN-Topologie in einer Inzidenzmatrix. Jedes Berechnungselement belegt eine Zeile in der Inzidenzmatrix. Da die Zeilen der Inzidenzmatrix binäre Einträge haben, können sie direkt in einen Genotyp mit binärer Darstellung übernommen werden.

fahrens), kann diese kleine Veränderung des Genotyps sogar ein ungültiges Modell hervorbringen.

Die Relation zwischen Ursache (Genbelegung im Genotyp) und Wirkung (Fitness des Phänotypen) wird durch eine Distanz zum Ausdruck gebracht. Eine Distanz bewertet die Lage von Objekten auf einer Ähnlichkeitsskala. Die Ähnlichkeit zweier Phänotypen kann aber oftmals nicht zufriedenstellend mit konkreten Kriterien beschrieben werden, so dass hier der Distanz-Begriff nicht anhand meßbarer Ähnlichkeiten verwendet wird. Damit die Operatoren eines GA effizient arbeiten können, sollte die Distanz für jede Genposition möglichst gleich sein.

In einigen Fällen kann die Distanz durch spezielle Kodierung günstig beeinflusst werden. So werden ganze Zahlen für die Verarbeitung im Computer binär gespeichert. Jedes Bit stellt eine Potenz von 2 dar. Die Zahl 4 wird binär als 100 gespeichert und die Zahl 3 als 011. Der Unterschied in der binären Darstellung kann mit Hilfe der Hamming-Distanz zum Ausdruck gebracht werden, sie beträgt für diese beiden Zahlen 3. Die Differenz der beiden ganzen Zahlen ist aber 1. Da ein GA jedes Gen (hier jedes Bit) gleich behandelt, ist der Unterschied zwischen den ganzen Zahlen und deren binärer Darstellung für den effizienten Einsatz von GA hinderlich. Um ganze Zahlen besser als Lösungen für einen GA zu kodieren, können sie z.B. mit Gray-Codung binär repräsentiert werden.[3] Im Gray-Code ist die Hamming-Distanz 1, wenn die Differenz der ganzen Zahlen ebenfalls 1 beträgt.

Nicht immer besteht die Möglichkeit, eine Repräsentation zu finden, bei der sich aus den Allelen genügend Hinweise auf die Fitness einer Lösung ergeben. Die Bewertung eines Allels hängt im gewissen Umfang von den Belegungen der anderen Gene ab (Epistasie). Deshalb gelten einige Probleme als "GA-schwer" und andere wiederum als „GA-leicht". Aufgrund der komplexen Abhängigkeiten, die zwischen den Modellbestandteilen eines KNN bestehen, ist davon auszugehen, dass die Optimierung von KNN-Modellen eher nicht als „GA-leicht" einzustufen ist.

9.1.2 Operatoren

Operatoren dienen dazu, die Auslese und Anpassung der Individuen durchzuführen. Mit ihnen wird die Vererbung, Veränderung und Auswahl von Individuen vorgenommen. Ihre Aufgabe ist es, den Lösungsraum nach neuen Individuen zu durchsuchen (Exploration) und gleichzeitig die vorhandenen

[3] vgl. Nissen 1997, [Nis97], S.45

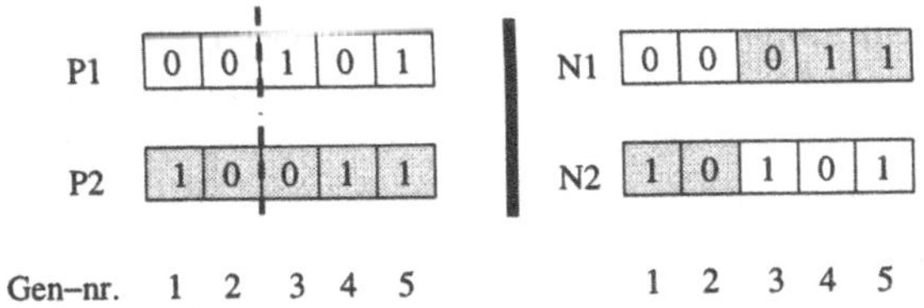

Abbildung 9.3: 1-Punkt Crossover für binäre Kodierung. Die Eltern P1 und P2 vererben ihre Gene an die Nachkommen N1 und N2. Eine Markierung zerteilt die Gene jedes Elternteils. In den Nachkommen befinden sich Teilstücke aus beiden Eltern, weil die Gene der Eltern bei der Vererbung rekombinert wurden.

Individuen zu verbessern (Exploitation). Während die Exploration eine diversifizierte Suche im Lösungsraum erfordert, wird bei der Exploitation ein Bereich im Lösungsraum gezielt nach Verbesserungen durchsucht. Die Basisoperatoren eines GA sind Crossover, Mutation und Selektion, die im folgenden kurz dargestellt werden. Dazu wird eine binäre Repräsentation der Individuen vorausgesetzt (vgl. voriger Abschnitt).

9.1.2.1 Crossover

Der Crossover-Operator bewirkt die Rekombination der Gene zweier Elternindividuen. Dabei erzeugen zwei Eltern zwei Nachkommen, die jeweils Teile der Elterngene besitzen. Bei der Vererbung der Elterngene kommt es durch Crossover zu einer Vermischung der Elterngene in den Nachkommen, so dass die Elterngene rekombiniert werden.

Abbildung 9.3 zeigt die Rekombination der Elterngene durch einen 1-Punkt Crossover. Die Gene der Eltern werden an einem Punkt markiert. Die Nachkommen enthalten bis zu dieser Markierung die Gene eines Elternindividuums, danach sind es die Gene des anderen Elternindividuums. Die Nachkommen erhalten so Gene beider Eltern. Neben dem 1-Punkt Crossover gibt es u.a. den N-Punkt- und den Uniform-Crossover. Beim N-Punkt Crossover werden N Markierungen zur Rekombination gesetzt. Die Rekombination mittels Uniform-Crossover bestimmt für jedes einzelne Gen im Nachkommen aus welchem Elternindividuum es stammen soll.

Bei manchen Problemen lassen sich Komponenten in einem Individuum finden, die eine eingekapselte funktionale Bindung eingehen. In einem KNN können z.B. Teile einer Inputkombination eine besonders hohe Abhängigkeit zu dem Output abbilden. Fehlt ein Input in dieser (Teil-) Kombination, ist die Erklärungskraft der übrigen Inputs nicht annähernd so hoch. Solche Komponenten können als Bausteine im Chromosom betrachtet werden, wobei deren Gene nicht benachbart sein müssen. Gibt es in den Individuen solche Komponenten, ist es für die Funktionsweise des Crossover entscheidend, wie die gesetzten Markierungen das Verhältnis der Teilstücke aus den Elternindividuen beeinflussen. Beim 1-Punkt Crossover ist die Wahrscheinlichkeit gering, dass zwei Gene, die auf dem Genotyp weit auseinander liegen, beide im selben Nachkommen zu finden sind (positional bias). Dafür ist die Länge der einzelnen Teilstücke (distributional bias) gleichverteilt. Die verschiedenen Crossover-Operatoren unterscheiden sich in ihrem positional und distributional bias.

Welcher Crossover-Operator für eine spezifische Anwendung geeignet ist, hängt deshalb auch von möglichen Bausteinen in den Genotypen ab. Außerdem hat die Distanz zwischen Genotyp und Phänotyp einen Einfluss auf die Wirksamkeit des Crossovers. Nach einer Crossover-Operation sind die Gene der Eltern in den Nachkommen vollständig repräsentiert, jedoch verteilen sich die Gene auf beide Nachkommen. Damit geht zwar keine Information verloren, es wird aber auch keine neue Information erzeugt. Trotz dieser Informationserhaltung kann es durch Epistasie zu sehr großen Distanzen zwischen Genotyp und Phänotyp kommen. Der Austausch von kleinen Teilstücken mittels Crossover-Operator führt dazu, dass die Fitness von Eltern und Nachkommen weit auseinander liegen kann, was einer zielgerichteten Suche entgegenwirkt.

9.1.2.2 Mutation

Die Mutation bewirkt zufällige Veränderungen der Genotypen und kann damit neue Eigenschaften in den Individuen hervorbringen (Innovation). Aufgabe des Mutationsoperators ist es, zu verhindern, dass alle Individuen dieselbe Genbelegung in den Genpositionen haben. Durch Auslese und Vererbung kann es dazu kommen, dass sich bei allen Individuen in einer Genposition immer dasselbe Allel findet. Der Suchraum ist somit auf die Genpositionen mit ungleicher Belegung beschränkt. Nimmt die Diversität der Genbelegungen ab, konvergiert der GA, weil sich in der Population zunehmend nur noch Individuen mit gleichen Eigenschaften befinden. Dieser Konvergenz wirkt die Mutation durch Innovationen entgegen.

Bei binärer Kodierung ist eine einfache Mutation möglich, indem z.B. ein Allel invertiert wird (Inversion). Abbildung 9.4 zeigt die Mutation eines

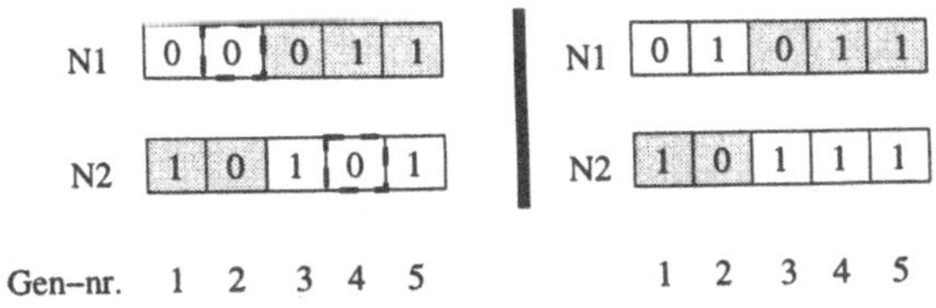

Abbildung 9.4: Mutation der Nachkommen durch zufällige Inversion eines Allels in der binären Kodierung. Jedes Gen der Nachkommen kann per Zufallsziehung mutieren.

Gens durch Inversion des Allels. Für jede Genposition wird mittels Zufallsziehung ermittelt, ob eine Mutation stattfindet. Die Mutationswahrscheinlichkeit ist meist für alle Genpositionen gleich und sie wird oftmals in Relation zur Länge des Chromosoms bestimmt.

Mutationen können während der gesamten Evolution durchgeführt werden, allerdings wird durch die Auslese bedingt, dass nur Verbesserungen in der Fitness der Nachkommen zur Vererbung der Gene führen. Die Fitness ser Individuen steigt aber meist im Laufe der Evolution, so dass Mutationen dann nur noch bedingten Einlass in die Population finden. Der Einfluss von Mutation sinkt daher, wenn die durchschnittliche Fitness steigt.

9.1.2.3 Selektion

Die Suche mittels GA wird durch Selektion zielgerichtet. Die Selektion verwendet eine problemabhängige Fitnessfunktion, um jedes Individuum zu bewerten. Diese Bewertung dient dazu, die Häufigkeit zu bestimmen, mit der ein Individuum als Elternteil seine Eigenschaften vererben kann. Durch eine fitnessproportionale Elternauswahl wird die Vielfalt der Gene in der Population im Laufe der Evolution sukzessive eingeschränkt und der GA konvergiert schließlich. Die Häufung einheitlicher Genbelegungen ermöglicht es, in diesem Umfeld gezielt nach Verbesserungen zu suchen. Damit steuert die Selektion das Verhältnis zwischen Exploration und Exploitation.

Praktisch verläuft die Selektion in drei Schritten:

- Festlegung, wieoft ein Individuum als Elternteil dient.
- Auswahl von je zwei Eltern.
- Ersetzen der schlechtesten Individuen in der Population.

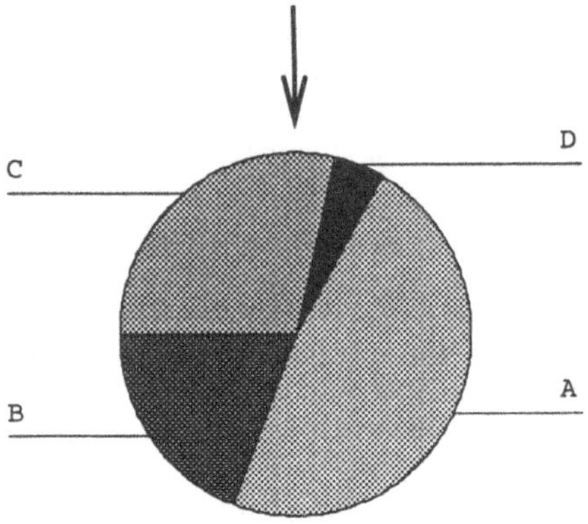

Abbildung 9.5: Stochastische fitnessproportionale Selektion mittels „Roulette-Wheel-Selection". Die Modelle (A, B, C, D) belegen Abschnitte auf einem Rad. Die Größe der Abschnitte hängt von der Fitness der Modelle ab. Zur Modellauswahl wird das Rad gedreht und zuällig gestoppt. Der Pfeil zeigt dann auf das gewählte Modell.

Vor der Vererbung durch Crossover und der Veränderung durch Mutation, bestimmt die Selektion, welche Individuen ihre Gene vererben können. Dies kann deterministisch oder stochastisch erfolgen. Bei der deterministischen Bestimmung der Vererbungshäufigkeit, kommen nur die besten Individuen jeweils proportional ihrer Fitness zur Vererbung. Weniger restriktiv ist die stochastische Bestimmung der Vererbungshäufigkeit. Abbildung 9.5 zeigt, wie die Vererbungshäufigkeit mit einem Glücksrad[4] bestimmt werden kann. Jedes Individuum nimmt einen Abschnitt auf dem Rad ein, dessen Größe proportional zu seiner Fitness ist. Die Abschnittsgröße bestimmt die Auswahlwahrscheinlichkeit eines Individuums. Nun wird das Rad gedreht und zufällig gestoppt. Der Zeiger am Rad bestimmt dann, welches Individuum tatsächlich zur Vererbung gelangt. Die Vererbungshäufigkeit muss dabei nicht der Auswahlwahrscheinlichkeit entsprechen. Die Auswahl von je zwei Eltern erfolgt bei dieser Auswahl durch zweimaliges Drehen und bestimmt das jeweilige Elternpaar zufällig.

Zur Bestimmung der Vererbungshäufigkeit gibt es weitere Varianten.[5]

[4] Diese „Roulette-Wheel-Selection" ist auf Holland [Hol75] zurückzuführen.

[5] vgl. Deb 2000 ,[Deb00]

Für die Selektion sind außerdem zwei Parameter wichtig: die Anzahl der Eltern (μ) und die Anzahl der Nachkommen (λ) für jede Folgegeneration. Die Anzahl der Eltern bestimmt, wieviele Nachkommen in einer neuen Generation erzeugt werden. Die Anzahl der Nachkommen ist damit zunächst durch die Anzahl der Eltern bestimmt. Bei der Selektion wird aber ein Teil der Nachkommen gelöscht. Für die Auswahl der Nachkommen ist deshalb ein zweiter Parameter notwendig. Nachdem einige Nachkommen gelöscht wurden, gelangen die vorhandenen in die bestehende Population. Dabei ersetzen sie meist Individuen in der Population, deren Fitness gering ist. Dann hat die Population wieder ihre ursprüngliche Größe und die nächste Folgegeneration kann erzeugt werden. Die Auslese der Individuen in dieser Generationenfolge wird einerseits durch die Berechnung der Vererbungshäufigkeit und andererseits durch das Verhältnis zwischen μ und λ bestimmt.

Die Selektion übt in dieser Generationenfolge einen Druck aus. Individuen mit niedriger Fitness haben geringere Chancen als Elternteil ausgewählt zu werden. Gleichzeitig sind sie die Kandidaten, die gelöscht werden, wenn bessere Lösungen gefunden werden. Der Selektionsdruck kann mittels Konvergenzgeschwindigkeit gemessen werden. Sie gibt die Anzahl Generationen an, in der das beste Individuum alle anderen verdrängt hat, wenn von einer Generation zur nächsten immer nur Kopien der Individuen gemäß der Vererbungshäufigkeit erzeugt werden (ohne Vererbung und Mutation). Dauert es lange, bis das beste Individuum alle anderen verdrängt hat, ist der Selektionsdruck niedrig und umgekehrt.

Ist dieser Druck zu hoch, kann der GA frühzeitig konvergieren, ohne dass gute Individuen gefunden werden. Ist der Selektionsdruck zu gering, kann es vorkommen, dass die durchschnittliche Fitness nicht steigt und keine guten Individuen erzeugt werden. Für die Konvergenz des GA ist die Selektion deshalb sehr Wichtig. Sie muss aber im Zusammenhang mit den anderen Operatoren eingestellt werden. Um die Konvergenz des GA zu beeinflussen, ist auch der Zusammenhang zwischen der Fitness der Eltern und Fitness der Nachkommen zu beachten. Ist dieser Zusammenhang nur schwach ausgeprägt, kann die Fitness der Nachkommen von der der Eltern stark abweichen. Dann ist mit einer hohen Streuung der Fitness innerhalb der Population zu rechnen. Je höher diese Streuung ist, desto eher besteht die Gefahr, bei zu hoher Konvergenzgeschwindigkeit den Suchraum zu stark einzuschränken und dadurch nur suboptimale Individuen zu finden.

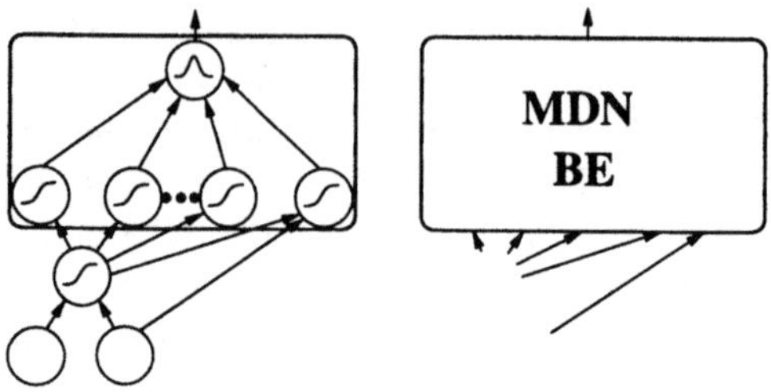

Abbildung 9.6: Outputs eines Experten KNN in einem MDN-Modell können zur Optimierung der Topologie, Inputs usw. in einem MDN-Berechnungselement (MDN-BE) zusammengefasst werden.

9.2 Evolution von MDN-Modellen

Da es zur Bestimmung eines optimalen MDN-Modells kein geeignetes Verfahren gibt, ist es sinnvoll, für die Suche nach einem guten Modell ein globales Suchverfahren einzusetzen. Die einzelnen Bestandteile eines MDN-Modells z.B. Topologie, Inputs und Lernbeispiele sind teilweise voneinander abhängig, so dass die Festlegung dieser Komponenten ein kombinatorisches Problem darstellt. Evolutionäre Verfahren eignen sich dafür, weil sie außer lokalen Verbesserungen auch eine globale Suche durchführen.

MDN-Modelle verwenden KNN als lokale Experten. Neben den Wahlmöglichkeiten, die für ein KNN bestehen, muss bei einem MDN-Modell festgelegt werden, wieviele Experten es verwendet, und wie diese miteinander verbunden sind. Die Optimierung eines MDN-Modells berücksichtigt daher mehr Parameter.

Abbildung 9.6 zeigt, dass die Topologie eines MDN-Modells wie die eines KNN behandelt werden kann. Um die Details der Partitionierung des MDN-Modells auszublenden, werden die Outputknoten eines lokalen Experten-KNN zu einem MDN-Berechnungselement zusammengefasst. Für die Optimierung der Gewichte mittels Lernverfahren, wird das MDN-Modell wie ein KNN behandelt, das spezielle Aktivierungsfunktionen für jedes Berechnungselement zulässt. Die Darstellung des evolutionären Verfahrens für MDN geht auf die Besonderheiten des MDN-Berechnungselementes daher nur noch an wenigen Stellen ein und behandelt ein MDN-Modell weitgehend wie ein KNN.

9.2.1 Repräsentation

Zur Repräsentation eines KNN gibt es zwei Paradigmen. Die direkte Kodierung und die indirekte Kodierung.[6] Bei der direkten Kodierung werden alle Bestandteile des Modells in ihren Ausprägungen in der Repräsentation gespeichert. Der Lösungsraum ist daher entsprechend groß. Die indirekte Kodierung speichert nicht alle Ausprägungen explizit. Hier werden beispielsweise globale Angaben über die Anzahl Schichten und Berechnungselemente gespeichert, oder der Genotyp für ein Modell enthält besondere Konstruktionsbefehle[7], mit denen sich ein Modell erstellen lässt. Dadurch können nicht alle Kombinationsmöglichkeiten repräsentiert werden und der Lösungsraum ist entsprechend kleiner. Die Entscheidung für eine Repräsentation ist daher eine Abwägung zwischen der Möglichkeit, in einem großen Lösungsraum oder einem eingeschränkten Lösungsraum zu suchen. Die Modelle in dieser Arbeit werden direkt kodiert.

Abbildung 9.7 zeigt die Repräsentation einer KNN-Topologie mittels verketteter Liste. Die Berechnungselemente, die Inputs und der Bias werden in der Topologie nummeriert und in den Allelen des Chromosoms eingetragen. Der Bias der Berechnungselemente setzt sich aus einem konstanten Input und dem Gewicht zum jeweiligen Berechnungselement zusammen. Im Genotyp werden mit aufsteigender Gen-Nr. zunächst der Bias, dann die Dateninputs und anschließend die Berechnungselemente eingetragen. Die Inputs der Berechnungselemente sind als Verweise (Links) angehängt. Ein Verweis beinhaltet die Gen-Nr. in der sich ein Bias, Dateninput oder Berechnungselement befindet. Diese Kodierung erleichtert die spätere Rekombination, da jetzt nur relative Positionen im Chromosom angegeben sind. Jeder Verweis hat ein Gewicht. In dieser Repräsentation sind lediglich die Gewichte-Nr. und der zugehörige Verweis gespeichert. Die reellen Werte der Gewichte und die Aktivierungsfunktionen der Berechnungselemente sind zur Vereinfachung nicht dargestellt, da sie mit den Verweisen und den Berechnungselementen verbunden sind. Diese Repräsentation ermöglicht es, Aktivierungsfunktionen frei zu wählen, so dass MDN und auch KNN z.B. mit Aktivierungsfunktionen höherer Ordnung[8] oder gemischten Aktivierungsfunktionen[9] zulässig sind.

[6] Für einen Überblick vgl. Yao 1999, [Yao99], Koehn 1994, [Koe94] und Branke 1995, [Bra95]

[7] vgl. Gruau 1992, [Gru92] und 1994, [Gru94] sowie Kitano 1990 [Kit90] und Kitano 1994 [Kit94]

[8] vgl. Zhang und Mühlenbein 1994, [ZH94]

[9] vgl. Friedrich und Morgana 1997, [FM97]

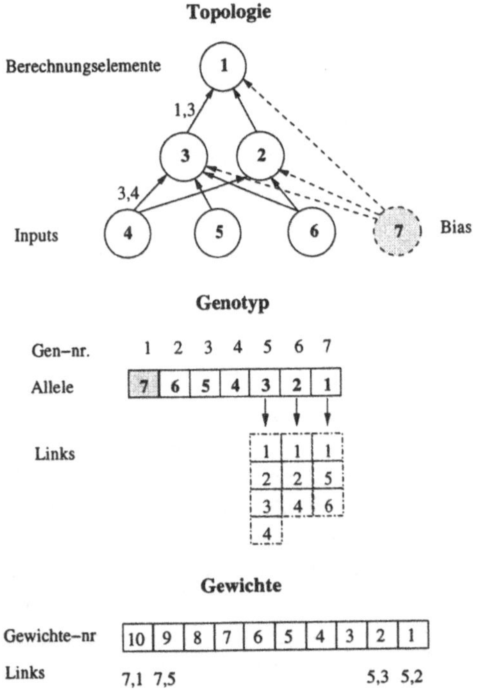

Abbildung 9.7: Direkte Kodierung einer Topologie mit Gewichten.

Chromosomen gleicher Länge können mit dieser Kodierung bereits rekombiniert werden. Damit jedoch auch verschiedene Topologien ohne Begrenzung der Anzahl Berechnungselemente und Inputs mittels GA optimiert werden können, erfolgt ein weiterer Schritt bei der Kodierung. Die Berechnungselemente und Inputs von zwei Eltern werden funktional neugeordnet.

Abbildung 9.8 zeigt die Neuordnung der beiden Eltern-Chromosomen. Die Genotypen der Eltern P1 und P2 sind in diesem Beispiel gleichlang. Dies dient jedoch nur der Vereinfachung. Nach Shamir et al. [SSM93] wird die Korrelation zwischen Berechnungselementen zweier Modelle dazu verwendet, diese Bausteine in eine funktionale Beziehung zu setzen. In dieser Arbeit wird dieses Prinzip auch auf die Inputs angewendet.

Um funktional gleiche Elemente zu rekombinieren, müssen sie sich im Chromosom gegenüberstehen. Deshalb wird die Anzahl der Gene für jedes Elternteil erhöht. Jedes erweiterte Chromosom enthält Gene für P1 und P2 (ohne den Bias, der nur einmal kodiert wird). Die Topologien der Eltern verwenden zunächst dieselben Nummern für die Elemente (oberer Teil der Abbildung). Im erweiterten Chromosom (unterer Teil der Abbildung) sind die Elemente von P2 (ohne den Bias) neu nummeriert. Der erste Dateninput von P2 trägt statt der Nr. 6 (oben) die Nr. 13 (unten).

Im erweiterten Chromosom stehen sich Elemente von P1 und P2 gegenüber, deren Korrelation betragsmäßig am höchsten ist.[10] Ist die höchste Korrelation negativ, werden von diesem Element die Gewichte der Output-Verbindungen im Vorzeichen umgekehrt.

Die Elemente für P1 belegen im erweiterten Chromosom die unteren und die Elemente von P2 die oberen Positionen. So ist beispielsweise die Korrelation zwischen dem Dateninput 6 von P1 und dem Dateninput 12 von P2 am höchsten. Beide Eltern haben dann in denselben Positionen Gene, die funktional ähnliche Teile der Phänotypen repräsentieren.

Durch diese Anordnung der Elternchromosomen werden bei der Rekombination keine funktionalen Einheiten zerstört. Die Berechnungselemente und Inputs eines Modells bilden Einheiten, die bei GA vererbt werden sollen. Ohne funktionale Bindung an die Gen-Position ist der Nutzen der Rekombination mittels Crossover-Operator fraglich. Die Abbildungsfunktion des

[10] Bei der Ermittlung der Korrelationskoeffizienten wird berücksichtigt, dass im MDN-Berechnungselement mehrere Experten-Outputs mit speziellen Aktivierungsfunktionen vorliegen. Diese können auch rekombiniert werden, wobei hierfür nur Korrelationen zwischen Experten-Outputs mit gleicher Aktivierungsfunktion berechnet werden. In der funktionalen Neuordnung der Eltern stehen sich deshalb Berechnungselemente mit gleicher Aktivierungsfunktion gegenüber.

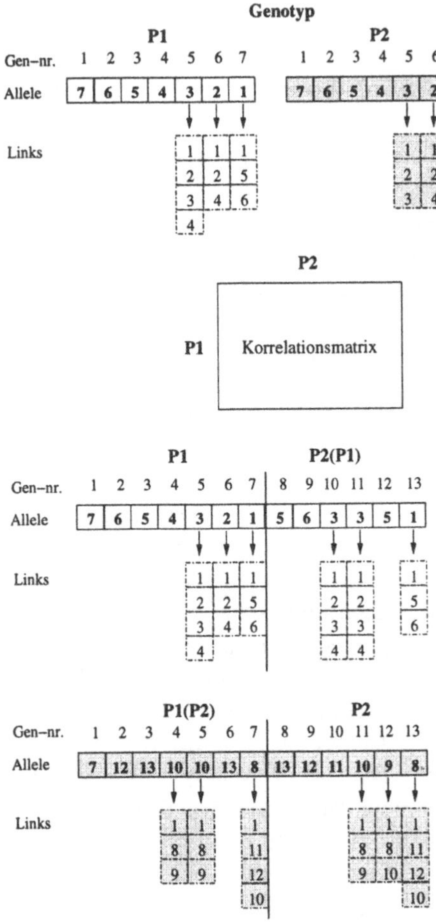

Abbildung 9.8: Funktionale Neuordnung der beiden Elternchromosomen.

Modells ist auf alle Berechnungselemente verteilt. Die Rekombination einzelner Teile wirkt sich auf die gesamte Abbildungsfunktion aus. Ohne funktional ähnliche Teile zu rekombinieren, kann Crossover daher zu sehr großen Veränderungen der Abbildungsfunktionen führen und dadurch schädlich wirken.[11]

9.2.2 Genetische Operatoren für MDN

Die Operatoren Crossover, Mutation und Selektion zur Optimierung von MDN-Modellen müssen die Repräsentation der Modelle verarbeiten können. Dazu sind einige Anpassungen der üblichen Operatoren notwendig. Außerdem führt die spezielle Repräsentation dazu, dass in einem Genotyp einige Berechungselemente oder Inputs mehrfach auftreten können. Bei der Anwendung der Operatoren können deshalb ungültige Modelle entstehen. Reparaturen der Nachkommen können aber oftmals die Defekte der ungültigen Nachkommen beheben.

9.2.2.1 Crossover

Der Crossover-Operator rekombiniert die Gene der Eltern, so dass in den Nachkommen alle Gene der Eltern vorkommen. Sie können jedoch unterschiedlich positioniert sein. Aus der Rekombination ergeben sich die Veränderungen beim Phänotyp. Eingesetzt wird der Uniform-Crossover.

Abbildung 9.9 stellt ein Beispiel für einen Uniform-Crossover dar. Der Crossover-String für jeden Nachkommen gibt für jede Genposition das Elternteil an, aus dem die Allele kopiert werden. Die Belegung des Crossover-Strings wird mittels Zufallsziehungen ermittelt. Allerdings sind die Positionen für die Modelloutputs und für den Bias geschützt. Die Belegung dieser Positionen muss auf das gleiche Elternteil verweisen.

In den Nachkommen stehen alle Gene der Eltern rekombiniert. Doch nicht alle Berechnungselemente und Inputs gelangen in die Modelle der Nachkommen. Abbildung 9.10 zeigt die Topologien der Eltern und der Nachkommen. Aus den Genotypen der Nachkommen wird mittels Morphogenese wieder eine Topologie erstellt.

Ausgehend vom Output werden die Berechnungselemente bzw. Inputs eingefügt, auf deren Gen-Nr. im Genotyp und Elternteil im Crossover-String verwiesen wird. Für diese Elemente werden ebenfalls die Verweise und deren Elemente in die Topologie aufgenommen, bis schließlich alle Verweise auf

[11] vgl. Yao 1999, [Yao99], S.1434

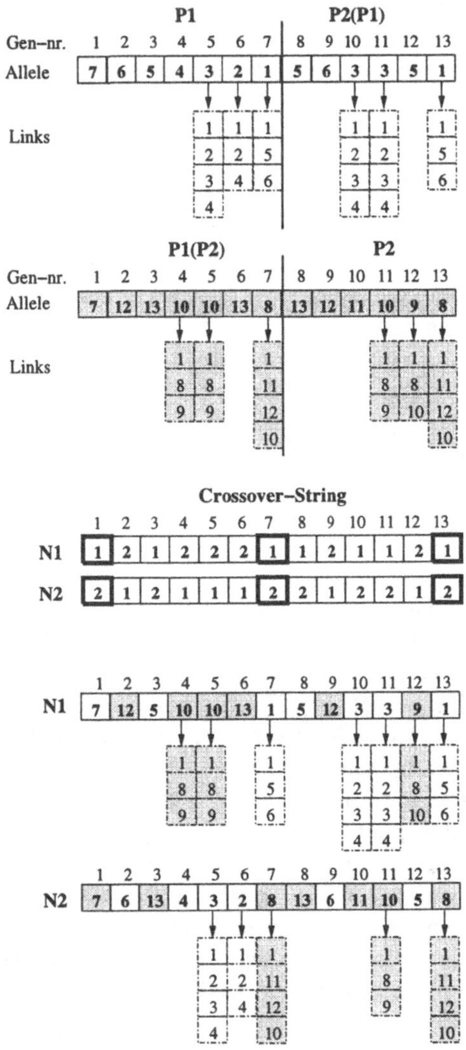

Abbildung 9.9: Uniform-Crossover der beiden verketteten Listen. Die funktional geordneten Eltern P1 und P2 werden mittels Crossover-String rekombiniert. Die Positionen der Outputs und des Bias sind dabei geschützt.

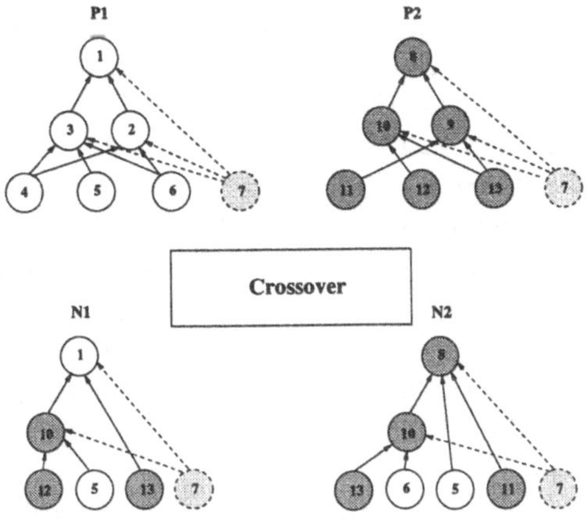

Abbildung 9.10: Topologien der Eltern und Nachkommen nach Crossover (aus Abbildung 9.9).

Inputs zeigen. In dieser Phase ist die Topologie zwar erstellt aber noch nicht validiert. Das Beispiel in Abbildung 9.10 stellt allerdings schon zwei gültige Nachkommen dar.

9.2.2.2 Mutation

Mutation ist eine zufällige Veränderung der Gene bei der Vererbung. Sie kann ohne Crossover angewendet werden, doch mit Crossover finden Mutationen erst im Anschluss daran statt. Die Gene im erweiterten Chromosom gelangen nicht alle in die Topolgie der Nachkommen (siehe oben). Mutationen sind deshalb erst am Phänotypen sinnvoll. Erst wenn eine Topologie für ein Nachkommen entstanden ist, lässt sich sicherstellen, dass eine Mutation auch im Modell wirksam wird.

Mutationen am Modell sind in mehreren Varianten möglich:

- **Mutation der Aktivierungsfunktion**
- **Mutation von Gewichten**
- **Mutation von Berechnungselementen oder Inputs**
- **Mutation von Verbindungen**

Mutation der Aktivierungsfunktion ist möglich, wenn alternative Aktivierungsfunktionen in der Topologie der Experten-KNN vorgesehen sind und vom Lernalgorithmus berücksichtigt werden. Bei den MDN-Modellen in dieser Arbeit ist dies nicht vorgesehen. Jedoch können die Experten-Outputs der MDN-Berechnungselemente mutieren. Dies entspricht einer Mutation von Berechnungselementen (siehe unten).

Mutation von Gewichten kann durch Zufallsinitialisierung oder zufällige Inkrementierung realisiert werden. Da in dieser Arbeit ein Lernverfahren auf Basis von Gradienten eingesetzt wird, findet die Mutation von Gewichten hier nicht statt. Ohne die Möglichkeit, ein effizientes Lernverfahren einzusetzen, ist diese Mutation allerdings sehr nützlich, um geeignete Gewichte zu finden.

Mutation von Berechnungselementen oder Inputs ist in Abbildung 9.11 dargestellt. Im oberen Teil der Abbildung wird ein Berechnungselement eingefügt, unten wird eines entfernt. Zum Einfügen eines Berechnungselementes wird zufällig ein bestehendes ausgewählt. Von diesem Berechnungselement wird der Verweis als Input eines anderen Berechnungselementes übernommen. Somit ist sichergestellt, dass das eingefügte Berechnungselement auch verwendet wird. Die Inputs des eingefügten Berechnungselementes werden zufällig gewählt. Beim Entfernen eines Berechnungselementes wird ebenfalls eines zufällig bestimmt. Die Verbindungen des entfernten Berechnungselementes werden an ein anderes umgeleitet, damit auch weiterhin alle Elemente der Topologie verwendet werden. Die möglichen doppelten Verbindungen werden repariert (siehe unten).

Dateninputs können ähnlich mutiert werden. Beim entfernen eines Inputs werden die Verweise umgeleitet, beim Hinzufügen wird aus der Menge aller zulässigen Dateninputs eines ausgewählt, dass beim Einfügen die Verweise eines bestehenden Dateninputs als Kopien übernehmen kann.

Mutation von Verbindungen sind möglich, indem vorhandene Verbindungen gelöscht oder neue Verbindungen zufällig eingefügt werden. Abbildung 9.12 zeigt beide Möglichkeiten. Zwei Berechnungselemente werden zufällig gewählt. Besteht zwischen ihnen keine Verbindung, wird sie eingefügt (oben). Ist eine Verbindung vorhanden, wird sie entfernt, aber nur dann, wenn dadurch alle Inputs und Berechnungselemente in der Topologie weiterhin verwendet werden. In Topologien, die sehr wenig Verbindungen haben, wird durch diese Mutationen eher eine Verbindung eingefügt als gelöscht. Bei Topologien, die bereits sehr viele Verbindungen aufweisen, wird eher eine gelöscht.

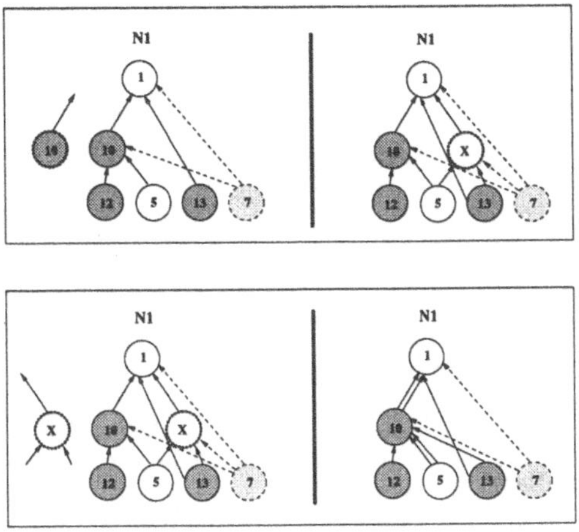

Abbildung 9.11: Mutation von Berechnungselementen.

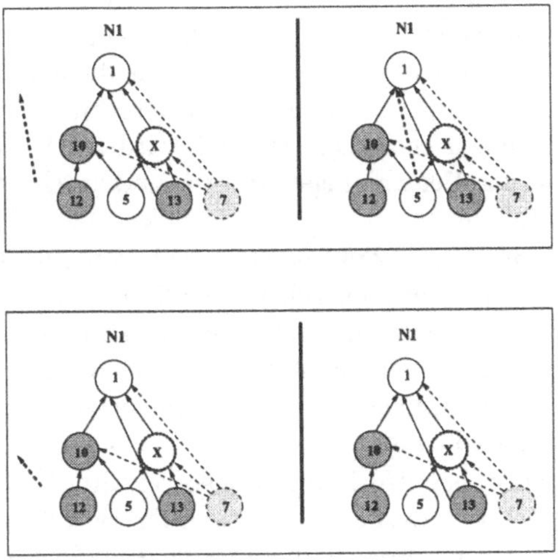

Abbildung 9.12: Mutation von Verbindungen.

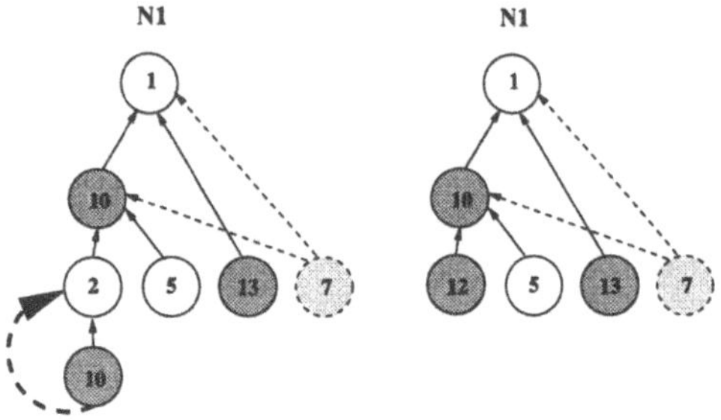

Abbildung 9.13: Der Zyklus in der Topologie (links) wird durch eine Änderung des Crossover-String behoben (rechts).

9.2.2.3 Reparatur

Nachkommen müssen repariert werden, wenn bei der Mutation und dem Crossover Topologien entstehen, die überflüssige Verbindungen oder Berechnungselemente aufweisen. In den MDN-Modellen für diese Arbeit sind außerdem auch keine rekurrenten Topologien zulässig, so dass Zyklen ebenfalls repariert werden müssen.

Die Reparatur von Zyklen und überflüssigen Berechnungselementen und Verbindungen ist hierarchisch angeordnet. Durch die Reparatur von Zyklen können wiederum überflüssige Berechnungselemente und Verbindungen entstehen. Bei der Reparatur von überflüssigen Berechnungselementen können doppelte Verbindungen entstehen. Deshalb wird zunächst eine Reparatur von Zyklen, dann von Berechnungselementen und anschließend von Verbindungen vorgenommen.

Die Reparatur eines Zyklus ist in Abbildung 9.13 dargestellt. Der Zyklus zwischen den Berechnungselementen 2 und 10 kann durch entsprechende Verweise im Genotyp und im Crossover-String entstehen. Ein Zyklus zwischen Berechnungselementen ist nicht selten, da Berechnungselemente und Inputs an verschiedenen Gen-Positionen im erweiterten Chromosom mehrfach vorkommen können.

Ein Zyklus wird bei der Morphogenese ermittelt. Vom Element für den Output im Genotyp werden alle Verweise in Berechnungselemente und Inputs umgesetzt. Dazu werden Teilbäume für jeden Verweis aufgestellt und in einer Liste festgehalten. Gelangt ein Berechnungselement in einem Teilbaum zweimal auf diese Liste, liegt ein Zyklus vor. In der Abbildung 9.13 beinhaltet diese Liste den Teilbaum $[10, 2, 10]$.

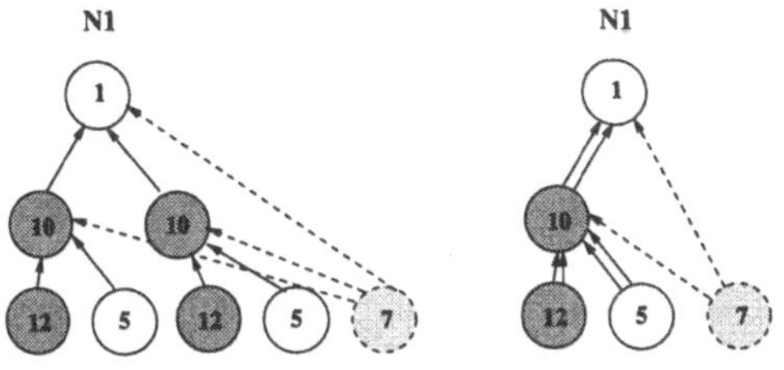

Abbildung 9.14: Reparatur überflüssiger Berechnungselemente.

Ein Reparaturversuch ändert nun den Verweis von Berechnungselement 10 auf 2. Dabei wird im Crossover-String für die entsprechende Gen-Position das Elternteil geändert. Damit gelangt statt des Berechnungselementes 2 aus P1 der Dateninput 12 aus P2 in die Topologie. Der Zyklus ist behoben. Gelingt ein Reparaturversuch nicht im ersten Anlauf, werden nach und nach auch die Einträge der anderen Berechnungselemente im Crossover-String versuchweise geändert, bis dies für alle am Zyklus beteiligten Berechnungselemente einmal geschehen ist. Liegt dann immer noch ein Zyklus vor, wird dieser Nachkomme nicht erstellt.

Die Reparatur überflüssiger Berechnungselemente kann notwendig werden, wenn ein Berechnungselement ein anderes als Input verwendet. Diese mehrfachen Berechnungselemente können entstehen, weil im Genotyp des erweiterten Chromosoms ein Berechnungselement an verschiedenen Gen-Positionen gespeichert sein kann. Dies trifft auch für Dateninputs zu, die auf dieselbe Weise repariert werden.

Abbildung 9.14 zeigt, dass ein Berechnungselement und seine Inputs mehrfach in die Topologie eines Nachkommens gelangt sind. Ein Berechnungselement davon bleibt bestehen, alle weiteren sind redundant und werden entfernt. Dabei werden die Verweise der entfernten Berechnungselemente und Dateninputs an die verbleibenden Berechnungselemente umgeleitet, wie es bereits bei der Mutation der Berechnungselemente gezeigt wurde. Diese mehrfachen Verweise werden durch die Reparatur überflüssiger Verbindungen beseitigt.

Die Reparatur überflüssiger Verweise wird notwendig, wenn ein Berechnungselement denselben Input mittels mehrerer Verweise erhält. Abbildung 9.15 stellt diese Reparatur dar. Um mehrfache Verweise zu reparieren werden alle überzähligen Verweise gelöscht. Jeder Verweis kann ein anderes Gewicht repräsentieren. Deshalb wird dem verbleibenden Verweis das Gewicht zugeteilt, das sich aus dem arithmetischen Mittel der

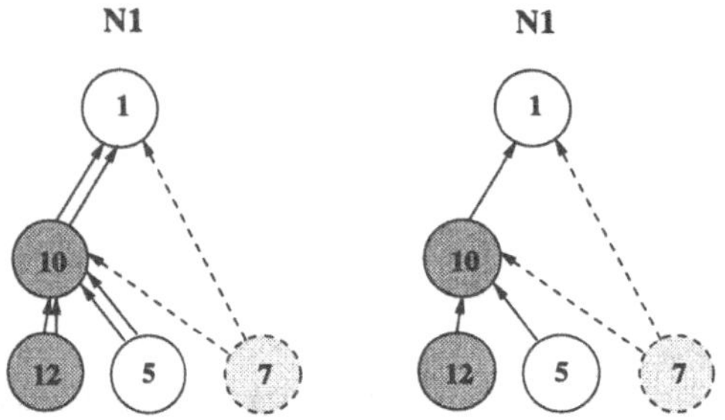

Abbildung 9.15: Reparatur überflüssiger Verweise.

mehrfachen Verweise ergibt.

9.2.2.4 Selektion

Die Selektion bei der Evolution von MDN-Modellen ist von der speziellen Repräsentation der Modelle unabhängig. Die Auswahlwahrscheinlichkeit wird fitnessproportional mit der stochastischen „Roulette-Wheel-Selection" bestimmt (siehe Seite 207).

Als Besonderheit bei der Elternauswahl wird eine Tabu-Liste[12] verwendet. In diese Liste gelangen alle Modelle, die als Eltern ausgewählt wurden. Da die Liste eine begrenzte Länge hat, verweilen die Eltern-Modelle nur eine kurze Zeit auf dieser Liste, bis sie wieder gestrichen werden. Befindet sich ein Modell auf der Tabu-Liste, kann es nicht bei der Elternauswahl berücksichtigt werden. Damit wird verhindert, dass einzelne Modelle sehr häufig hintereinander als Eltern ausgewählt werden. Insbesondere wirkt sich diese temporäre Sperre aber auf die Paarbildung für die Rekombination aus.

Die Fitnessfunktion für die MDN-Modelle richtet sich nach dem Abbildungsfehler der Modelle (siehe Abschnitt 8.2). Ermittelt wird dieser Fehler für alle Lernbeispiele. Da die Fitness F üblicherweise steigt, je geringer der Fehler ist, wird der Fehler E entsprechend transformiert.

$$F = \frac{1}{e + E}$$

Die Konstante e (Eulersche Zahl) ist das Minimum des logarithmischen Fehlers der MDN-Modelle. Die Addition bewirkt, dass die Fitness nicht

[12] vgl. Glover 1989, [Glo89] und 1990, [Glo90]

kleiner *Null* werden kann. Daraus wird die relative Fitness f eines Modells abgeleitet.

$$f_i = \frac{F_i - F_{min}}{F_{max} - F_{min}}$$

Die minimale und die maximale Fitness F_{min} und F_{max} gelten für die Individuen der aktiven Population. Die Auswahlwahrscheinlichkeit $p(s_i)$ ist

$$p(s_i) = f_i \frac{M}{\sum_{i=1}^{n} f_i}$$

mit M der Anzahl Nachkommen in einer Generation.

9.2.3 Populationsmanagement

Aufgabe des Populationsmanagements ist es, das Zusammenspiel zwischen den genetischen Operatoren so einzustellen, dass eine geeignete Balance zwischen Exploration und Exploitation gefunden wird. Dies ist eine schwierige Aufgabe, bei der letztlich nur das Experiment zur Lösung beitragen kann.

Für den Crossover und die Mutation müssen entsprechende Wahrscheinlichkeiten bestimmt werden. Die Wahl der Fitnessfunktion und deren Skalierung ist ebenfalls Aufgabe des Populationsmanagements. Schließlich wird die Populationsgröße und die Generationenfolge eingestellt.

Von diesen Einstellungen, die sich gegenseitig beeinflussen, kann der Erfolg der Evolution maßgeblich abhängen. Die optimale Parameterwahl des Populationsmanagements ist damit ein eigenständiges Optimierungsproblem. Durch ausführliche Experimente[13] ergaben sich Anhaltspunkte für das im folgenden dargestellte Populationsmanagement.

9.2.3.1 Genetische Operatoren

Die genetischen Operatoren wurden bereits in den vorigen Abschnitten beschrieben. Für die Selektion wurde auch schon die Skalierung der Fitness zur Bestimmung der Auswahlwahrscheinlichkeit dargestellt. Die Operatoren Crossover und Mutation arbeiten nach den folgenden Einstellungen:

[13] Insgesamt wurden für 5 verschiedene Zeitreihen jeweils mehrere 10.000 Modelle mit verschiedenen Einstellungen des Populationsmanagements erstellt.

- Als Crossover-Operator dient der Uniform-Crossover, wobei für jede Gen-Position im Crossover-String die Wahrscheinlichkeit für beide Eltern gleich sind.

- Die Mutation ist hierarchisch organisiert. Zunächst wird bestimmt, welche Mutationsart stattfinden kann. Anschließend wird die entsprechende Mutationswahrscheinlichkeit ermittelt. Als Mutationsarten stehen Mutation von Verbindungen, Inputs, Berechnungselementen und MDN-Berechnungselementen zur Verfügung. Die Wahrscheinlichkeiten für diese Mutationsarten addieren sich zu 1, so dass immer eine Mutation stattfinden kann.

  Für die entsprechende Mutationsart k wird die Anzahl vorhandener Verbindungen, Inputs, Berechnungselemente und MDN-Berechnungselemente (a_k) ermittelt. Die Mutationswahrscheinlichkeit für ein entsprechendes Element ist dann m_k.

$$m_k = \frac{f_k}{a_k}$$

  Die Faktoren f_k unterscheiden sich für die Mutationsarten, da die Auswirkungen der verschiedenen Mutationen unterschiedlich stark sind. Die Faktoren zur Mutation von Verbindungen, Inputs, Berechnungselementen und MDN-Berechnungselementen betragen $(1.0, 0.5, 0.5, 0.25)$. Die Wahrscheinlichkeiten zum Entfernen und Hinzufügen der Elemente betragen jeweils 0.5 für jede Mutationsart. Eine Mutation wird jedoch nicht durchgeführt, wenn das Modell dadurch ungültig würde. Ein MDN-Berechnungselement wird beispielsweise nicht entfernt, wenn es das einzige im Modell ist.

9.2.3.2 Populationsgröße und Generationenfolge

Mit der Einstellung der Populationsgröße und Generationenfolge soll die Diversität der Population möglichst lange bestehen. Gleichzeitig findet aber Auslese bei der Selektion statt. Der Diversitätsverlust wird deshalb gesteuert.

Mit hoher Diversität der Individuen ist in der Startpopulation zu rechnen, da diese Individuen mit unterschiedlichen Topologien erstellt und intensiv trainiert wurden. Ein Problem bei der Evolution von MDN-Modellen ist, dass bei der Rekombination der Eltern nicht immer alle Elemente im

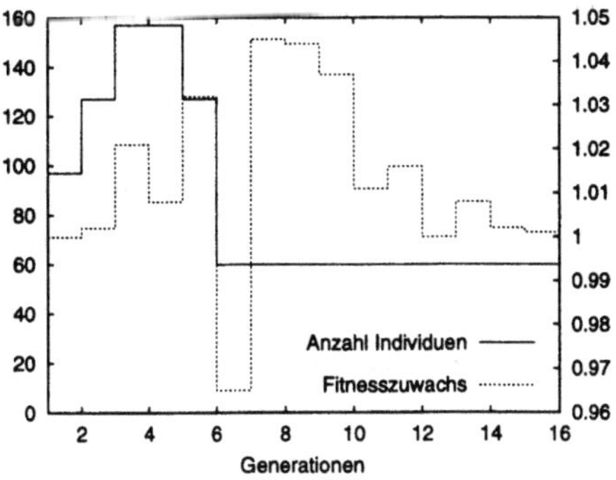

Abbildung 9.16: Aktive Population im Verlauf der Evolution.

Genotyp auch in die Topologie der Nachkommen gelangen. Um sicherzustellen, dass die Eigenschaften der Eltern in Folgegenerationen noch vorhanden sind, müssten daher recht viele Rekombinationen stattfinden und damit die Anzahl der Nachkommen die Größe der Population weit übersteigen. Wenn dabei auch die Eigenschaften der Nachkommen für einige Generationen erhalten bleiben sollen, müsste die Population ständig wachsen. Dieses stellt an die Speicherkapazität und die Prozessorleistung des Rechners hohe Anforderungen.

Erst nach einigen Generationen ist damit zu rechnen, dass aufgrund des Selektionsdrucks die Diversität der Population abnimmt, dann kann die Anzahl der Individuen in den Nachfolgegenerationen wieder sinken. Um die Populationsgröße dynamisch zu gestalten, wird deshalb eine „aktive Population“ gebildet. Eine Verweildauer bestimmt für jedes Individuum, für wieviele Generationen es in der aktiven Population verbleibt und damit als Elternteil ausgewählt werden kann.

Die Individuen der Startpopulation erhalten zunächst die maximale Verweildauer (5 Generationen). Alle Nachkommen erhalten eine minimale Verweildauer (2 Generationen) und eine zusätzliche variable Verweildauer, die sich nach der relativen Fitness richtet, so dass die maximale Verweildauer nur für die besten Nachkommen vergeben wird. Dadurch wird vorwiegend die Verfügbarkeit der Eigenschaften der Startpopulation gewährleistet. Für diese Individuen und die besten Nachkommen ist die Vererbungsrate am höchsten.

Abbildung 9.16 zeigt ein Beispiel für die Entwicklung der aktiven

Population im Laufe der Evolution. In der Startpopulation befinden sich 97 Individuen. In jeder Folgegeneration werden 30 Nachkommen erstellt. Der durchschnittliche Fitnesszuwachs reicht in diesem Beispiel nicht aus, damit den Nachkommen eine höhere als die minimale Verweildauer zugeteilt wird. Nach Ablauf der Verweildauer der Startpopulation sinkt die Anzahl der Individuen nach der sechsten Generation auf ein Minimum ab. Trotzdem findet nachfolgend ein relativ hoher Fitnesszuwachs statt. Der Selektionsdruck ist durch die relativ wenigen Individuen in der aktiven Population gewachsen. Anschließend konvergiert der GA und der Fitnesszuwachs fällt immer geringer aus.

9.2.3.3 Akzeptanz und Training der Nachkommen

Zur Selektion gehört auch eine Regelung zum Ersetzen von Individuen durch Nachkommen. Diese Regelung ist für die Konvergenz sehr wichtig. Da die Anzahl aller Individuen ein Maximum nicht überschreiten sollte, müssen Nachkommen entweder verworfen werden oder aber sie ersetzen vorhandene Individuen.

Zwei grundsätzliche Strategien zum Ersetzen durch Nachkommen lassen sich unterscheiden: „general replacement" und „steady-state-GA". Beim general replacement ersetzen die Nachkommen alle Eltern, unabhängig von der Fitness. Nur die schlechtesten Eltern werden beim steady-state-GA durch Nachkommen ersetzt.

Die Steuerung der Populationsgröße wird in dieser Arbeit mittels Verweildauer bestimmt. Damit bestimmt die Fitness der Nachkommen, wieviele Generationen sie als Eltern aktiv sind. Dies gewährleistet allerdings nicht, dass die Fitness von Folgegenerationen auch wirklich zunimmt. Um dies zu gewährleisten wird ein Akzeptanzniveau gesetzt. Multipliziert mit der durchschnittlichen Fitness der aktiven Population, bestimmt das Akzeptanzniveau, wie hoch die Fitness eines Nachkommens sein muss, um in die aktive Population zu gelangen. Ist das Akzeptanzniveau 1.0, muss die Fitness eines Nachkommens mindestens der durchschnittlichen Fitness der aktiven Population entsprechen.

Mit dem Akzeptanzniveau lässt sich auch der Einsatz eines Lernverfahrens zur Gewichteoptimierung regulieren. Nach der Rekombination und Mutation sind die Nachkommen als Startlösung zu betrachten, deren Gewichte mittels Lernen verbessert werden. Darüber hinaus können auch neue, zufällige Startgewichte vergeben und intensiv trainiert werden. Es kann aber vorkommen, dass auch schon gute Modelle nur durch die genetischen

Operatoren entstehen, die dann nicht mehr trainiert werden müssen. Das Akzeptanzniveau kann dazu eingesetzt werden, den Einsatz des Lernverfahrens zu staffeln: Erreicht ein Modell bereits nach der Rekombination und Mutation die erforderliche Akzeptanz, braucht es nicht trainiert zu werden. Ansonsten kann ein Nachkomme einmal oder mit zufälligen Startgewichten auch mehrmals trainiert werden. Wird das Akzeptanzniveau dann immer noch nicht erreicht, gelangt das Individuum nicht in die aktive Population.

In Abhängigkeit vom Akzeptanzniveau werden hierdurch trainierte bzw. untrainierte Nachkommen bevorzugt und die effektive Anzahl der Nachkommen gesteuert. So ermöglicht das Akzeptanzniveau zwischen vielen untrainierten oder wenigen trainierten Modellen zu entscheiden und damit den Einsatz der Rechenkapazität zu steuern. Ein geeignetes Akzeptanzniveau ist vom Problem und von den anderen Parametern des Populationsmanagements abhängig.

9.3 Anwendung

Die Evolution von MDN-Modellen mittels GA wird in diesem Abschnitt anhand eines Beispielproblems dargestellt. Als Beispiel dient hierfür die inverse Funktion aus Abschnitt 8.1. Sie ist in Abbildung 9.17 nochmals dargestellt. Für dieses Beispiel wurden MDN-Modelle mit unterschiedlichen Topologien erstellt und trainiert. Diese Modelle dienen hier als Startpopulation. Die Evolution dient dazu, sowohl die Lösungsgüte zu erhöhen, als auch eine geeignete Topologie zu finden. Die Wirkung der einzelnen Operatoren wird zunächst anhand kleiner Testläufe vorgestellt. Dazu werden 15 Generationen mit jeweils 30 Nachkommen erzeugt. Das Akzeptanzniveau für diese Testläufe beträgt 0.1, so dass nahezu alle Nachkommen in die aktive Population aufgenommen werden. Im Anschluss an die Ergebnisse der Testläufe, werden die Ergebnisse eines umfangreichen Evolutionslaufes dargestellt.

9.3.1 Die Startpopulation

Für das inverse Beispielproblem aus Abschnitt 9.17 wurden 97 MDN-Modelle erstellt und trainiert. Sie dienen hier als Startpopulation. Die Modelle haben denselben Dateninput und verwenden 3 Experten-KNN. Sie unterscheiden sich dadurch, dass die Topologien der Experten-KNN verschieden sind. Die einen verwenden eine, die anderen zwei verdeckte Schichten mit

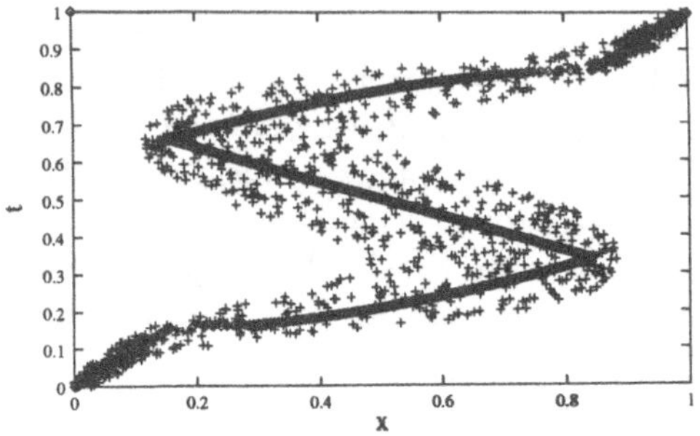

Abbildung 9.17: Die deterministische Funktion (aus Rauten bestehend) und die mit einem Rauschanteil versehenen Beispiele (dargestellt durch Kreuze) bilden das Beispielproblem einer inversen Funktion (siehe Abschnitt 8.1). Das Evolutionäre Verfahren soll MDN-Modelle für diese Funktion optimieren.

Berechnungselementen. Alle Modelle wurden mehrfach mit Zufallsgewichten initialisiert und trainiert.

Abbildung 9.18 zeigt die Fitness und die Anzahl der Gewichte für die Modelle der Startpopulation. Jeder Punkt zeigt den entsprechenden Wert für ein MDN-Modell. Die Fitness wurde auf Seite 222 definiert. Sie richtet sich nach dem Abbildungsfehler der Modelle für die Lernbeispiele und ist umso höher, je geringer der Abbildungsfehler ist. Die Abbildung zeigt, dass nur wenige Modelle eine hohe Fitness erreichen. Die Ergebnisse für das beste Modell wurden in Abschnitt 8.3.2 dargestellt. Dieses Modell verwendet zwei verdeckte Schichten mit Berechnungselementen und hat 889 Gewichte.

9.3.2 Selektion

Die Elternauswahl ist stochastisch fitnessproportional (siehe Abschnitt 9.2.2.4). In Abbildung 9.19 ist die Wirkung der Selektion dargestellt. Sie bewirkt, dass in der letzten Generation nur noch wenige Individuen vorkommen, die keine Kopien des besten Modells aus der Startpopulation sind. Der GA konvergiert bereits nach wenigen Folgegenerationen. Die Entwicklung der aktiven Population für diesen Lauf ist in Abbildung 9.16 dargestellt. Selektion findet auch bei allen weiteren Versuchen immer statt.

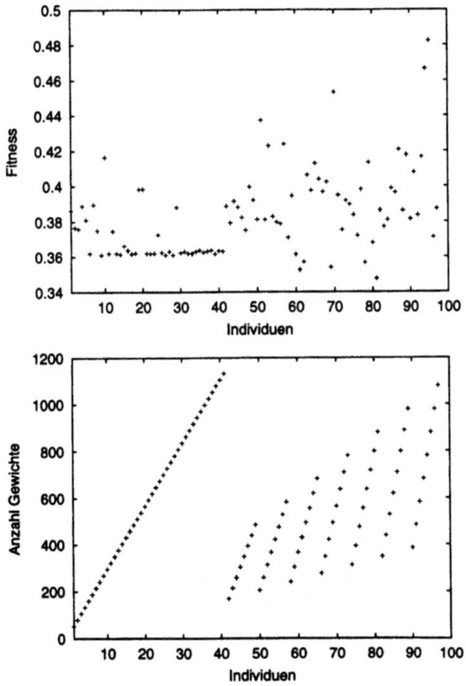

Abbildung 9.18: Die Startpopulation.

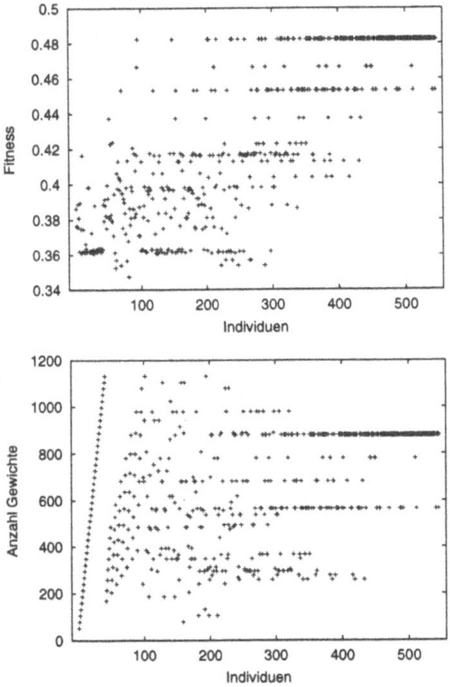

Abbildung 9.19: Evolution mittels Selektion.

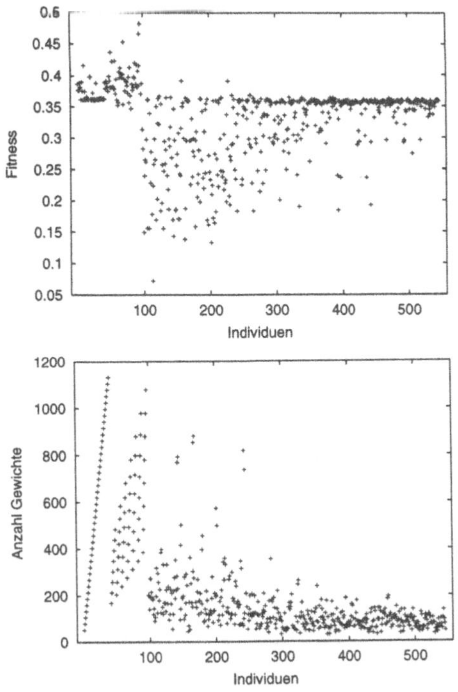

Abbildung 9.20: Evolution mittels Crossover und Selektion.

9.3.3 Crossover

Zur Rekombination der MDN-Modelle wird der Uniform-Crossover verwendet (siehe Abschnitt 9.2.2.1 und 9.2.3.1). In Abbildung 9.20 ist die Evolution mit Crossover und Selektion dargestellt. Diese Operatoren bewirken, dass die Fitness der Nachkommen meist unter der Fitness der Individuen aus der Startpopulation liegt. Die Nachkommen können mit diesen Einstellungen für die Generationenfolge nicht effektiv optimiert werden.

Der Crossover-Operator bewirkt, dass die Anzahl der Gewichte im Verlauf der Evolution abnimmt. In den ersten Folgegenerationen werden zwar auch Modelle mit relativ vielen Gewichten erstellt. Nachfolgend sinkt aber die Zahl der Gewichte. Dieser Effekt ergibt sich nicht zwangsläufig aus der Anwendung des Crossover. Da aber Nachkommen mit sehr vielen Berechnungselementen und Gewichten oftmals einen Zyklus aufweisen, und bei

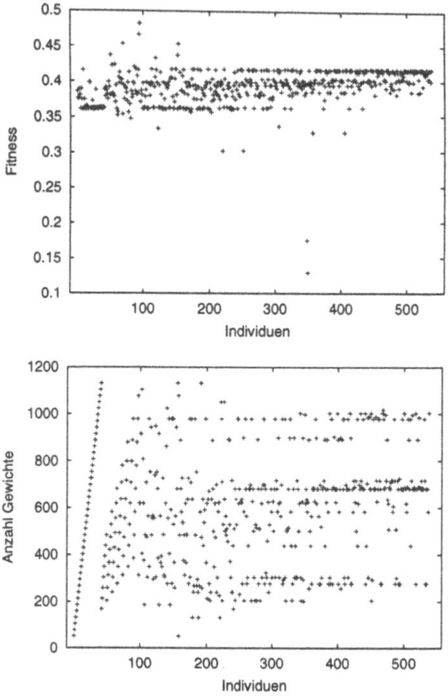

Abbildung 9.21: Evolution mittels Mutation und Selektion.

der Reparatur eher die Topologie verkleinert wird, weisen die Nachkommen häufiger eine kleinere Topologie als ihre Eltern auf.

9.3.4 Mutation

Mutation für die MDN-Modelle findet für Verbindungen, Berechnungselemente und MDN-Berechnungselemente statt (siehe Abschnitt 9.2.2.1 und 9.2.3.1). Damit kann die Zahl der Gewichte, Berechnungselemente und lokalen KNN-Experten zufällig verändert werden. Abbildung 9.21 zeigt die Ergebnisse der Mutation.

Nachkommen werden durch Mutationen nur moderat verändert, soweit dies an der Anzahl der Gewichte beobachtet werden kann. Die Darstellung der Anzahl Gewichte in Abbildung 9.21 zeigt, dass Topologien unterschiedlicher Größe entstehen. Gleichzeitig schränkt die Selektion die Diversität der Population sukzessive ein. Das Fitnessniveau der Nachkommen liegt teilweise stark unter dem Niveau der Startpopulation. In der letzten Generation weisen die meisten Nachkommen aber eine Fitness auf, die in etwa dem Durchschnitt der Startpopulation entspricht.

9.3.5 Training der Gewichte

Die genetischen Operatoren Selektion, Crossover und Mutation erstellen Nachkommen, deren Gewichte nicht trainiert sind. Beim Crossover werden die Gewichte der Modelle vererbt, bei der Mutation auch zufällig bestimmt oder verändert. Zwar ist grundsätzlich die Optimierung der Gewichte auch mittels genetischer Operatoren möglich. Dazu bedarf es bei den Nachkommen aber einer geeigneten Balance zwischen Veränderungen der Topologie und Veränderungen von Gewichten. Für dieses Anwendungsbeispiel können die Gewichte mittels gradienten-basiertem Lernverfahren optimiert werden. Die Nachkommen stellen damit Startlösungen für ein Lernverfahren dar.

Alle Nachkommen in Abbildung 9.22 wurden mittels Lernverfahren trainiert. Die genetischen Operatoren erzeugen die Nachkommen und das Lernverfahren optimiert die Gewichte. Das Lernverfahren wurde einmal durchlaufen und stoppte, wenn sich der Fehler für die Lernbeispiele nicht mehr verbesserte.

Die Fitness der Nachkommen in der letzten Generation liegt etwas über dem Niveau aus der Evolution mittels Crossover, und etwas unter dem Niveau aus der Evolution mittels Mutation (siehe oben). Die Anzahl der Gewichte in der letzten Generation liegt deutlich unter dem Durchschnitt der Startpopulation. Die Abnahme der Anzahl Gewichte belegt, dass die genetischen Operatoren unterschiedliche Topologien erstellt haben.

9.3.6 Akzeptanzniveau

Ob ein Nachkomme in die aktive Population gelangt, wird mittels Akzeptanzniveau bestimmt. Multipliziert mit der durchschnittlichen Fitness gibt das Akzeptanzniveau einen Schwellenwert an. Ein Nachkomme, dessen Fitness diesen Schwellenwert überschreitet, wird in die aktive Population aufgenommen. Die Testläufe in den vorigen Abschnitten wurden mit einem Akzeptanznivau von 0.1 durchgeführt. Damit liegt der Schwellenwert so niedrig, das nahezu alle Nachkommen akzeptiert werden. Verschlechterungen der durchschnittlichen Fitness können ausgeschlossen werden, wenn das Akzeptanzniveau auf mindestens 1.0 gesetzt wird.

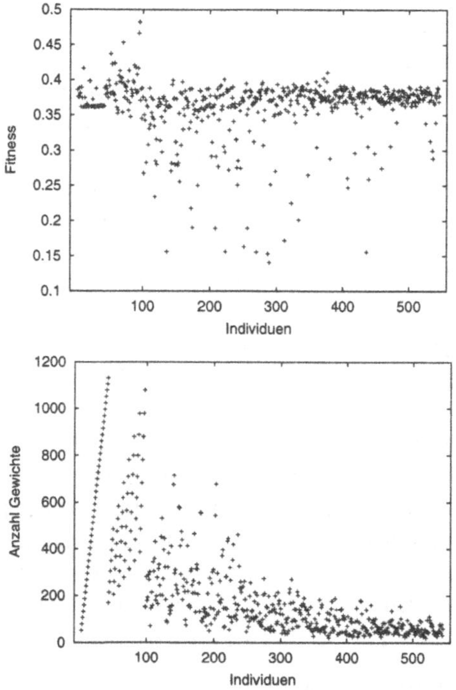

Abbildung 9.22: Evolution und anschließendes Training der Nachkommen.

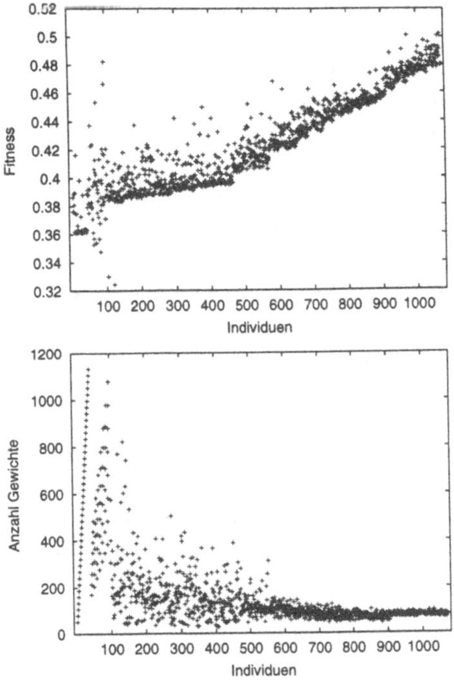

Abbildung 9.23: Evolution mit verstärkter Auslese der Nachkommen.

Ein hohes Akzeptanzniveau verhindert, dass alle Nachkommen in die aktive Population gelangen. Die Generationenfolge benötigt aber ausreichend Individuen in der aktiven Population. Deshalb wird hier die Anzahl der Nachkommen auf 500 erhöht und das Akzeptanzniveau auf 1.0 festgelegt. Die genetischen Operatoren Selektion, Crossover und Mutation erzeugen Nachkommen, die einmalig das Lernverfahren durchlaufen. Die Evolution mit diesen Einstellungen benötigt ein vielfaches mehr an Rechenzeit als die Testläufe aus den vorigen Abschnitten. Abbildung 9.23 stellt den Verlauf einer Evolution für 25 Generationen dar.

Die Anzahl Gewichte verringert sich in den ersten Folgegenerationen. Die durchschnittliche Fitness erhöht sich in jeder Folgegeneration. Dies ist auf die verstärkte Auslese mittels Akzeptanzniveau zurückzuführen. Das hohe Akzeptanzniveau führt auch dazu, dass unerschiedlich viele

Nachkommen je Folgegeneration in die aktive Population gelangen. In den letzten Generationen nimmt die Diversität der Nachkommen ab und deren Fitness gleichzeitig zu. Dadurch gelangen wieder mehr Individuen je Generation in die aktive Population. Das beste Individuum wird in der letzten Generation gefunden. Es hat 69 Gewichte und 3 Experten-KNN. Die Evolution hat also viel kleinere Modelle mit höherer Fitness gefunden.[14]

Abbildung 9.24 stellt das Beispielproblem sowie die bedingte Verteilung des besten Modells aus der Startpopulation und aus der Evolution dar. Die bedingte Verteilung $p(t|x)$ für das beste Modell aus der Evolution ist deutlich differenzierter als für das beste Modell aus der Startpopulation. Die einzelnen Experten sind im unteren Teil der Abbildung durch jeweilige Maxima der Verteilungen deutlich zu erkennen. Für die Werte $x = 0$ und $x = 0,99$ entspricht das Maximum nicht der (in diesem Bereich) unimodalen Verteilung. Hier sind Veresserungen möglich. Für die Werte $x = 0.2$ bis $x = 0.75$ gibt das Modell erkennbar die Verteilung des Beispielproblems an. Insbesondere für $x = 0.55$ entsprechen die drei Maxima der bedingten Verteilung dem multimodalen Charakter des Beispielproblems. Die Evolution der MDN-Modelle hat für dieses Beispielproblem geeignete Modelle gefunden.

[14] Ähnliche Resultate konnten auch für KNN und andere Zeitreihen erzielt werden (vgl. Schebesch 2002 ,[Sch02], S.443ff und Schebesch 2001, [Sch01]).

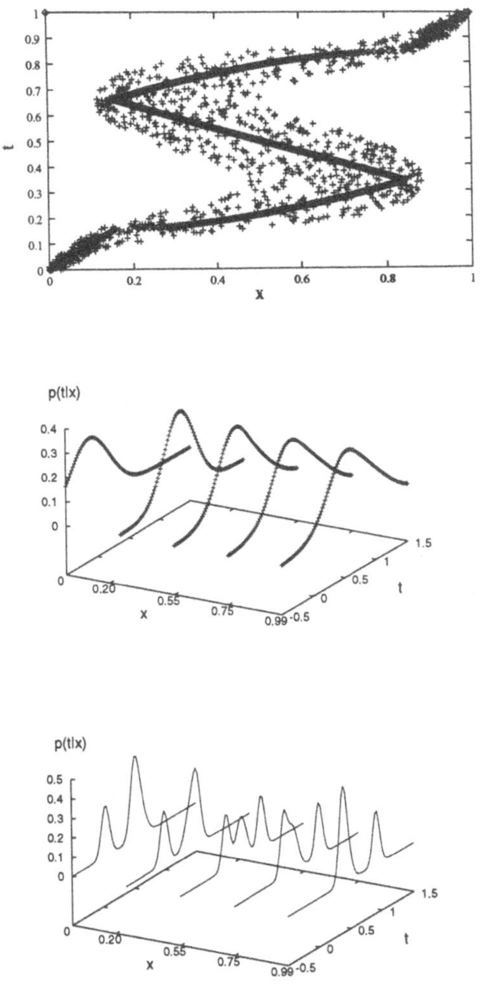

Abbildung 9.24: Beispielproblem (oben), bedingte Verteilung des besten Modells aus der Startpopulation (mitte) und bedingte Verteilung des besten Modells aus der Evolution (unten).

Kapitel 10

Schlussbetrachtungen

Ziel der vorliegenden Arbeit war es, Ansätze für die Kombination von KNN zur Prognose von ökonomischen Zeitreihen anhand einer Wechselkursprognose vorzustellen. Wechselkursprognosen werden häufig erstellt, um realen Nutzen zu erzielen. Dieser anwendungsbezogene Nutzen sollte bei der Modellierung berücksichtigt werden.

Die Prognose empirischer Zeitreihen ist immer dann schwierig, wenn wenig konstruktive Hinweise über die funktionalen Eigenschaften des Prognoseziels gegeben sind. Über die Zeitreihe des Wechselkurses USD/DEM ist bekannt, dass sie nichtlineare Eigenschaften aufweist. KNN sind deshalb geeignete Kandidaten zur Modellierung dieser Zeitreihe. Dabei unterliegen sie allerdings dem Bias-Varianz-Dilemma, so dass für eine begrenzte Menge von Beispielen die Beurteilung der Prognosegüte eines Modells unsicher ist. Dies macht es praktisch unmöglich, ein optimales KNN automatisch zu erstellen.

Darüber hinaus gibt es keine sicheren Angaben, welche Inputs einen Erklärungsbeitrag zur Dynamik dieses Wechselkurses leisten. Die geeigneten Inputs müssen daher aus einer Menge möglicher Inputs ausgewählt werden. Eine Situation, wie sie häufig bei der Modellierung empirischer ökonomischer Daten anzutreffen ist. Die Finanzzeitreihe des Wechselkurses USD/DEM bietet hier den Vorteil, dass Tageskurse für diese Zeitreihe und auch für mögliche Inputs verfügbar sind und daher relativ viele Beispiele genutzt werden können.

Unter der Bedingung, dass bei der Modellierung viele Kombinationen möglicher Modellbestandteile in Betracht kommen, bieten Kombinationsmodelle einen pragmatischen Ansatz, um mittels suboptimaler Modelle die durchschnittliche Prognosegüte zu übertreffen. KNN sind für Kombinationsmodelle deshalb geeignet, weil sie theoretisch keinen Fehler-Bias haben. Sie können die empirischen Beispiele beliebig genau wiedergeben. Aufgrund des Rauschanteils in den empirischen Daten muss ein KNN aber regularisiert werden, so dass wiederum ein Fehler-Bias entsteht. Ein Kombinationsmodell des Gruppen-Ansatzes kann den Generalisierungsfehler unter idealen Voraussetzungen nahezu auf den durchschnittlichen Fehler-Bias der Einzelmodelle reduzieren. Grundlage für diese Reduktion ist die Unabhängigkeit der Fehler-Varianzen der Einzelmodelle. Sie kann durch gezielte Variationen bei der Modellierung erreicht werden.

Die zur Wechselkursprognose erstellten KNN zeigten, dass vielfach die Lern- und Validierungsbeispiele gut abgebildet werden konnten. Allerdings ergaben sich keine Hinweise dafür, dass auf ein gutes Prognosemodell zu schließen sei. Obwohl es auch für die Prognosebeispiele gute KNN gab, ließen sich diese nicht aufgrund der Ergebnisse für die Lern- und Validierungsbeispiele bestimmen. Von diesen suboptimalen Modellen eines zur Prognose auszuwählen wäre unvertretbar. Besser war es, die einzelnen KNN zu kombinieren, zumal diese wenig lineare Abhängigkeiten zeigten.

Durch die naive Kombination zufällig ausgewählter Einzelmodelle konnte zwar der Abbildungsfehler drastisch reduziert werden, daraus ergaben sich allerdings keine Verbesserungen des Prognoseerfolgs. Nach einer Vorauswahl von Einzelmodellen bezüglich ihrer Trefferquote gelang es, bessere Prognoseerfolge zu erzielen. Diese Vorauswahl stellt eine Mindestqualität der ausgewählten Modelle sicher. Damit ein Kombinationsmodell möglichst die aktuelle Entwicklung des Prognoseziels gut prognostiziert, wurde ein gleitendes Zeitfenster zur Auswahl der Einzelmodelle verwendet. Die Einzelmodelle aus dieser Vorauswahl kamen dann zur Kombinationsbildung in Betracht.

Im Gruppen-Ansatz für Kombinationsmodelle können die Einzelmodelle unterschiedlich gewichtet werden. Zur Fehlerreduktion wird in der Literatur eine Auswahl und Gewichtung nach geringer Fehler-Kovarianz der Einzelmodelle vorgeschlagen. Da für empirische Daten die Fehler-Kovarianz nicht ermittelbar ist, wurden die Einzelmodelle nach der linearen Unabhängigkeit der Prognosen ausgewählt. Hierbei ließen sich nur wenige Einzelmodelle ausschließen, da sie relativ unabhängige Prognosen abgaben. Auch hier war der Prognoseerfolg gering.

Bei der Wechselkursprognose stellten sich Prognoseerfolge nicht zwangsläufig dadurch ein, dass der Abbildungsfehler minimiert wurde. Möglicherweise ist der Rauschanteil in den Daten hierfür zu groß. Damit der Prognoseerfolg bei der Auswahl von Einzelmodellen berücksichtigt werden konnte, wurde ein heuristisches Optimierungsverfahren eingesetzt. Die Prognoseerfolge für diesen Ansatz waren im Vergleich zu den anderen am höchsten. Auch die zusätzliche lineare Gewichtung der so ausgewählten Einzelmodelle trug nicht zu einer Verbesserung der Prognoseerfolge bei. Gleichgewichtete Einzelmodelle ergaben bessere Resultate, da hierbei weniger Gebrauch von den Beispieldaten gemacht wurde.

Anwendungsbezogene Fehlermaße konnten bei der Bildung der Kombinationsmodelle des Gruppen-Ansatzes den Prognoseerfolg erhöhen. Alternativ zum statistisch motivierten mittleren quadratischen Fehler lassen sich aber zur Optimierung der Einzelmodelle auch andere Fehlermaße einsetzen. Als alternative Fehlermaße dienten die mittlere absolute Abweichung und die Sharpe-Ratio. Die Modelle, deren Gewichte mittels Sharpe-Ratio optimiert wurden, zeigten deutliche Unterschiede zu den Modellen, deren Gewichte mit dem mittleren quadratischen Fehler optimiert wurden. Für Testbeispiele ergaben die Sharpe-Ratio-Modelle einen höhern Erwartungswert für den Anteil am Profit und für die Sharpe-Ratio selbst. Eindeutig höher war bei den Sharpe-Ratio-Modellen der mittlere quadratische Fehler.

Die Eigenschaft des mittleren quadratischen Fehlers, einen bedingten Erwartungswert anhand der empirischen Beispiele zu approximieren, macht dieses Fehlermaß anfällig für Ausreißer in den Daten. Finanzzeitreihen sind häufig nicht normalverteilt. Sie weisen "fat-tails" auf. Ausreißer sind daher häufiger als bei normalverteilten Variablen. Um die speziellen Verteilungseigenschaften sichtbar zu machen, können MDN-Modelle eingesetzt werden. Sie sind Kombinationsmodelle des modularen Ansatzes und verwenden KNN als lokale Experten. Ihr Vorteil liegt darin, dass sie eine bedingte Verteilung als Prognose ausgeben. Das Prognoserisiko lässt sich damit besser erkennen, was beispielhaft für den Wechselkurs USD/DEM gezeigt wurde. Um diese Möglichkeiten in einem Prognosesystem zu nutzen, sollten allerdings MDN-Modelle erstellt werden, die auch multivariate Variablen beinhalten, da für solche Modelle ein höherer Prognoseerfolg zu erwarten ist.

Zur Optimierung von MDN-Modellen wurden Genetische Algorithmen eingesetzt. Mit einer speziellen Repräsentation war es möglich, funktionale Bausteine der Modelle zu vererben und zu verändern. In Verbindung mit einem anschließenden Training der Nachkommen, zeigte sich das Potential dieses evolutionären Ansatzes. Anhand des synthetischen Beispiels einer inversen Funktion ließ sich zeigen, dass selbst die Fitness (Abbildungsfehler) intensiv trainierter MDN-Modelle, die sich in der Startpopulation befanden, übertroffen werden konnte.

Der evolutionäre Ansatz kann Modelle auch ohne Training optimieren. Dafür müssten die Einstellungen des Populationsmanagements so verändert werden, dass eine intensivere Suche nach den Gewichten stattfinden kann. Hierdurch könnte der Prognoseerfolg direkt optimiert werden. Die notwendigen Einstellungen des Populationsmanagements und das geeignete Kriterium für den Prognoseerfolg können Gegenstand zukünftiger Forschungen sein. Auch die gezielte Variation und Bildung unabhängiger Modelle zur Kombination im Gruppen-Ansatz könnte mittels evolutionärem Ansatz durchgeführt werden. Entsprechende Nischentechniken wurden in der Literatur vorgestellt und könnten möglicherweise für die spezielle Repräsentation der Modelle angepasst werden.

Evolutionäre Verfahren sollten in der datenorientierten Modellierung zukünftig vermehrt eingesetzt werden, da die Mechanismen der Vererbung und Veränderung eine zielgerichtete und weitläufige Suche ermöglichen. Prognoseanwendungen, die mit wenig Vorwissen auskommen müssen, sind auf solche Suchverfahren angewiesen.

Literaturverzeichnis

[mLLm00] Yaser .S. Abu-Mostafa, Blake LeBaron, Andrew W. Lo, and Andreas S. Weigend, editors. *Computational finance 1999*, Annual meeting, previously called International Conference on Neural Networks in the Capital Markets (NNCM). MIT Press, Cambridge, Massachusetts, London, England, 2000.

[Aka73] H. Akaike. Information theory and an extension of the maximum likelihood principle. In B.N. Petrof and Csáki F., editors, *2nd International Symposium on Information Theory*, pages 267–281. Tsahkadsov, Armenia, USSR, 1973.

[Ala01] Jarmo T. Alander. Indexed bibliography of genetic algorithms and neural networks. Technical Report 94-1-NN, University of Vaasa, Department of Information Technology and Production Economics, via ftp.uwaasa.fi/cs/report94-1gaNNbib.ps.Z, 2001.

[And97] Ulrich Anders. *Statistische neuronale Netze.* Franz Vahlen, München, 1997.

[Azo94] Michael E. Azoff. *Neural Network Time Series Forecasting of Financial Markets.* John Wiley & Sons, New York, Chichester, Brisbane, 1994.

[BG69] J.M. Bates and C.W.J. Granger. The combination of forecasts. *Operations Research Quaterly*, 20, 1969.

[BK99] Eric Bauer and Ron Kohavi. An empirical comparison of voting classification algorithms: Bagging, boosting, and variants. *Machine Learning*, 36, 1999.

[BH89] Eric B. Baum and David Haussler. What size net gives valid generalization. *Neural Computation*, 1:151–160, 1989.

[BKW80] David A. Belsley, Edwin Kuh, and Roy E. Welsch. *Regression Diagnostics: Identifying Influential Data and Sources of Collinearity.* John Wiley & Sons, New York, Chichester, Brisbane, 1980.

[Bis89] Charles W. Bischoff. The combination of macroeconomic forecasts. *Journal of Forecasting*, 8:293–314, 1989.

[Bis94] Christopher M. Bishop. Mixture density networks. Technical Report NCRG/4288, Neural Computing Research Group Report, via ftp from archive.cis.ohio-state.edu/pub-/neuroprose/bishop. mdn. ps. Z, 1994.

[Bis95] Christopher M. Bishop. *Neural Networks for Pattern Recognition.* Oxford University Press, 1995.

[Boh00] Peter Bohley. *Statistik.* 7.te Auflage, Oldenbourg, München, Wien, 2000.

[BJ76] George E. P. Box and Gwilym M. Jenkins. *Time Series Analysis.* Holden-Day, Oakland, California, revised edition, 1976.

[BJm94] George E. P. Box, Gwilym M. Jenkins, and Gregory C. Reinsel. *Time Series Analysis.* Prentice Hall, Englewood Cliffs, New Jersey, 3 edition, 1994.

[Bra95] Jürgen Branke. Evolutionary algorithms for neural network design and training. Technical Report 322, Institute AIFB, University of Karlsruhe, 1995.

[Bra97] Heinrich Braun. *Neuronale Netze.* Springer, Berlin, Heidelberg, New York, 1997.

[Bre96] Leo Breiman. Bias, variance and arcing classifiers. Technical report, University of California, Berkley, Department of Statistics, ftp://ftp.stat.berkeley.edu/pub/users/-breiman/arcall96.ps, 1996.

[Bre00] Leo Breiman. Randomization outputs to increase prediction accuracy. *Machine Learning*, 40, 2000.

[BOS84] J.H. Breiman, L. Friedman, R.A. Ohlsen, and C.J. Stone. *Classification and regression trees.* Belmont, CA: Wadsworth International Group, 1984.

[Bro97] Chris Brooks. Linear and non-linear (non-) forecastability of high-frequency exchange rates. *Journal of Forecasting*, 16:125–145, 1997.

[Bun89] Derek Bunn. Forecasting with more than one model. *Journal of Forecasting*, 8:161–166, 1989.

[BR95] A. N. Burgess and A. N. Refenes. A principled approach to neural network modelling of financial time series. In M. Palaniswami, Y. Attikiouzel, R.J. Marks II, D. Fogel, and T. Fukuda, editors, *Computational Intelligence*, chapter 20, pages 277–291. IEEE Press, New York, 1995.

[CM97] Thierry Catfolis and Kürt Meert. Hybridization and specialization of real-time recurrent learning-based neural networks. *Connection Science*, 9(1), 1997.

[CXC99] K. Chen, L. Xu, and H. Chi. Improved learning algorithms for mixture of experts in multiclass classification. *Neural Networks*, 12, 1999.

[CW97] M. Choey and A. S. Weigend. Nonlinear trading models through sharpe ratio maximization. In Weigend et al. [WAMR97], pages 3–22.

[Cle89] Robert T. Clemen. Combining forecasts: A review and annotated bibliography. *Internationel Journal of Forecasting*, 5:559–583, 1989.

[CR93] N. Edward. Coulson and Russel P. Robins. Forecast combination in a dynamic setting. *Journal of Forecasting*, 12:63–67, 1993.

[Deb00] Kalyanmoy Deb. Introduction to selection. In Thomas Bäck, David B. Fogel, and Zbigniew Michalewicz, editors, *Evolutionary Computation 1*, volume 1, pages 166–171. Institut of Physics Publishing, Bristol, Philadelphia, 2000.

[DLR77] A.P. Dempster, N.M. Laird, and D.B. Rubin. Maximum likelihood from incomplete data via EM algorithm. *J. Roy. Stat. Soc.*, B39, 1977.

[DL96] Francis.X. Diebold and Jose A. Lopey. Forecast evaluation and combination. Technical Report T0192, National Bureau of Economic Research, From www.nber.com, 1996.

[DN90] F.X. Diebold and J.M. Nason. Nonparametric exchange rate prediction? *Journal of International Economics*, 28:315–332, 1990.

[DP87] Francis X. Diebold and Peter Pauly. Structural change and the combination of forecasts. *Journal of Forecasting*, 5:21–40, 1987.

[DP90] Francis X. Diebold and Peter Pauly. The use of prior information in forecast combination. *International Journal of Forecasting*, 6:503–508, 1990.

[DGT97] Francis X. Diebold, Todd A. Gunther, and Anthony S. Tay. Evaluating density forecasts. Technical Report T0215, National Bureau of Economic Research (NBER), NBER, via www.nber.org/papers/T0215, 1997.

[Die97] Thomas G. Dietterich. Machine learning research: Four current directions. *AI Magazine*, 18(4), 1997.

[DK96] Glen R. Donaldson and Mark Kamstra. Forecast combining with neural networks. *Journal of Forecasting*, 15:49–61, 1996.

[ET93] Bradley Efron and Robert J. Tibshirani. *An Introduction to the Bootstrap.* Chapman & Hall, New York, London, 1993.

[Eva98] David J. Evans. Mixture density network training by computation in parameter space. Technical report, University of aston, Neural Computing Research Group, www.ncrg.aston.-ac.uk/ncrg98016.ps, 1998.

[FL90] S.E. Fahlmann and C. Lebiere. The cascade-correlation learning learning architecture. In David S. Touretzky, editor, *Advances in Neural Information Processing Systems (NIPS 2)*, pages 524–532. Morgan Kaufman, San Mateo, 1990.

[Fam70] E.F. Fama. Efficient capital markets: A review of theory and empirical work. *Journal of Finance*, 25(2):383–417, 1970.

[Fam91] E.F. Fama. Efficient capital markets II. *Journal of Finance*, 46(5):1575–1617, 1991.

[Far99] J. Doyne Farmer. Physicists attempt to scale the ivory towers of finance. Technical Report 99-10-073, Santa Fe Institute, Santa Fe Institute, via ftp:www.santafe.edu/sfi/-publications/99-10-073, 1999.

[Fau94] Laurene G. Fausett. *Fundamentals of Neural Networks.* Prentice Hall, Englewood Cliffs, New Jersey, 1994.

[Fio98] Antonio Fiordaliso. A nonlinear forecasts combination method based on takagi-sugeno fuzzy systems. *International Journal of Forecasting*, 14:367–379, 1998.

[FD94] Andrew M. Fraser and Alexis Dimitriades. Forecasting probability densities by using hidden markov models. In Weigend and Gershenfeld [WG94], pages 297–318.

[FS96] Yoav Freund and Robert E. Schapire. Experiments with a new boosting algorithm. In *Machine Learning: Proceedings of the Thirteenth International Conference.* Morgan Kaufmann, 1996.

[Fri91] J.H. Friedman. Multivariate adaptive regression splines. *The Annals of Statistics*, 19:1–141, 1991.

[FM97] Christoph M. Friedrich and Claudio Morgana. Using genetic engineering to find modular structures and activation functions for architectures of artificial neural networks. In *Computational Intelligence, Theory and Applications; Proceedings of the 5th Fuzzy Days;*, pages 150–161, Available from archive.cis.ohio-state.edu/pub/neuroprose/friedrich.nnarch-activation.ps, 1997. LNCS 1226, Dortmund, Germany.

[GBD92] S. Geman, E. Bienenstock, and R. Doursat. Neural networks and the bias/variance dilemma. *Neural Computation*, 4, 1992.

[GJP95] Frederico Girosi, Michael Jones, and Tomaso Poggio. Regularization theory and neural networks architectures. *Neural Computation*, 7:219–269, 1995.

[GK94] Leon Glass and Daniel Kaplan. Complex dynamics in physiology and medicine. In Weigend and Gershenfeld [WG94], pages 511–528.

[Glo89] Fred Glover. Tabu Search - Part I. *ORSA Journal on Computing*, 1(3):190–206, 1989.

[Glo90] Fred Glover. Tabu Search - Part II. *ORSA Journal on Computing*, 2(1):4–32, 1990.

[GL97] Fred Glover and Manuel Laguna. *Tabu-Search.* Kluwer Academic Publishers, Boston, Dordrecht, London, 1997.

[Gol89] D.E. Goldberg. *Genetic Algorithms in Optimization, Search and Machine Learning.* Addison-Wesley, Reading Massachusetts, Menlo Park California, New York, 1989.

[Gra89] C.W.J. Granger. Combining forecasts - twenty years later. *Journal of Forecasting*, 8:167–173, 1989.

[GP99] Clive W.J. Granger and Hashem M. Pesaran. Economic and statistical measures of forecast accuracy. Technical report, University of Cambridge, www.econ.cam.ac.uk/dae/-publics/gp1999.pdf, 1999.

[GR84] C.W.J. Granger and R. Ramanathan. Improved methods for combining forecasts. *Journal of Forecasting*, 3:197–204, 1984.

[GP94] Henry Green and Michael Pearson. Neural nets for foreign exchange trading. In Guido J. Deboeck, editor, *Trading on the edge*, chapter 7. John Wiley & Sons, New York, Chichester, Brisbane, 1994.

[Gru92] Frédéric Gruau. Genetic synthesis of boolean neural networks with a cell rewriting developmental process. In L.D. Whithley and J.D. Schaffer, editors, *COGANN-92: International Workshop on Combinations of Genetic Algorithms and Neural Networks*, pages 55–74. IEEE Computer Society Press, 1992.

[Gru94] Frédéric Gruau. Genetic microprogramming of neural networks. In Kenneth E. Kinnear, editor, *Advances in Genetic Programming*, pages 495–518. MIT Press, Cambridge, Massachusetts, 1994.

[HK89] J. Hallman and M. Kamstra. Combining algorithms based on robust estimation techniques and co-integrating restrictions. *Journal of Forecasting*, 8:189–198, 1989.

[Han92] K.-W. Hansmann. Prognose. In Hans Corsten, editor, *Lexikon der Betriebswirtschaftslehre*, pages 735–740. Oldenbourg Verlag, München, Wien, 1992.

[Har00] Zac Harland. Using nonlinear neurogenetic models with profit related objective functions to trade the us t-bond future. In Abu-Mostafa et al. [mLLm00], pages 327–342.

[Har98] Paul Harrison. Similarities in the distribution of stock market price changes between the eighteenth and twentieth centuries. *Journal of Business*, 7(1):55–79, 1998.

[Has96] Sherif Hashem. Effects of collinearity on combining neural networks. *Connection Science*, 8(3 & 4), 1996.

[Has97] Sherif Hashem. Optimal linear combinations of neural networks. *Neural Networks*, 10(4):599–614, 1997.

[HS93] Babak Hassibi and David G. Stork. Second order derivatives for network pruning: Optimal brain surgeon. In S.J. Hanson, J.D. Cowen, and C.L. Giles, editors, *Advances in Neural Information Processing Systems (NIPS 5)*, pages 164–171. Morgan Kaufman, San Mateo, 1993.

[Heb49] D.O. Hebb. *The Organization of Behavior*. John Wiley & Sons, New York, Chichester, Brisbane, 1949.

[HKP91] John Hertz, Anders Krogh, and Richard G. Palmer. *Introduction to the Theory of Neural Computing.* Addison Wesley, Reading Massachusetts, Menlo Park California, New York, 1991.

[Hin86] G.E. Hinton. Leraning distributed representations of concepts. In *Proceedings of the Eight Annual Conference of the Congitive Science Society (Amherst 1986)*, pages 1–12, 1986.

[Hjo99] Lars U. Hjorth. Regularisation of mixture density networks. Technical report, University of Aston, Neural Computing Research Group, www.ncrg.aston.ac.uk/ncrg99004.ps, 1999.

[Hol75] John H. Holland. *Adaptation in natural and artificial systems.* Ann Arbor: The University of Michigan Press, 1975.

[HSW89] K. Hornik, M Stinchcombe, and H White. Multilayer feedforward networks are universal approximators. *Neural Networks*, 2:359–366, 1989.

[Hor91] K. Hornik. Approximation capabilities of multilayer perceptrons. *Neural Networks*, 4:251–257, 1991.

[HT97] Dirk Husmeier and John G. Taylor. Predicting conditional probability density of stationary stochastic time series. *Neural Networks*, 10(3):479–497, 1997.

[Ing95] Lester Ingber. Adaptive simulated annealing (asa): Lessons learned. Technical report, Caltech, via www.ingber.com, 1995.

[Jac95] Robert A. Jacobs. Methods for combining expert's probability assessments. *Neural Computation*, 7, 1995.

[JJNH91] R.A. Jacobs, M.A. Jordan, S.J. Nowlan, and G.E. Hinton. Adaptive mixtures of local experts. *Neural Computation*, 3:79–87, 1991.

[JJ94] Michael I. Jordan and Robert A. Jacobs. Hierarchical mixtures of experts and the em algorithm. *Neural Computation*, 6:181–214, 1994.

[JX95] Michael I. Jordan and Lei Xu. Convergence results for the em approach to mixtures of experts architectures. *Neural Networks*, 8(9):1409–1431, 1995.

[KK98] Mark Kamstra and Peter Kennedy. Combining qualitative forecasts using logit. *International Journal of Forecasting*, 14:83–93, 1998.

[Keh98] M. Kehrling. *Moderne Konzepte der Finanzanalyse*. Uhlenbruch Verlag, Bad Soden/Ts., 1998.

[Kit90] H. Kitano. Designing neural networks using genetic algorithms with graph generation system. *Complex Systems*, 4:461–476, 1990.

[Kit94] Hiroaki Kitano. Neurogenetic learning: an integrated method of designing and training neural networks using genetic algorithms. *Physica D*, 75:225–238, 1994.

[Koe94] Phillip Koehn. Combining genetic algorithms and neural networks: The enconding problem. Master's thesis, The University of Tennessee, Knoxville, 1994.

[LGF00] Steve Lawrence, Lee Giles, and Sandiway Fong. Natural language grammatical inference with recurrent neural networks. *IEEE Transactions on Knowledge and Data Engineering*, 12(1):126–140, 2000.

[LeB95] Blake LeBaron. Chaos and nonlinear forecastability in economics and finance. In Tong [Ton95], pages 129–144.

[LeB98] Blake LeBaron. An evolutionary bootstrap method for selecting dynamic trading strategies. Technical report, University of Wisconsin, Madison, Department of Economics, www.stern.nyu.edu/ãweigend/Research/Papers-/Bootstrap/LeBaronEvolutionaryBootstrap.ps, 1998.

[LDS90] Yann LeCun, John S. Denker, and Sara A. Solla. Optimal brain damage. In David S. Touretzky, editor, *Advances in Neural Information Processing Systems (NIPS 2)*, pages 598–605. Morgan Kaufman, San Mateo, 1990.

[Leq94] Jean Y. Lequarré. Foreign currency dealing: A brief introduction. In Weigend and Gershenfeld [WG94], pages 131–137.

[LS91] P.A.W. Lewis and J.G. Stevens. Nonlinear modeling of time series using multivariate adaptive regression splines (MARS). *Journal of the American Statistical Association*, 86(416):864–877, 1991.

[LRJ94] P.A.W. Lewis, B.K. Ray, and Stevens J.G. Modeling time series by using multivariate adaptive regression splines MARS. In Weigend and Gershenfeld [WG94], pages 297–318.

[Mac92] David J.C. MacKay. Baysian interpolation. *Neural Computation*, 4(3):415–447, 1992.

[MWM83] Spyros Makridakis, Steven C. Wheelwright, and Victor E. McGee. *Forecasting, methods and applications.* John Wiley & Sons, New York, Chichester, Brisbane, 1983.

[Mas93] Timothy Masters. *Practical Neural Network Recipes in C++.* Academic Press, Boston, San Diego, New York, 1993.

[Mas95] Timothy Masters. *Neural, Novel & Hybrid Algorithms for Time Series Prediction.* John Wiley & Sons, New York, Chichester, Brisbane, 1995.

[MP43] W.S. McCulloch and W. Pitts. A logical calculus od ideas immanent in nervous activity. *Bulletin of Mathematical Biophysics*, 5:115–133, 1943.

[MB98] Lilian M. Menezes and Derek W. Bunn. The persistence of specification problems in the distribution of combined forecast errors. *International Journal of Forecasting*, 14:415–426, 1998.

[MP99] Christopher J. Merz and Michael J. Pazzani. Principal components approach to combining regression estimates. *Machine Learning*, 36, 1999.

[Met95] Mahendra Metha. Foreign exchange markets. In Refenes [Ref95a], pages 177–198.

[Mic96a] Z. Michalewicz. *Genetic Algorithms + Data Strucures = Evolution Programs.* Springer, Berlin, 3 edition, 1996.

[MP69] M.L. Minsky and S.A. Papert. *Perceptrons.* MIT Press, Cambridge, Massachusetts, London, England, 1969.

[Mic96b] M. Michtell. *An Introduction to Genetic Algorithms.* MIT Press, Cambridge, Massachusetts, London, England, 1996.

[Mon91] David J. Montana. Automated parameter tuning for interpretation of synthetic images. In Lawrence Davis, editor, *Handbook of Genetic Algorithms*, chapter 19. Van Nostrand Reinhold, New York, 1991.

[MU95] John Moody and Joachim Utans. Architecture selection strategies for neural networks: Application to corporate bond rating prediction. In Refenes [Ref95a], pages 277–300.

[Neu56] J. von Neumann. Probabilistic logics and the synthesis of reliable organisms from unreliable components. In C.E. Shannon and McCarthy J.M, editors, *Automata Studies*, pages 43–98. Princeton University Press, 1956.

[Nis97] Volker Nissen. *Einführung in Evolutionäre Algorithmen.* Vieweg, Braunschweig, Wiesbaden, 1997.

[Nor90] Marija J. Norušis. *SPSS Advanced Statistics Student Guide.* SPSS, Chicago, 1990.

[Nor93] Marija J. Norušis. *SPSS for Windows: Base System User's Guide, Release 6.0.* McGraw-Hill, New York, 1993.

[Nor94] Marija J. Norušis. *SPSS Professional Statistics, Release 6.1.* McGraw-Hill, New York, 1994.

[PMD96] Bambang Parmanto, Paul W. Munro, and Howard R. Doyle. Reducing variance of committee prediction with resampling techniques. *Connection Science*, 8(3 & 4), 1996.

[Pea84] Judea Pearl. *Heuristics.* Reading, Menlo-Park, London, 1984.

[PC93] Michael P. Perrone and Leon N. Cooper. When networks disagree: Ensemble methods for hybrid neural networks. In R.J. Mammone, editor, *Artificial Neural Networks for Speech and Vision*, pages 126–142. London: Chapman & Hall, 1993.

[Pow87] M.J.D. Powell. Radial basis functions for multivariable interpolation: A review. In J.C. Mason and M.G. Cox, editors, *Algorithms for Approximation*, pages 143–167. Clarendon Press, Oxford, 1987.

[PTVF92] William H. Press, Saul A. Teukolsky, William T. Vetterling, and Brian P. Flannery. *Numerical Recipies in C.* Cambridge University Press, Cambridge, 2nd edition, 1992.

[Pro95] Mikhail Prokopenko. Learning algorithm for selection of an autoregressive model for multi-step ahead forecast. In *Proceedings of the third Australian and New Zealand Conference on Intelligent Information Systems.* IEEE Press, 1995.

[QW00] Min Qi and Yangru Wu. Exchange rates and fundamentals: Evidence from out-of-sample forecasting using neural networks. In Abu-Mostafa et al. [mLLm00], pages 267–281.

[RI96] Yuval Raviv and Nathan Intrator. Bootstrapping with noise: An effective regularization technique. *Connection Science*, 8(3 & 4), 1996.

[RE93] Colin R. Reeves and Beasley John E. Introduction. In Colin R. Reeves, editor, *Modern Heuristic Techniques for Combinatorial Problems*, chapter 1. Blackwell Scientific Publications, London, Boston, Edinburgh, 1993.

[Ref95a] A.-Paul N. Refenes, editor. *Neural Networks in the Capital Markets*, Wiley Finance Edition. John Wiley & Sons, New York, Chichester, Brisbane, 1995.

[Ref95b] Apostolos-Paul N. Refenes. Data modelling considerations. In Refenes [Ref95a], pages 55–65.

[Ref95c] Apostolos-Paul N. Refenes. Methods for optimal network design. In Refenes [Ref95a], pages 33–54.

[RAMMW96] Apostolos-Paul N. Refenes, Y. Abu-Mostafa, J. Moody, and Andreas S. Weigend, editors. *Neural Networks in Financial Engineering*, volume 2 of *Proceedings of the third International Conference on Neural Networks in the Capital Markets (NNCM'95), London.* World Scientific, Singapore, New Jersey, 1996.

[RZ95a] Apostolos-Paul N. Refenes and A. Zaidi. Managing exchange-rate prediction strategies with neural networks. In Refenes [Ref95a], pages 213–219.

[RZ95b] Apostolos-Paul N. Refenes and A.D. Zapranis. Modelling stock returns in the framework of apt: A comparative study with regression models. In Refenes [Ref95a], pages 101–125.

[Ris78] J. Rissanen. Modelling by shortest data description. *Automatica*, 14:465–471, 1978.

[Roj93] Raúl Rojas. *Theorie der neuronalen Netze.* Springer-Verlag, Berlin, Heidelberg, New York, 1993.

[Ros96] Bruce E. Rosen. Ensemble learning using decorrelated neural networks. *Connection Science*, 8(3 & 4), 1996.

[RHR86] D. E. Rumelhart, G. E. Hinton, and Williams R. J. Learning internal representations by error propagation. In D. E. Rumelhart and J. L. McCelland, editors, *Parallel Distributed Processing*, volume 1, chapter 8. MIT Press, Cambridge, Massachusetts, 1986.

[Sch01] K.B. Schebesch. Genetic evolution of neural networks for automatic construction of economic forecasting modells. In *Information Society.The Proceeding of the fifth international Symposium on Economic Informatics*, pages 1027–1033. INFOREC Printing House, Bucharest, 2001.

[Sch02] K.B. Schebesch. *Marktprognosen und Produktdesign mit datenorientierter KI.* Habilitationsschrift, Universität Bremen, 2002.

[Sch78] G. Schwarz. Estimating the dimension of a model. *Annals of Statistics*, 6:461–464, 1978.

[SSM93] Nachum Shamir, David Saad, and Emanuel Marom. Using the functional behavior of neurons for genetic recombination in neural nets training. *Complex Systems*, 7:445–467, 1993.

[Sha96] Amanda J.C. Sharkey. On combining artificial neural nets. *Connection Science*, 8(3 & 4), 1996.

[Sha97] Amanda J. C. Sharkey. Modularity, combining and artificial neural nets. *Connection Science*, 9(1), 1997.

[Sha66] W.F. Sharpe. Mutual fund performance. *Journal of Business*, 39(1), 1966.

[She97] Michael Sherman. Subseries methods in regression. *Journal of the American Statistical Association*, 92(439):1041 – 1048, 1997.

[SOB89] P. Simard, M.B. Ottaway, and D.H. Ballard. Analysis of recurrent backpropagation. In D.S. Touretzky, G. Hinton, and T. Sejnowski, editors, *Proc. 1988 Connectionist Models Summer School*, pages 103–112. Morgan Kaufman, San Mateo, 1989.

[Smi93] Murray Smith. *Neural Networks for Statistical Modelling.* Van Nostrand Reinhold, New York, 1993.

[Smi95] Leonard A. Smith. Locally optimized perdiction of nonlinear systems: Stochastic and deterministic. In Tong [Ton95], pages 87–108.

[Ste95] Elmar Steurer. Nonlinear modelling of the dem/usd exchange rate. In Refenes [Ref95a], pages 200–211.

[SH96] Elmar Steurer and Tae Horn Hann. Exchange rate forecasting comparison: Neural networks, symbolic machine learning and linear models. In Refenes et al. [RAMMW96].

[TLG93] T. Teräsvirta, C.-F. Lin, and C.W.J. Granger. Power of the neural network linearity test. *Journal of Time Series Analysis*, 14(2):209–220, 1993.

[Ton90] Howell Tong. *Non-Linear Time Series - A Dynamical Systems Approach.* Oxford University Press, Oxford, 1990.

[Ton95] Howell Tong, editor. *Chaos and Forecasting*, volume 2. Royal Society, World Scientific Publishing, Singapore, New Jersey, London, 1995.

[TG96] Kagan Tumer and Joydeep Ghosh. Error correlation and error reduction in ensemble classifiers. *Connection Science*, 8(3 & 4), 1996.

[UN96] N. Ueda and R. Nakano. Generalization error of ensemble estimation. In *International Conference on Neural Networks*. IEEE Press, 1996.

[WAMR97] Andreas S. Weigend, Y. Abu-Mostafa, and Apostolos-Paul N. Refenes, editors. *Decision Technologies for Financial Engineering*, volume 7 of *Proceedings of the Fourth International Conference on Neural Networks in the Capital Markets (NNCM'96), Pasadena*. World Scientific, Singapore, New Jersey, 1997.

[Wei95] A.S. Weigend. Paradigm change in prediction. In Tong [Ton95], pages 145–160.

[WG94] Andreas S. Weigend and Neil A. Gershenfeld, editors. *Time Series Prediction: Forecasting the Future and Understanding the Past*, volume XV. Santa Fe Institute Studies in the Sciences of Complexity, Addison-Wesley, Reading MA, 1994.

[WS98] Andreas S. Weigend and Shanming Shi. Predicting daily probability distributions of S&P500 returns. Technical Report IS-98-23, Department of Information Systems, from www.stern.nyu.edu/~ aweigend/Research/Papers/HiddenMarkov, 1998.

[WMS95] Andreas S. Weigend, Morgan Mangeas, and Ashok N. Srivastava. Nonlinear gated experts for time series: Discovering regimes and avoiding overfitting. *International Journal of Neural Systems*, 6:373–399, 1995.

[WZN96] Andreas S. Weigend, Hans Georg Zimmermann, and Ralph Neuneier. Clearning. In Refenes et al. [RAMMW96].

[Wer74] P. Werbos. *Beyond Regression: New Tools For Prediction and Analysis in the Behavioral Sciences.* PhD thesis, Cambridge, MA: Harvard U. Committee on Applied Mathematics, 1974.

[Whi89] H. White. Learning in neural networks. *Neural Computation*, 1:425–464, 1989.

[Wil88] F.E. William. *Technical Analysis of Stocks, Options & Futures: Advanced Tradinig Systems and Techniques.* Probus, Chicago, 1988.

[Win89] Robert L. Winkler. Combining forecasts: A philosophical basis and some current issues. *Internationel Journal of Forecasting*, 5:605–609, 1989.

[Wol92] David H. Wolpert. Stacked generalizations. *Neural Networks*, 5:241–259, 1992.

[WG97] David H. Wolpert and Macready William G. No free lunch theorems for optimization. *IEEE Transactions on Evolutionary Computation*,. 1(1):67–82, 1997.

[Yao99] Xin Yao. Evolving artificial neural networks. *Proceedings of the IEEE*, 87(9):1423–1447, 1999.

[Zel94] Andreas Zell. *Simulation Neuronaler Netze.* Addison Wesley, Bonn, Paris, Reading Massachusetts, 1994.

[Zha92] Byoung-Tak Zhang. *Lernen durch Genetisch-Neuronale Evolution: Aktive Anpassung an unbekannte Umgebungen mit selbstentwickelnden parallelen Netzwerken.* Infix, Sankt Augustin, 1992.

[ZM93] Byoung-Tak Zhang and Heinz Mühlenbein. Evolving optimal neural networks using genetic algorithms with occam's razor. *Complex Systems*, 7:199–220, 1993.

[ZH94] Byoung-Tak Zhang and Mühlenbein Heinz. Using genetic algorithms for automatic construction of higher-order neural models. In *Proceedings of International Conference on Neural Information Processing*, pages 168–173. John Wiley & Sons, New York, Chichester, Brisbane, 1994.

[ZEH98] Guoqiang B. Zhang, Patuwo Eddy, and Michael Y. Hu. Forecasting with artificial neural networks: The state of the art. *International Journal of Forecasting*, 14:35–62, 1998.

[ZS96] Peter A. Zhilken and L. Somorjai, Ray. Application of several methods of classification fusion to magnetic resonance spectra. *Connection Science*, 8(3 & 4), 1996.

[Zim94] Hans-Georg Zimmermann. Neuronale Netze als Entscheidungskalkül. In Heinz Rehkugler und Hans-Georg Zimmermann, editor, *Neuronale Netze in der Ökonomie*. Kapitel 1, Vahlen, München, 1994.

GPSR Compliance

The European Union's (EU) General Product Safety Regulation (GPSR) is a set of rules that requires consumer products to be safe and our obligations to ensure this.

If you have any concerns about our products, you can contact us on ProductSafety@springernature.com

In case Publisher is established outside the EU, the EU authorized representative is:

Springer Nature Customer Service Center GmbH
Europaplatz 3
69115 Heidelberg, Germany

Batch number: 10815964

Printed by Printforce, the Netherlands